REFORMA DO ESTADO E ORGANIZAÇÕES SOCIAIS
A EXPERIÊNCIA DE SUA IMPLANTAÇÃO NO MINISTÉRIO DA CIÊNCIA E TECNOLOGIA

ALEXANDRE VERONESE

Apresentação
Roberto Fragale Filho

REFORMA DO ESTADO E ORGANIZAÇÕES SOCIAIS

A EXPERIÊNCIA DE SUA IMPLANTAÇÃO NO MINISTÉRIO DA CIÊNCIA E TECNOLOGIA

Belo Horizonte

2011

© 2011 Editora Fórum Ltda.

É proibida a reprodução total ou parcial desta obra, por qualquer meio eletrônico, inclusive por processos xerográficos, sem autorização expressa do Editor.

Conselho Editorial

Adilson Abreu Dallari
André Ramos Tavares
Carlos Ayres Britto
Carlos Mário da Silva Velloso
Carlos Pinto Coelho Motta (*in memoriam*)
Cármen Lúcia Antunes Rocha
Cesar Augusto Guimarães Pereira
Clovis Beznos
Cristiana Fortini
Dinorá Adelaide Musetti Grotti
Diogo de Figueiredo Moreira Neto
Egon Bockmann Moreira
Emerson Gabardo
Fabrício Motta
Fernando Rossi
Flávio Henrique Unes Pereira
Floriano de Azevedo Marques Neto

Gustavo Justino de Oliveira
Inês Virgínia Prado Soares
Jorge Ulisses Jacoby Fernandes
José Nilo de Castro
Juarez Freitas
Lúcia Valle Figueiredo (*in memoriam*)
Luciano Ferraz
Lúcio Delfino
Marcia Carla Pereira Ribeiro
Márcio Cammarosano
Maria Sylvia Zanella Di Pietro
Ney José de Freitas
Oswaldo Othon de Pontes Saraiva Filho
Paulo Modesto
Romeu Felipe Bacellar Filho
Sérgio Guerra

Luís Cláudio Rodrigues Ferreira
Presidente e Editor

Coordenação editorial: Olga M. A. Sousa
Revisão: Leonardo Eustáquio Siqueira Araújo
Bibliotecária: Lissandra Ruas Lima – CRB 2851 – 6ª Região
Indexação: Ricardo Neto – CRB 2752 – 6ª Região
Capa, projeto gráfico: Walter Santos
Diagramação: Karine Rocha

Av. Afonso Pena, 2770 – 15º/16º andares – Funcionários – CEP 30130-007
Belo Horizonte – Minas Gerais – Tel.: (31) 2121.4900 / 2121.4949
www.editoraforum.com.br – editoraforum@editoraforum.com.br

V549r	Veronese, Alexandre
	Reforma do Estado e organizações sociais: a experiência de sua implantação no Ministério da Ciência e Tecnologia / Alexandre Veronese; apresentação de Roberto Fragale Filho. Belo Horizonte: Fórum, 2011.
	230 p.
	ISBN 978-85-7700-500-0
	1. Direito administrativo. 2. Sociologia do direito e das organizações. 3. Gestão pública. I. Fragale Filho, Roberto. II. Título.
	CDD: 341.3
	CDU: 342.9

Informação bibliográfica deste livro, conforme a NBR 6023:2002 da Associação Brasileira de Normas Técnicas (ABNT):

VERONESE, Alexandre. *Reforma do Estado e organizações sociais*: a experiência de sua implantação no Ministério da Ciência e Tecnologia. Belo Horizonte: Fórum, 2011. 230 p. ISBN 978-85-7700-500-0.

Num sábado, pouco antes do Natal, meu pai foi enviado em uma expedição de compras natalinas, e eu — com uns cinco anos de idade — deveria acompanhá-lo. Na hora, meu pai não gostou muito da ideia e das responsabilidades dessas compras, e por isso o clima estava tenso. Um de seus deveres era comprar um presente para mim, e ele orquestrou esta compra da seguinte maneira: levou-me até um determinado balcão de brinquedos na Woolworth, onde estava exposta uma meia dúzia de artigos, todos eles com preços de dois xelins e me convidou a escolher. Com certa consternação, vi-me diante daquelas opções sem graça até que, pressionado para tomar uma decisão, acabei escolhendo um trenzinho de brinquedo meio bobo. Voltamos para casa, cumprida a missão de meu pai e radicalmente revisadas as minhas estimativas sobre os méritos daquela festiva ocasião. Uma das diversas perguntas levantadas por minha mãe a respeito da sensatez das diversas compras concentrava-se na satisfação que eu teria com meu presente. "Foi ele que escolheu", respondeu prontamente meu pai. Minhas faculdades racionais não estavam suficientemente desenvolvidas para que eu pudesse articular a maneira como havia sido logrado, mas é claro que sabia que realmente acontecera [...]. De qualquer maneira, eu gostaria de apresentar a moral que tirei da história: quando as pessoas têm de fazer escolhas, todos os determinantes mais importantes já ocorreram.

(Chalmers, 1994, p. 152-153)

SUMÁRIO

LISTA DE ILUSTRAÇÕES, QUADROS E TABELAS..11

LISTA DE SIGLAS..13

APRESENTAÇÃO
Roberto Fragale Filho..17

INTRODUÇÃO...21

CAPÍTULO 1
REFORMAS E ORGANIZAÇÕES SOCIAIS..29
1.1 Reforma do Estado e administrativa e o Plano Diretor de 1995..................30
1.2 O Plano Diretor..34
1.2.1 Síntese das propostas do Plano Diretor..34
1.2.2 Do público e privado para quatro tipos de propriedades............................38
1.2.3 O público não estatal...40
1.3 O modelo das Organizações Sociais..43
1.3.1 Definição do modelo..44
1.3.2 A criação de Organizações Sociais..48
1.3.3 A extinção de órgãos públicos com atividades absorvidas..........................50
1.3.4 As atuais Organizações Sociais..51
1.4 O processo legislativo da Lei nº 9.637/98..54
1.5 Um foco de polêmica no modelo...61

CAPÍTULO 2
O DESENVOLVIMENTO DA CIÊNCIA E TECNOLOGIA BRASILEIRA
COMO BUROCRACIA ESTATAL..65
2.1 Burocracia e burocratização..66
2.1.1 A perspectiva marxista...67
2.1.2 A perspectiva weberiana..68
2.1.3 Conceitos vulgarizados..72
2.1.4 O modelo teórico weberiano e a ciência no Brasil.......................................75
2.2 Os produtores de ciência e tecnologia..82

2.3	História institucional da ciência no Brasil	88
2.3.1	Primeiro período: a colônia, a independência e a "pré-ciência"	90
2.3.2	Segundo período: a primeira fase da República (1889-1964)	92
2.3.2.1	As universidades e a pesquisa científica	93
2.3.2.2	O CNPq e suas unidades de pesquisas	96
2.3.2.3	O setor de pesquisa aplicada militar	99
2.3.2.4	A profissão de cientista e a organização de uma comunidade científica	101
2.3.3	O período burocrático-autoritário (1964-1985)	103
2.3.4	O MCT e o momento da redemocratização	106
2.4	Burocracia estatal e a demanda por empreendedorismo na ciência	108

CAPÍTULO 3
A CIÊNCIA E TECNOLOGIA DE 1995-2002 113

3.1	Os dois governos do Presidente Fernando Henrique Cardoso e a ciência e tecnologia	114
3.2	Fomento à produção de ciência e tecnologia: PRONEX, PADCT e fundos setoriais	120
3.2.1	O FNDCT e o PADCT	121
3.2.2	O Programa Nacional de Apoio a Núcleos de Excelência (PRONEX)	127
3.2.3	Os Fundos Setoriais	132
3.2.4	O financiamento por edital e as unidades de pesquisa do MCT	142
3.3	Planejamento e espaços decisórios	146
3.3.1	O Conselho Nacional de Ciência e Tecnologia (CCT)	147
3.3.2	O Papel da Comissão de Ciência e Tecnologia, Comunicação e Informática da Câmara dos Deputados	148
3.3.3	O Centro de Gestão e Estudos Estratégicos (CGEE) do MCT	152
3.4	A reorganização indireta das unidades de pesquisa do MCT	156

CAPÍTULO 4
AS TENTATIVAS DE REORGANIZAÇÃO DIRETA DAS UNIDADES DE PESQUISA DO MCT 159

4.1	A reordenação de competências e funções entre o CNPq, a CAPES e o MCT	160
4.2	Tipologias organizacionais e reestruturação	170
4.2.1	A primeira avaliação (1994)	173
4.2.2	A primeira proposta de mudanças (1995)	174
4.2.3	A segunda proposta de mudanças (1999)	177
4.2.4	A segunda avaliação (2000-2001)	183
4.3	Reorganização e desorganização institucional	193

CONSIDERAÇÕES FINAIS 199

REFERÊNCIAS 207

ÍNDICE DE ASSUNTO 223

ÍNDICE DA LEGISLAÇÃO 227

ÍNDICE ONOMÁSTICO 229

LISTA DE ILUSTRAÇÕES, QUADROS E TABELAS

Figura 1 – Formas de propriedade e administração no Plano Diretor 40

Figura 2 – Publicização: ações para implantação de OS 50

Figura 3 – Ênfase em projetos tecnológicos e a indução nos vários tipos de Editais 143

Figura 4 – Formatos institucionais na proposta de 2001 (Relatório Tundisi) 187

Quadro 1 – Eixo institucional-legal das propostas na Reforma de 1995 36

Quadro 2 – Eixo cultural e eixo de gestão das propostas na Reforma de 1995 37

Quadro 3 – Características das entidades Paraestatais 46

Quadro 4 – Classificação das Organizações Sociais existentes 52

Quadro 5 – Movimento dos diplomas legais sobre Organizações Sociais 54

Quadro 6 – Tramitação da Conversão de MP à Lei nº 9.637/98 55

Quadro 7 – Síntese das Emendas propostas em Plenário à Lei nº 9.637/98 56

Quadro 8 – Literalidade das Emendas propostas em Plenário à Lei nº 9.637/98 57

Quadro 9 – Premissas Teóricas sobre as Organizações Sociais 61

Quadro 10 – Titularidade do MCT e Presidência do CNPq (1995-2002) 115

Quadro 11 –	Projetos aprovados no 1º grupo dos Institutos do Milênio (2001)	125
Quadro 12 –	Fundos Setoriais (1997-2001)	133
Quadro 13 –	Fundos Setoriais (1997-2001), comitês gestores	140
Quadro 14 –	Tipologia de 1991 (Plano Plurianual, 1991-1995)	172
Quadro 15 –	Tipologia de 1994 (Relatório Bevilácqua)	173
Quadro 16 –	Agregação das Unidades, como proposta em 1995	175
Quadro 17 –	Tipologia de 1997 (Relatório de Gestão)	177
Quadro 18 –	Tipologia de 2001 (Relatório Tundisi)	186
Tabela 1 –	Comparação do Fomento de Três Fontes Federais (1979-1985)	105
Tabela 2 –	Orçamento para o PRONEX (1995-2002)	131

LISTA DE SIGLAS

ABC – Academia Brasileira de Ciências
ABIPIT – Associação Brasileira de Instituições de Pesquisa Tecnológica
ABTLuS – Associação Brasileira de Tecnologia da Luz Síncrotron
ANDES-SN – Associação Nacional dos Docentes do Ensino Superior, Sindicato Nacional
ANDIFES – Associação Nacional de Dirigentes de Instituições Federais de Ensino Superior
ANP – Agência Nacional do Petróleo
ANPEI – Associação Nacional de Pesquisa e Desenvolvimento das Empresas Industriais
ANPesq – Associação Nacional de Pesquisadores do CNPq
AIMPA – Associação do Instituto Nacional de Matemática Pura e Aplicada
ASCON-RJ – Associação dos Servidores do CNPq, Rio de Janeiro
CA – Comitê Assessor
CAPES – Fundação Coordenação de Aperfeiçoamento de Pessoal de Nível Superior
CBPF – Centro Brasileiro de Pesquisas Físicas
CCT – Conselho Nacional de Ciência e Tecnologia
CD – Conselho Deliberativo do CNPq
CEE – Centro de Estudos Estratégicos
CenPRA – Centro de Pesquisas Renato Archer
C&T – Ciência e Tecnologia
CETEM – Centro de Tecnologia Mineral
CGEE – Centro de Gestão e Estudos Estratégicos
CMA – Comitê Multidisciplinar de Articulação do CNPq
CNEN – Comissão Nacional de Energia Nuclear
CNPq – Conselho Nacional de Pesquisas (até 1974)

CNPq – Conselho Nacional de Desenvolvimento Científico e Tecnológico (após 1974)
CRUB – Conselho de Reitores de Universidades Brasileiras
CTI – Fundação Centro Tecnológico para Informática
DASP – Departamento de Administração do Serviço Público
DCN – *Diário do Congresso Nacional*
DOU – *Diário Oficial da União*
FAPESP – Fundação de Amparo à Pesquisa do Estado de São Paulo
FASUBRA – Federação dos Servidores das Universidades Brasileiras
FHC – Fernando Henrique Cardoso
FIESP – Federação das Indústrias do Estado de São Paulo
FINEP – Financiadora de Estudos e Projetos
Fiocruz – Fundação Instituto Oswaldo Cruz
FNDCT – Fundo Nacional para o Desenvolvimento Científico e Tecnológico
IBICT – Instituto Brasileiro de Informação em Ciência e Tecnologia
IBGE – Fundação Instituto Brasileiro de Geografia e Estatística
ICP-Raiz – Infraestrutura de Chaves Públicas – Raiz
IDSM – Instituto de Desenvolvimento Sustentável Mamirauá
IEA – Instituto de Estudos Avançados da USP
IMPA – Instituto de Matemática Pura e Aplicada
Inmetro – Instituto Nacional de Metrologia
INPA – Instituto Nacional de Pesquisas da Amazônia
INPE – Instituto Nacional de Pesquisas Espaciais
INT – Instituto Nacional de Tecnologia
ITI – Instituto Nacional de Tecnologia da Informação
IUPERJ – Instituto Universitário de Pesquisas do Rio de Janeiro
LNA – Laboratório Nacional de Astrofísica
LNCC – Laboratório Nacional de Computação Científica
LNLS – Laboratório Nacional de Luz Síncrotron
MARE – Ministério da Administração e Reforma do Estado
MAST – Museu de Astronomia e Ciências Afins
MEC – Ministério da Educação
MCT – Ministério da Ciência e Tecnologia

MP – Medida Provisória
MPEG – Museu Paraense Emilio Goeldi
MPOG – Ministério do Planejamento, Orçamento e Gestão
ON – Observatório Nacional
OS – Organizações Sociais
PADCT – Programa de Apoio ao Desenvolvimento Científico e Tecnológico
PC do B – Partido Comunista do Brasil
PDT – Partido Democrático Trabalhista
PFL – Partido da Frente Liberal
PMDB – Partido do Movimento Democrático Brasileiro
PNUD – Programa das Nações Unidas para o Desenvolvimento
PRONEX – Programa Nacional de Apoio a Núcleos de Excelência
PSB – Partido Socialista Brasileiro
PT – Partido dos Trabalhadores
RNP – Rede Nacional de Pesquisas
RJU – Regime Jurídico Único
SCT-PR – Secretaria de Ciência e Tecnologia da Presidência da República
SECAV – Secretaria de Acompanhamento e Avaliação
SBF – Sociedade Brasileira de Física
SBPC – Sociedade Brasileira para o Progresso da Ciência
SEPLAN – Secretaria de Planejamento do CNPq
SFC – Secretaria Federal de Controle
TCU – Tribunal de Contas da União
UFMG – Universidade Federal de Minas Gerais
UFPA – Universidade Federal do Pará
UFPE – Universidade Federal de Pernambuco
UFRJ – Universidade Federal do Rio de Janeiro
Unicamp – Universidade de Campinas
USP – Universidade de São Paulo
VARIG – Viação Aérea Rio-Grandense

APRESENTAÇÃO

Quando me pediram para escrever estas linhas, hesitei, pois teria que falar, por um lado, de um texto cuja gestação acompanhei desde seu primeiro instante e, por isso, dele sinto-me cúmplice (ainda que não me devam ser creditados nenhum de seus méritos) e, por outro lado, de um autor cuja trajetória acompanho desde seu ingresso naquela que foi a primeira turma do Programa de Pós-graduação em Sociologia e Direito (PPGSD) da Universidade Federal Fluminense (UFF). O temor, entretanto, dissipou-se quando me dei conta de que uma apresentação não pode ser efetuada por quem não nos conhece, o que não se traduziu, contudo, na eliminação do dilema da página branca. Nada é mais difícil do que vencer a barreira da primeira frase. O que fez tudo ficar mais fácil foi dar-me conta que a apresentação também comporta um importante elemento simbólico, o de ser avalista do objeto apresentado. E como não tenho nenhuma dificuldade em afiançar a qualidade do trabalho aqui apresentado, peço licença ao leitor, em especial àquele que não o conhece, para falar sobre Alexandre Veronese e aqui formular um convite para compartilhar estas tão bem redigidas linhas.

Certa vez, li que há pesquisadores que já chegam prontos à pós-graduação. Que, por conta disso, o trabalho de orientação é residual, quase que limitado à adaptação das ideias discentes às amarras do mundo acadêmico. Assenti, em um primeiro momento, com a afirmativa, até porque, ao lê-la, logo vislumbrei Alexandre Veronese, o aluno irrequieto que, ao ingressar, em 2000, na primeira turma do PPGSD, comigo protagonizava um duplo *début*. Com efeito, éramos ali todos debutantes: ele, no universo discente, e eu, no universo docente da pós-graduação *stricto sensu*, Isso sem falar no próprio programa, que, sob nossos testemunhos e participações, dava seus primeiros passos. Com o tempo, contudo, dei-me conta que a afirmativa era falsa, pois ela empresta uma natureza "essencialista" a dois aspectos do trabalho acadêmico: de uma banda, ela transforma o ingresso na pós-graduação em uma espécie de "marco zero" da trajetória de seu futuro egresso e, de outra banda, ela empresta uma capacidade de transformação à docência pós-graduada que me parece longe de ser um fato. Não se trata, portanto, de reconhecer que alguém chega "pronto" à pós-graduação, mas de evidenciar a qualidade de uma trajetória pretérita, que empresta consistência e maturidade ao trabalho já desenvolvido pelo recém-ingressante. Assim, quando o "já pronto" Alexandre Veronese desembarca no PPGSD, ele traz na bagagem seu bacharelado em direito, obtido na Universidade Federal do Rio de Janeiro (UFRJ), e uma consistente experiência de servidor público na área de ciência e tecnologia, mais especificamente no Centro Brasileiro de Pesquisas Físicas (CBPF), além de uma curiosidade incessante, que lhe serve de força motriz em seus esforços para compreender os processos de reforma estatal, que naquele momento se intensificavam no Brasil. Com a leitura de seu texto, não é difícil perceber o êxito de sua empreitada, que tem o mérito de dar voz aos atores da reforma.

O texto que agora o leitor tem em mãos revela um pesquisador maduro, que reconstitui o processo de institucionalização da produção da ciência no país e amplifica o debate havido no setor por conta do impacto da reforma gerencial introduzido na década de 1990. Nas diferentes falas de seus atores, notam-se dúvidas e medos quanto ao alcance das mudanças e suas consequências em seu fazer cotidiano. Subjacente às falas, parece estar sempre presente a existência de relação dicotômica (e quase excludente) entre pesquisadores *puros* e burocratas científicos, consoante a divisão construída por Pierre Bourdieu para explicar o campo científico. Sem assumir uma postura valorativa, ao dar voz aos protagonistas do processo, Alexandre Veronese possibilita que o leitor reconstitua os passos de sua empreitada e elabore suas próprias impressões, já que mais importante do que "ficar com a opinião do autor, conforme ele mesmo afirma na introdução, é poder construir a sua própria opinião, a partir do autor".

É com satisfação que percebo, dez anos depois de nosso primeiro encontro, que o exercício que seu texto possibilita, transformou-se para ele em uma regra, um balizamento de suas atividades de pesquisa. Assim, a provocação aqui formulada ao leitor está sempre presente em sua produção acadêmica, abrindo novas e inquietantes pistas de investigação para quem se debruça sobre seus trabalhos, cujo foco voltou-se para o que ele mesmo percebe como o único projeto daquela reforma cuja execução conheceu alguma perenidade, ou seja, as agências reguladoras. Enquanto o leitor saboreia estas linhas e elabora sua opinião em meio a um amplo arco que vai do "triunfo" cultural da reforma gerencial anunciado pelo ex-Ministro Bresser Pereira às denúncias de terceirização do Estado efetuadas pelo petismo no poder, nosso autor prolonga suas investigações, agora no âmbito de um doutorado em sociologia no Instituto Universitário de Pesquisas do Rio de Janeiro (IUPERJ), sob a direção segura de Luiz Werneck Vianna. Com mão firme, Alexandre Veronese vai escalando os degraus da carreira acadêmica, participando em congressos internacionais, publicando em qualificadas revistas nacionais e internacionais; enfim, socializando seu conhecimento com a vasta comunidade acadêmica. Sua "precoce" produção é um prolongamento ao convite aqui formulado, assegurando que o presente texto não é um ponto de chegada, mas um importante ponto de partida. O futuro reserva-nos, portanto, desdobramentos e, com eles, a certeza de que ganharemos todos. Com efeito, ganha o mundo acadêmico por ver um robusto pesquisador dar passos firmes no aprofundamento de sua reflexão e na construção de sua trajetória; ganham seus colegas da faculdade de direito da Universidade Federal Fluminense (UFF), onde ele ingressou por concurso público em 2006, pela oportunidade de compartilhar uma consistente agenda de pesquisa e de incrementar um frutuoso diálogo acadêmico; ganhamos seus amigos pela satisfação em ver seu crescimento profissional; e ganham os leitores com a certeza de que o gosto de "quero mais" com que se encerra a leitura do presente texto irá se prolongar em futuros trabalhos. Que eles venham logo!

Roberto Fragale Filho

Doutor em Ciência Política pela Université de Montpellier I. Professor Associado da Faculdade de Direito da Universidade Federal Fluminense (UFF). Professor e pesquisador da Escola de Direito do Rio de Janeiro e da Fundação Getulio Vargas (FGV Direito-Rio). Juiz Titular do Trabalho no Estado do Rio de Janeiro (Trib. Reg. do Trab. da 1ª Região).

INTRODUÇÃO

Há um sentimento generalizado de que o setor de ciência e tecnologia encontra-se demasiadamente burocratizado. Esse sentimento é partilhado tanto pelos administradores da produção como pelos cientistas e demais profissionais envolvidos diretamente com a realização das pesquisas e atividades tecnológicas. Esse sentimento ampara-se, sobretudo, no senso comum, a partir da ideia de que o desenvolvimento burocrático seria em si um mal que, por si só, justificaria a necessidade de mudança institucional. Não é este o ponto de vista do autor, para quem esse desenvolvimento não foi negativo, mas um passo necessário para que as instituições alcançassem uma estabilidade que permitisse o amadurecimento da produção científico-tecnológica. Esta hipótese será comprovada por uma análise da história destas instituições e a constatação de que a formação e o crescimento de uma categoria profissional de servidores e de empregados estatais foi — e ainda é — a responsável pela produção da ciência e da tecnologia no Brasil. O próprio parque científico e tecnológico brasileiro surgiu dessa combinação de sedimentação de uma categoria profissional, de um lado, e solidificação institucional, de outro.

É nesse quadro que se insere o presente trabalho, isto é, o recente desenvolvimento do sistema brasileiro de ciência e tecnologia e as consequências da implantação do modelo das Organizações Sociais (OS) durante a reforma administrativa efetivada durante o governo Fernando Henrique Cardoso (1995-2002). Veremos, em particular, as reações das unidades de pesquisa do Ministério da Ciência e Tecnologia (MCT)[1] a

---

[1] As unidades de pesquisa também são referidas na literatura e nos textos jornalísticos como institutos de pesquisa. Hoje, elas são: no Rio de Janeiro, o Centro Brasileiro de Pesquisas

tais propostas de mudança. O estudo de caso da proposta do modelo de gestão das Organizações Sociais oriunda da reforma administrativa de 1995 será a forma através da qual buscaremos comprovar mais detalhadamente esta hipótese. Este modelo foi aplicado seletivamente às unidades de pesquisa do MCT.

Este trabalho está restrito ao teste de uma hipótese geral, com a qual se postula que o desenvolvimento do setor de ciência e tecnologia brasileiro foi marcado pela formação de uma burocracia estatal relativamente autônoma das esferas política e econômica. Estudos já realizados — sobre burocracias públicas e privadas — localizaram a existência de um discurso amplamente disseminado acerca dessa ideia, segundo o qual a burocracia estatal seria "o reino da rotina, do formalismo, do parasitismo", que legitimaria "as qualidades da instituição formuladora", ou seja, o âmbito do político ou do técnico, transferindo o ônus do fracasso das políticas públicas para uma máquina desqualificada, anônima e, afinal, irresponsável (ALVEAL CONTRERAS, 1994, p. 25). Mas o tema da burocratização da vida social está além de percepções do senso comum, pelo que nos valeremos de um conceito reinterpretado cientificamente pela Sociologia como uma moldura inicial, dentro da qual seja possível compreender empiricamente os conflitos no setor de ciência e tecnologia. Penso que assim conseguiremos justificar nossa hipótese, que é a de que grande parte dos enfrentamentos e das divergências no setor surge das diferenças entre os objetivos da administração da produção da ciência e os do segmento da produção científica, dentro de um setor burocratizado; ou seja, esses conflitos estão baseados na concepção da relação pretendida entre os cientistas e o Estado.

Físicas (CBPF), o Instituto de Matemática Pura e Aplicada (IMPA), depois convertido no Instituto Nacional de Matemática Pura e Aplicada, gerido pela Associação Instituto de Matemática Pura e Aplicada (AIMPA), o Centro de Tecnologia Mineral (CETEM), o Observatório Nacional (ON), o Museu de Astronomia e Ciências Afins (MAST) e o Instituto Nacional de Tecnologia (INT); em Petrópolis, o Laboratório Nacional de Computação Científica (LNCC); em Itajubá, o Laboratório Nacional de Astrofísica; em Campinas, o Laboratório Nacional de Luz Síncrotron (LNLS), a Rede Nacional de Pesquisas (RNP), Organização Social gerida pela Associação Nacional da Rede de Ensino e Pesquisa, e o Centro de Pesquisas Renato Archer (CENPRA), antiga Fundação Centro de Tecnologia para Informática (CTI); em São José dos Campos, o Instituto Nacional de Pesquisas Espaciais (INPE); em Manaus, o Instituto Nacional de Pesquisas da Amazônia (INPA); em Belém, o Museu Paraense Emilio Goeldi (MPEG); em Tefé, o Instituto de Desenvolvimento Sustentável Mamirauá (IDSM); no Nordeste, o Projeto Xingó; em Brasília, o Instituto Brasileiro de Informação em Ciência e Tecnologia (IBICT); e, por fim, espalhadas pelo país, as cinco unidades de pesquisa da Comissão Nacional de Energia Nuclear (CNEN).

No primeiro capítulo, serão expostas as propostas de reforma da administração pública em geral, efetuadas durante os governos de Fernando Henrique Cardoso, diferenciando, do processo de reforma do Estado, as propostas de reforma administrativa. Depois, detalharei o modelo das Organizações Sociais e o seu processo de tramitação legislativa, concluindo com uma breve discussão sobre as polêmicas que rondam esse modelo.

O segundo capítulo analisará a história das instituições do setor de ciência e tecnologia, a fim de demonstrar que tal atividade foi se corporificando em instituições cuja produção científica conseguiu se estabelecer, não como atividade secundária, mas como atividade primordial. Faremos uma discussão sobre a necessidade de entender o setor como uma burocracia estatal e a sua burocratização, vendo em seguida que a burocracia do setor pode ser diferenciada de seus outros ramos estatais. Detalharemos em seguida o desenvolvimento histórico do setor, concluindo por um confronto entre o conceito de produtores da área de ciência e tecnologia e o de cientistas empreendedores.

No terceiro capítulo serão focalizadas as propostas de alteração do setor de ciência e tecnologia, no período entre 1995 e 2002, com destaque para as consequências indiretas destas mudanças nas unidades de pesquisa do MCT. A intenção é a de detectar uma ligação entre tais mudanças e o modelo das Organizações Sociais. Faremos uma retrospectiva expositiva sobre as políticas de modificação do setor de ciência e tecnologia para, depois, tratarmos de analisar os reflexos dessas propostas de alterações nas unidades de pesquisa do MCT.

No quarto e último capítulo, examinaremos as tentativas de modificação direta das unidades de pesquisa do MCT e de introdução do modelo das Organizações Sociais. A primeira parte será dedicada à demonstração de que a reorganização das unidades de pesquisa está ligada à redefinição das funções da administração central do setor e de suas agências; na segunda, será feito um panorama dos processos de avaliação e de propositura de mudanças que ocorreram ao longo dos dois governos do Presidente Fernando Henrique Cardoso. Veremos como certas propostas de alteração das unidades de pesquisa, mesmo quando explicitamente perseguem objetivos de organização, podem trazer elementos de desorganização ao setor de ciência e tecnologia.

Nossa conclusão reconhecerá o risco de desorganizar, ao invés de reorganizar, um setor burocratizado como o da área científica e tecnológica, quando as reações contra as propostas de reestruturação, expressas por um mesmo modelo geral, são absorvidas por instituições com diferentes dinâmicas internas e histórias organizacionais. Nosso principal objetivo é enfatizar que o modelo das Organizações Sociais até pode ser uma solução para algumas instituições, mas certamente não é algo generalizável mesmo para um setor determinado e definido, como o de ciência e tecnologia. A burocratização do setor de ciência e tecnologia tende a aumentar, imerso que está num processo social mais amplo de burocratização das relações sociais. Num quadro como esse, tentativas de reordenação que tendam à redução do desperdício de recursos e à focalização das instituições pode espraiar esse movimento desordenador, ao invés de coibi-lo. Do ponto de vista metodológico, este trabalho caracteriza-se por uma pesquisa empírica de cunho qualitativo, além de contar com levantamento documental.

Em seguida, é necessária uma curta exposição sobre a recepção da temática e sua atualidade.

Após alguns anos da defesa desta dissertação, ela foi aceita pela Editora Fórum para publicação. O usual é que as notas introdutórias sejam realizadas por acadêmicos mais experientes, que contextualizam o trabalho dos mais novos, que vão à luz em novo formato. Neste caso, há uma apresentação. Todavia, considerei necessário trazer algumas explicações prévias sobre o trabalho e sua moderada repercussão.

A questão da busca de modelos alternativos ao sistema construído pela Constituição Federal de 1988 foi a tônica da Reforma Administrativa de 1995. Este tema não se esgotou após 2002 e permanece em constante ebulição. Para demonstrar isso, basta notar o recente debate sobre o Projeto de Lei Complementar nº 92/2007, atualmente em tramitação na Câmara dos Deputados e que trata das denominadas "fundações estatais de direito privado", ao mesmo tempo em que indica restrições. Um dos dirigentes entrevistados para a construção desta pesquisa indicou que as "fundações públicas de direito privado", da égide do Decreto-Lei nº 200/67, não retornariam. Logo, o único caminho apontado seria a implantação das Organizações Sociais. Pelo visto, a partir da diminuta possibilidade na generalização do modelo de OS, foi tentado outro caminho.

Outra anotação relevante deve versar sobre a erosão da própria Reforma Administrativa de 1995, durante e depois dos dois governos do Presidente Fernando Henrique Cardoso. É certo que a proposta das Organizações Sociais somente teve exitoso eco no setor de Ciência e Tecnologia (que é o tema deste trabalho). Portanto, é correto mencionar que a proposta das "OS" restou ausente de generalizada implantação. Aliás, o mesmo ocorreu com as ditas Agências Executivas, previstas no Decreto nº 2.487 e no Decreto nº 2.488, ambos de 02 fev. 1998. Assim, tal modalidade de requalificação jurídica das autarquias e fundações também restou pouco utilizada. Não seria exagerado indicar que o único projeto de implantação efetiva daquela reforma foi o modelo de Agências Reguladoras.

Recentemente o Supremo Tribunal Federal concedeu a liminar que havia sido demandada na Ação Direta de Inconstitucionalidade nº 2.135-4. De tal forma, foi definitivamente inviabilizada a Lei do Emprego Público (Lei nº 9.962, de 22 fev. 2000). Por meio desta Lei é que poderiam ser transformados os cargos de provimento efetivo de servidores alcançados pela Lei nº 8.112, de 1990, em empregos regidos pela Consolidação das Leis do Trabalho (CLT).

Com tal decisão, o STF restaurou a vigência do art. 39, *caput*, da Constituição Federal e reativou o imperativo original de existência do Regime Jurídico Único para a União, Estados, o Distrito Federal, bem como municípios. Estes exemplos indicam a "desconstrução" paulatina daquela proposta de 1995, portanto.

Em 2002, Luiz Carlos Bresser-Pereira publicou um artigo na *Revista Brasileira de Administração Pública* no qual indicava a vitória cultural da Reforma Administrativa de 1995, com a necessidade de ajustes para sua implantação definitiva (BRESSER-PEREIRA, jul./ago. 2000). Considerados os três fatos aduzidos no parágrafo anterior, esta vitória só poderia ter ocorrido mesmo no âmbito abstrato. A ausência de aplicação generalizada das agências executivas, bem como das organizações sociais e, ainda, o retorno constitucional do RJU, derruíram a tentativa de Reforma Administrativa de 1995 em importantes aspectos.[2] Era certo que havia um Plano ordenado e coerente de reforma. Entretanto, a realidade demonstrou a enorme dificuldade de sua aplicação.

Estas considerações não são valorativas. A questão não diz respeito sobre a virtude, ou não, do Plano Diretor e das suas propostas. Aliás, o presente trabalho buscou dar voz aos atores que estavam no campo em meio a uma disputa sobre a reformulação do Estado. O dado curioso, formado a partir da pesquisa, foi que o modelo geral somente foi aplicado ao se coadunar com uma agenda setorial específica. Logo,

---

[2] Escrito no calor da passagem do primeiro para o segundo governo do Presidente Fernando Henrique Cardoso, o texto não deixa dúvidas do otimismo do autor. Cito extratos: "[...] foi criado o regime de emprego público como [uma] alternativa ao cargo público quando não se tratar do exercício de atividade exclusiva de Estado [...]. Três instituições organizacionais emergem da reforma, ela própria um conjunto de novas instituições: as 'agências reguladoras', as 'agências executivas', e as 'organizações sociais'" (BRESSER-PEREIRA, jul./ago. 2000).

este capítulo da Reforma Administrativa (Organizações Sociais) só ganhou sentido quando foi apropriado na política do Ministério da Ciência e Tecnologia, ou seja, no contexto de uma política pública para ciência, tecnologia e inovação. Todavia, as mudanças sempre trazem opiniões acerca de sua validade axiológica.

Acerca deste último tópico, julgo relevante indicar algumas citações que demonstram a recepção deste trabalho no modo em que os seus argumentos atingiram primeiramente a comunidade acadêmica. Uma síntese dos dados trazidos no quarto capítulo foi utilizada para a construção de um artigo publicado na *Revista de Administração Pública* (VERONESE, 2006). Com esta publicação, foi possível que outros pesquisadores pudessem utilizar parte da minha pesquisa para avançar a sua própria agenda de investigação. Creio que vale indicar duas leituras que foram realizadas e que demonstram o sucesso da tentativa de erigir uma "vigilância epistemológica" em relação ao polêmico tema das organizações sociais. O primeiro trabalho foi produzido por Lucileide Andrade Lima do Nascimento, para produção de sua Dissertação de Mestrado em Política Social, na Universidade Federal do Espírito Santo (UFES) (NASCIMENTO, dez. 2007). A conclusão da autora foi no sentido de depreender do artigo, publicado na *RAP*, a possibilidade de criticar a expansão de uma agenda neoliberal na área de ciência, tecnologia e inovação.

O segundo trabalho foi apresentado no XXVIII Encontro Nacional de Engenharia de Produção por Cândido Ferreira da Silva Filho, Eduardo Frare, Gideon Carvalho de Benedicto, Teruo Monobe e Marcos Livato (SILVA FILHO *et al.*, 2008). A comunicação dos autores descreveu o modelo jurídico das Organizações Sociais, apoiado na Lei nº 9.637, de 1998, para analisar a efetivação dele no Laboratório Nacional de Luz Síncrotron (LNLS). Eles utilizaram o artigo da *RAP* para mostrar que eu teria indicado que tal modelo seria um prêmio à excelência em gestão. Todavia, eles ressaltam que a minha descrição indica apenas esta atribuição como uma opção da política do MCT de então.

No caso da Dissertação, pode-se acessar uma forte crítica ao modelo e à noção de Reforma Administrativa. No caso da comunicação, temos o elogio do modelo e sua aplicação efetiva no LNLS, apesar de algumas ressalvas sobre a necessidade de manutenção de fomento. Os dois usam a mesma fonte para chegar a conclusões bem diferentes. Por quê? A resposta reside no fato da pesquisa que baseou o presente não se ter pautado pelo apoio às opiniões pessoais. Ela procurou sistematizar a imagem que os atores políticos tinham naquele período, sem valorações. Em síntese, o presente trabalho pode ser considerado bem-sucedido porque melhor do que ficar com a opinião do autor é poder construir a sua própria opinião, a partir do autor.

Finalmente, é importante agradecer tanto à Fundação Coordenação de Aperfeiçoamento de Pessoal de Nível Superior (CAPES), quanto à Pró-Reitoria de Pós-Graduação, Pesquisa e Inovação (PROPPI) da Universidade Federal Fluminense (UFF) pelo apoio e empenho na garantia dos recursos da bolsa que fomentaram este trabalho. Os meus dois orientadores foram amigos e interlocutores fundamentais para a realização desta pesquisa: Marcelo Pereira de Mello, que orientou a dissertação; e Roberto Fragale Filho, que me ajudou no estágio-docência, na Faculdade de Direito. Os demais professores do Programa de Pós-graduação em Sociologia e Direito foram essenciais: José Ribas Vieira, Maria Guadalupe Piragibe da Fonseca, e Liszt Aragon Vieira, no PPGSD-UFF; Marcelo Baumann Burgos, e Luiz Werneck Vianna, no CEDES-IUPERJ; e Roberto Kant de Lima, na Antropologia da UFF. A prematuramente falecida Carmem Alveal Contreras — Instituto de Economia, da UFRJ — sempre será lembrada por mim, na sua competência e integridade acadêmica. Alguns amigos, como Eduardo Manuel Val, Christian Lynch e Otávio Luiz Rodrigues Jr., nos acompanham em maior medida do que se pode imaginar. Sem eles, esta caminhada acadêmica não teria sentido. Toda pesquisa empírica e institucional é bem-sucedida se o acesso ao objeto não é vetado. Logo, os meus colegas do Centro Brasileiro de Pesquisas Físicas (CBPF), da SBPC e de vários outros espaços da ciência brasileira foram imprescindíveis. Sem eles, este trabalho seria impossível.

CAPÍTULO 1

REFORMAS E ORGANIZAÇÕES SOCIAIS

Nossa hipótese é a de que o setor de ciência e tecnologia brasileiro foi organizado como uma burocracia estatal. Esta hipótese adquirirá relevo quando confrontada com eventos políticos recentes que, envolvendo o setor, possibilitaram testar essa hipótese a partir da confrontação e análise de dados coletados. Eles também explicam parte das disputas recentes, que têm como pano de fundo a proposta de reforma administrativa e o Plano Diretor da Reforma do Aparelho do Estado de 1995 (BRASIL. Presidente, 1995), fonte teórico-normativa da tentativa de implantação, nas unidades de pesquisa do MCT, do modelo das Organizações Sociais. Assim, para introduzirmos nossas análises das atuais polêmicas no setor de ciência e tecnologia, iremos explicar, neste capítulo, o modelo das Organizações Sociais e o Plano Diretor.

Dividiremos este capítulo em quatro seções. Na primeira, faremos um histórico e descrição da reforma administrativa e do Plano Diretor de 1995. Na segunda parte, explicaremos o que é o modelo das Organizações Sociais. Na terceira, exemplificaremos o processo legislativo da reforma, desde o início da sua tramitação até sua aprovação pelo Congresso Nacional e a subsequente sanção presidencial. Na última parte, faremos uma pequena conclusão sobre estas disputas. Esse panorama geral é indispensável para que, nos capítulos posteriores, possamos confrontar estas informações com as opiniões observadas ao longo de nosso trabalho de campo, entrevistas e demais dados, mostrando suas semelhanças e diferenças.

1.1 Reforma do Estado e administrativa e o Plano Diretor de 1995

Significativas alterações no Estado e na sociedade brasileira se verificaram nos últimos vinte anos — em especial, a anunciada reforma de 1995. Essa reforma do Estado, porém, não se esgota em seu respectivo Plano Diretor, nem pode ser entendida apenas a partir dele, devendo ser compreendida, ao contrário, como parte de um processo de mudança nas relações entre Estado e sociedade, iniciada no final do governo José Sarney. O que temos em 1995, na verdade, é a continuidade de uma reforma do Estado e a declaração de uma reforma administrativa, que se baseia no paradigma gerencial.[3]

As pressões por alterações no aparelho estatal são anteriores ao Plano Diretor e ao próprio primeiro governo do Presidente Fernando Henrique Cardoso (1995-1998).[4] O processo de reforma do Estado

---

[3] Quatro expressões não devem ser confundidas, por designarem elementos, por vezes, distintos: Reforma do Estado, Reforma Administrativa, Reforma do Aparelho do Estado e Reforma Gerencial. A expressão Reforma do Estado busca rotular as grandes alterações sociais e econômicas que marcaram o Brasil em alguns períodos históricos definidos, com especial atenção aos impactos destas mudanças no Estado (DINIZ; AZEVEDO, 1997, p. 12). A segunda Reforma Administrativa é antiga. Na América Latina, desde a década de 30 até a de 70, ela designou as propostas de alterações no funcionamento das máquinas administrativas estatais, tendo se tornado mais abrangente ao longo dos anos. Já na década de 90, a expressão abrangia 16 áreas distintas e trafegava próximo ao de Reforma do Estado (SPINK, 1998, p. 148-149). É claro que as reformas administrativas devem ser entendidas como algo maior do que a mera alteração de organogramas funcionais e estruturas, que também não podem ser confundidas com algumas leis ou decretos pontuais (CARDOSO, 1998, p. 16). A expressão busca designar, principalmente, alterações no sentido geral do funcionamento dos sistemas estatais, embora não seja tão abrangente como a de Reforma do Estado, que inclui interações com outros setores e agentes, por exemplo. A terceira expressão, Reforma do Aparelho do Estado, por sua vez, pode ser lida como equivalente à segunda, ou seja, Reforma Administrativa. Já a quarta explicita um movimento acadêmico de teóricos que buscam propor, na prática, soluções para as Reformas Administrativas contemporâneas. Tal movimento atende por *"managerialism"*, sendo vertido ao português como "gerencialismo". Designa, então, o termo, as Reformas Administrativas que absorveram os princípios e os conceitos do chamado paradigma "gerencialista", na administração pública (BRESSER-PEREIRA, 1998b, p. 30-31).

[4] Almeida informa que as pressões pela privatização do setor produtivo estatal podem ser remetidas ao governo militar de João Figueiredo. Não obstante o fato de somente em 1990 a privatização "ganhar importância na agenda governamental, o governo Figueiredo marcou a inflexão da tendência histórica de crescimento da participação direta do Estado no provimento de bens e serviços. [...] Em 1981, logo depois da criação da SEST [Secretaria de Controle das Empresas Estatais, criada em 1979], o governo federal estabeleceu por decreto a Comissão Especial de Desestatização, com o propósito de 'limitar a criação de novas empresas públicas; cessando as atividades ou transferindo ao setor privado aquelas empresas cujo controle público não se faz mais necessário ou se justifica'" (1999, p. 431).

brasileiro vem ocorrendo de maneira vacilante por toda a década de 90, período este identificado com uma forte liberalização econômica e social.[5] A reforma gerencial proposta em 1995 pode, assim, ser considerada consequência natural desse processo, pois o Estado não opera em um vácuo social, e sim nas suas múltiplas relações com as forças econômicas e sociais.

A novidade é que o governo Fernando Henrique propunha uma reforma administrativa do tipo "gerencialista", baseado numa concepção compatível com as ideias internacionais sobre o tema. Seriam reformas com viés para o mercado, ou *market-biased*, para usar expressão de Bresser-Pereira (1996, p. 17). Tal tese internacional tem base na convicção da existência de uma crise dos Estados nacionais, oriunda dos anos 70 e 80, que teria impactos nas áreas econômica, jurídica, administrativa e social. Há três vertentes de soluções propostas na literatura específica sobre a chamada crise do Estado, de um lado, e de suas relações com o mercado e a sociedade, de outro.

A primeira vertente propõe liberalizar ao máximo tais relações e, consequentemente, diminuir a intervenção estatal direta sobre elas. As propostas liberais, na linha dos relatórios do Banco Mundial, se guiam pela análise liberal da crise do Estado, segundo a qual, em condições ideais, a melhor regulação econômica é dada pelas próprias forças dos mercados, ou seja, pela autorregulação de seus agentes em função das condições objetivas de oferta e demanda de bens e serviços. A segunda solução postula, ao contrário, o aprofundamento dessa intervenção. As propostas intervencionistas partem da premissa de que tal autorregulação nunca poderá ocorrer, pelas imperfeições verificáveis destes mercados. Uma vez que os mercados nunca são de concorrência perfeita, a regulação estatal deverá ter sempre lugar: quanto mais imperfeito o mercado, maior deve ser a intervenção estatal.[6] Por fim, uma terceira vertente tenta conciliar as duas perspectivas.[7] Embora este

---

[5] Para detalhes sobre esta trajetória, *vide* Baumann (2000). O processo de liberalização ou de emergência de uma sociedade civil brasileira pode ser visto, especialmente, a partir de Gohn (2000, p. 295-325); Vieira (2001) e, também, de maneira esparsa, em Przeworski (1994).

[6] Esta visão liberal da crise do Estado nos países desenvolvidos foi reputada uma consequência das políticas de bem-estar social (*welfare state*). Já, para tais leituras liberais, nos países latino-americanos a crise foi causada pelo modelo econômico estatal desenvolvimentista (BRESSER-PEREIRA, 1996, p. 16-17; AZEVEDO; ANDRADE, 1997, p. 55).

[7] É verdade que buscar dividir tais propostas em uma chave teórica simples, que signifique apenas maior ou menor intervenção econômica e social, não é muito produtivo, pois dificilmente estas mudanças são tão simples na prática. Pierre Bourdieu referiu-se assim quando afirmou que "a oposição entre liberalismo e estatismo, que ocupa tanto o ensaísta, não

tenha sido o caso do Plano Diretor de 1995, o que se viu, na prática, foi um grande apelo às soluções liberais. Tendo-se em vista, porém, que existem substantivas resistências para uma liberalização mais ampla, tal evidencia a necessidade de não se abandonar a intervenção de todo, o que seria mesmo estruturalmente inviável. Pode-se assim concluir que os formuladores da reforma administrativa de 1995 enveredaram não pelo rumo ideal, mas pelo rumo possível.

Embora já houvesse uma análise e um receituário no programa do candidato Fernando Henrique Cardoso (CARDOSO, 1994, p. 184-205), um grupo de técnicos foi incumbido, no início do seu governo, de formular um texto-base para pôr em movimento uma ampla mudança na esfera do Poder Executivo. O grupo reuniu-se sob o nome de *Câmara da Reforma do Estado* e o documento produzido foi o referido *Plano Diretor para a Reforma do Aparelho do Estado* (BRASIL. Presidente, 1995). Este conselho foi presidido, não por Luiz Carlos Bresser-Pereira (então Ministro da Administração Federal e Reforma do Estado), e sim pelo Ministro-Chefe da Casa Civil da Presidência da República, Clóvis Carvalho.[8] Deste movimento inicial se seguiram, depois, duas políticas governamentais: o aprofundamento da reforma do Estado, que já estava em curso, e o lançamento de uma nova reforma administrativa. Este Plano Diretor consistia, juntamente com um Projeto de Emenda Constitucional (PEC), num dos pilares da reforma administrativa de 1995 (BRESSER-PEREIRA, 2000, p. 12). A primeira referência do Plano Diretor, em seu diagnóstico, é à crise do Estado, que se desdobraria em múltiplas facetas e encontraria o seu nó central no aparelho estatal, repercutindo severamente em toda a administração pública.

A Crise do Estado define-se então como: (1) uma crise fiscal, caracterizada pela crescente perda do crédito por parte do Estado e pela poupança pública que se torna negativa;[9] (2) o esgotamento da estratégia

---

resiste um segundo a observação" (1999, p. 216). É usual, por exemplo, que se combine a retirada da intervenção estatal de algumas áreas da economia e da sociedade, para que ela aumente em outras, como saúde e educação. De qualquer sorte, essa dicotomia serve para identificarmos as bases conceituais das concepções dos proponentes das mudanças.

[8] Além dos dois Ministros citados, participaram da Câmara o Ministro do Trabalho, Paulo Paiva; o Ministro da Fazenda, Pedro Malan; o Ministro do Planejamento e Orçamento, José Serra; o Ministro-Chefe do Estado-Maior das Forças Armadas, General Benedito Onofre Bezerra Leonel; e o Secretário-Geral da Presidência, Eduardo Jorge Caldas Pereira (BRASIL. Presidente, 1995, p. 3).

[9] A poupança estatal ficou em (-) 0,4% e (-) 5,8% do Produto Interno Bruto (PIB) brasileiro, nos anos de 1985 e 1989, respectivamente. Confira Almeida (1996, p. 216).

estatizante de intervenção do Estado, a qual se reveste de várias formas: o Estado de bem-estar social nos países desenvolvidos, a substituição de importações no Terceiro Mundo, e o estatismo nos países comunistas; e (3) a superação da administração pública burocrática. (BRASIL. Presidente, 1995, p. 15)

O Plano expõe um receituário clínico, desmembrando-se a solução proposta em cinco linhas: o ajuste fiscal, a construção de um novo modelo econômico, a reforma administrativa, a reforma da previdência e o aumento da governabilidade. Assim, podemos ver as três causas e suas respostas.

A primeira dessas causas, a fiscal, seria a grande motivadora da crise, permitindo que suas outras dimensões tivessem transparência.[10] Essa crise fiscal seria raramente vista como o ponto nevrálgico da reforma do Estado; entretanto, seria sua superação o que permitiria a "evolução" das formas de administração pública, com a superação do patrimonialismo estatal.[11] Assim, pode-se identificar a diminuição dos gastos públicos como relacionada com a reforma administrativa de 1995.[12]

A segunda causa da crise do Estado residiria no descrédito da industrialização pela substituição de importações, modelo de desenvolvimento nacional. Boa parte da literatura concorda com este ponto de vista (DINIZ, 1997). Um dos "remédios" (as privatizações) foi receitado antes do Plano Diretor, vindo sendo ministrado há mais tempo, portanto.[13] Nesse sentido, as mudanças mais enfáticas não foram dadas pela reforma do Estado, mas pelo movimento de liberalização da década de 90 (BAUMAN, 2000).

---

[10] "No Brasil [...] a crise do Estado somente se tornará clara a partir da segunda metade dos anos 80. Suas manifestações mais evidentes são a própria crise fiscal e o esgotamento da estratégia de substituição de importações" (BRASIL. Presidente, 1995, p. 15).

[11] Esse discurso é contrariado por muitos autores, que salientam a obsessão mal-escondida do governo pela redução do déficit e não para a melhoria da gestão administrativa (COSTA, 2000, p. 268).

[12] O objetivo de atingir superávit primário nas contas nacionais, ou seja, gastar-se menos do que se arrecada, excluindo-se os serviços das dívidas públicas interna e externa, sempre foi meta perseguida. Um exemplo é a análise das contas nacionais pelo IBGE: "O déficit em transações correntes verificado no período de 1995-1998 pôde ser equacionado por meio da combinação de política monetária e do programa de privatizações, principalmente nos anos de 1995 e 1996" (IBGE, 2000, p. 20).

[13] Conforme referido, as privatizações começaram ainda no governo militar do Presidente João Figueiredo. Para detalhes sobre esse histórico, *vide* Almeida (1999).

A terceira e última causa da crise residiria na necessidade de superação da administração pública burocrática, consequência imperiosa da atenção do Brasil às mudanças nas administrações públicas dos países desenvolvidos (BRESSER-PEREIRA, 1998a, p. 47-51). Para o "paradigma gerencialista", a administração pública burocrática é falha porque permite grandes desvios e capturas do aparelho estatal pelos interesses privados e corporativos. Esse salto para uma etapa administrativa "pós-burocrática" parte de uma concepção esquemática dos sistemas políticos e administrativos ocidentais, que teriam de percorrer duas etapas para se livrarem do patrimonialismo: primeiro, as reformas do serviço público, realizadas pela maior parte dos países centrais no início do século XX; o passo seguinte seriam as reformas gerenciais, que expeliriam os excessos burocráticos da administração. Neste esquema, o Brasil teria sido um caso típico de atraso, já que, apesar de ter feito sua reforma do serviço público na década de 1930, esta teria sido incompleta e, pior, teria retrogradado com a promulgação da Constituição Federal de 1988.[14]

1.2 O Plano Diretor

O Plano Diretor era um documento sucinto, que explorava a necessidade de aprofundar a implantação de algumas alterações que, de uma maneira assistemática, já estavam em curso. Por outro lado, ele propunha algumas novidades, dentre as quais a das Organizações Sociais. Vimos que, além de um diagnóstico econômico da questão do Estado federal, o Plano Diretor constituía um diagnóstico oficial da crise, contendo uma série de soluções propostas, na forma de modelos teóricos.

1.2.1 Síntese das propostas do Plano Diretor

As várias propostas do plano podem ser divididas em três eixos: o institucional-legal, o cultural e o de gestão (BRESSER-PEREIRA, 2000, p. 8-9), que se pretendiam interdependentes e complementares

---

[14] Esta concepção tem equívocos profundos. Ela tende a dar importância excessiva aos esquemas teóricos, diminuindo a importância das análises empíricas apuradas, além de ter o inconveniente de reproduzir alguns preconceitos acerca do atraso brasileiro e de desprezar o fato de que a Constituição Federal de 1988 foi um estatuto de direitos de consequências profundas para o país (CITTADINO, 1999).

(BRASIL. Presidente, 1995, p. 60). O primeiro eixo de propostas, o institucional-legal, tinha por objetivo a reordenação normativa da administração pública federal por meio de alterações constitucionais e infraconstitucionais:

> O aperfeiçoamento do sistema jurídico-legal, notadamente de ordem constitucional, de maneira a remover os constrangimentos existentes que impedem a adoção de uma administração ágil e com maior grau de autonomia, capaz de enfrentar os desafios do Estado moderno. (BRASIL. Presidente, 1995, p. 61)

Este eixo se compunha das propostas de alteração da Constituição que foram realizadas pela Emendas Constitucionais nº 19/98 e nº 20/98[15] e por uma nova legislação infraconstitucional. O texto original do Plano Diretor não continha propostas que surgiram mais tarde, que constavam como projetos isolados e foram agregadas a este eixo por Bresser-Pereira. Eram os das agências autônomas (BRASIL. Presidente, 1995, p. 73), das Organizações Sociais (BRASIL. Presidente, 1995, p. 73-75), de uma Lei que regulasse os processos administrativos federais (BRESSER-PEREIRA, 1998a, p. 205) e outros programas de menor impacto.

---

[15] Esta Emenda Constitucional ficou conhecida como a emenda da reforma da previdência.

QUADRO 1
Eixo institucional-legal das propostas na Reforma de 1995

Eixos	Propostas
Institucional-Legal: Emendas Constitucionais	1. Emenda Constitucional nº 19/98, com várias modificações da Constituição de 1988, em especial o fim do regime jurídico único, para os servidores civis federais (RJU, Lei nº 8.112/92), como único; 2. Emenda Constitucional nº 20/98, da Previdência, no tocante aos servidores civis federais.
Institucional-Legal: Legislação Infraconstitucional	1. Lei sobre os procedimentos para demissão dos servidores públicos federais por insuficiência no seu desempenho; 2. Lei sobre exoneração e demissão por excesso de quadros (a Lei nº 9.801/99 fixa os critérios para a demissão por excesso de despesas); 3. Lei sobre afastamento e demissão voluntária, o Programa de Demissão Voluntária, PDV (Medida Provisória nº 1.527, reapresentada como MP nº 1.530, nº 1.917, nº 1.970, nº 2.092, nº 2.174); 4. Lei sobre as carreiras exclusivas de Estado (ainda não convertida em Lei); 5. Criação de um processo seletivo simplificado, que já existia para a contratação de algumas funções públicas, pela Lei nº 8.745/93, modificada pela Lei nº 9.849/98; 6. Novo sistema previdenciário; 7. Sistema saúde para servidores; 8. Modificações no RJU dos servidores públicos civis da União (a Lei nº 8.112/92, foi amplamente modificada pela Medida Provisória nº 1.522, nº 1.573, depois renumerada para MP nº 1.595 e convertida na Lei nº 9.527/97); 9. Revisão da Lei de Licitações e Contratos (a Lei nº 8.666/93 não foi amplamente modificada); 10. Reorganização do sistema remuneratório dos servidores e ocupantes de cargos públicos com vistas ao estabelecimento de um teto; 11. Desburocratização e desregulamentação de serviços públicos.
Institucional-Legal: Novas Instituições	1. Aperfeiçoamento do Sistema de Serviços Gerais do Governo (SIASG); 2. Programa de Publicização ou de Organizações Sociais (Lei nº 9.637/98); 3. Programa de Agências Executivas (várias Leis e MPs, ou seja, uma para cada agência instituída ou convertida); e 4. Lei sobre os processos administrativos (Lei nº 9.784/99).

Fonte: As informações básicas para a construção deste quadro foram retiradas de Brasil. Presidente, 1995 (p. 60-68); Bresser-Pereira (1998a, p. 205-206). A informação sobre a legislação foi buscada na página eletrônica do Senado Federal. Disponível em: <http://www.senado.gov.br>. Acesso em: 15 mar. 2002.

Já o segundo e terceiro eixo, cultural e de gestão, respectivamente, estavam contidos no Plano Diretor. O primeiro seria relacionado com a tentativa de alterar a cultura administrativa do país, de modo a facilitar a relação entre a sociedade e os agentes estatais (BRASIL. Presidente, 1995, p. 66). No segundo, ou seja, no eixo da gestão, o objeto da mudança proposta era a prática realmente existente. O caminho seria fixar vários indicadores de desempenho, bem como treinar o pessoal e motivá-lo para atingir as metas fixadas (BRASIL. Presidente, 1995, p. 67). Estes dois eixos foram trabalhados com mais definição em textos posteriores de Bresser-Pereira (1998a), dando-se destaque aos programas que enfatizavam propostas de mudanças nos mecanismos de administração. Disso são exemplos o Programa de Qualidade e Participação, para toda a administração pública, e o Programa de Reestruturação e Qualidade dos Ministérios (BRESSER-PEREIRA, 1998a, p. 217). Esses programas incluiriam, desde a criação de prêmios para gestões inovadoras, até planos de modificação dos processos de produção no âmbito dos ministérios.

QUADRO 2
Eixo cultural e eixo de gestão das propostas na Reforma de 1995

Eixos	Propostas
Gestão	1. Fortalecimento do Núcleo Estratégico por meio da política de carreiras exclusivas de Estado; 2. Reformulação do Sistema de Contabilidade Gerencial; 3. Sistema de remuneração dos cargos em comissão do Governo Federal; 4. Programa de reestruturação e qualidade nos Ministérios (PRQ); e 5. Rede eletrônica interna ("intranet") do Governo Federal e integração dos sistemas administrativos informatizados do Governo, ou seja, a rede mantida pela empresa de Serviços de Processamento (Serpro) do Ministério da Fazenda, composta pelos Sistema Integrado de Gestão Financeira (SIAFI), Sistema Integrado de Pessoal (SIAPE), Sistema Integrado de Gestão (SIORG) e Sistema Integrado de Serviços Gerais (SIASG).
Eixo Cultural	1. Programa de redução de custos de pessoal; 2. Redução de privilégios; 3. Sistema de Informações Gerenciais da Administração Pública; 4. Plano nacional de Capacitação; e 5. Fortalecimento do uso da "internet" na comunicação do governo com os cidadãos (Projeto Cidadão).

Fonte: As informações básicas para a construção deste quadro foram retiradas de Brasil. Presidente (1995, p. 60-68); Bresser-Pereira (1998a, p. 205-206). A informação sobre a legislação foi buscada na página eletrônica do Senado Federal. Disponível em: <http://www.senado.gov.br>. Acesso em: 15 mar. 2002.

Como se vê, a maior parte do Plano Diretor e dos projetos de reforma administrativa estavam centrados na construção e reformulação de instituições. Essas propostas possuem uma sustentação conceitual específica, que reflete a alteração na definição das funções das propriedades pública e privada. É nela que se localiza o aparecimento do terceiro setor ou, nos termos do Plano Diretor, da propriedade pública não estatal, cujo conceito será à base da proposta das Organizações Sociais.

1.2.2 Do público e privado para quatro tipos de propriedades

A lógica do Plano Diretor pode ser entendida a partir de um esquema teórico que, através de uma nova interpretação para a função da propriedade, busca reorganizar as relações entre Estado e sociedade. Juridicamente dividida em propriedade privada ou pública, a agenda do Plano Diretor parte do pressuposto que esta divisão é arbitrária.[16] Assim, se ela faz sentido para o Direito, não o faria para a Administração e a Economia. Por este esquema teórico (reproduzido no QUADRO 3, adiante), diferentes formas de propriedade necessitam de diferentes formas de administração. Assim, além das duas opções iniciais (privada e pública), têm-se quatro opções: pública estatal, pública não estatal, privada e corporativa.

A propriedade pública estatal estaria identificada com o interesse público, mas encontraria o seu uso ideal em atividades que fossem estritamente estatais, ou seja, monopolistas.[17] Estas atividades podem ser as clássicas do Estado Liberal, como o de monopólio da violência e manutenção dos contratos, mas também as do Estado Social, como indutor do desenvolvimento e de regulação da economia (BRESSER-PEREIRA, 1998a, p. 96-98). Já a propriedade privada seria identificada com a reprodução dos lucros do capital ou com o consumo privado (BRESSER-PEREIRA, 1998a, p. 99). Pela identificação do Plano Diretor, as empresas públicas já teriam cumprido o seu papel histórico, devendo agora ser privatizadas para operarem na lógica do mercado regulado

---

[16] No mesmo sentido Max Weber também considerava que a divisão de público e privado, como construção social, logo localizável historicamente, também pode ser considerada como arbitrária (WEBER, 1999a, p. 499-500). A utilização do referencial teórico, a partir de Max Weber ficará mais clara no próximo capítulo.

[17] Há uma discussão econômica acerca dos monopólios naturais para a produção de alguns bens ou serviços. Na década de 80, por exemplo, a prestação de serviços de telefonia, que era vista como monopólio natural, começa a ser vista como possivelmente concorrencial. Para isto, *vide* Câmara (1999).

(BRASIL. Presidente, 1995, p. 59). Já a propriedade corporativa, que não estava listada no quadro formulado pelo Conselho de Reforma do Estado (BRASIL. Presidente, 1995) e por Bresser-Pereira (1998a), lidaria com os interesses privados de grupos organizados (sindicatos, movimentos de luta, associações recreativas, sociedades de prestação de serviços aos associados, etc.); ela não faria parte do Estado, nem deveria vir a fazê-lo (1998a, p. 238). Por fim, a propriedade pública não estatal seria identificada com o interesse público; entretanto, encontraria melhor forma de administração, revestindo-se de uma natureza híbrida, isto é, entre o privado e o estatal.[18] No caso do Estado, algumas funções que não exigiriam "monopólio natural", por não serem funções estritamente estatais, deveriam ser transplantadas para este campo, que é por vezes identificado como "terceiro setor":

> Fundações e associações sem fins lucrativos e não voltadas para a defesa de interesses corporativos, mas para o interesse geral, não podem ser consideradas privadas: são públicas não-estatais, fazem parte do "terceiro setor", ou são "organizações sem-proprietários". (BRESSER-PEREIRA, 1998a, p. 99)

As informações acerca dos tipos de propriedades, em relação à atuação do Estado, descritas acima, estão sistematizadas na FIG 1, a seguir.

---

[18] Bresser-Pereira não deixa claro como seria a administração das propriedades públicas não estatais. Por vezes, revela a tendência de que sejam administradas como o setor privado, ou seja, pelo mercado (1998a, p. 243).

	Formas de propriedade			Formas de Administração	
	Estatal	Pública Não-Estatal	Privada	Burocrática	Gerencial
NÚCLEO ESTRATÉGICO Legislativo, Judiciário, Presidência, Cúpula dos Ministérios, Ministério Público	○			○	
ATIVIDADES EXCLUSIVAS Regulamentação, Fiscalização, Fomento, Segurança Pública, Seguridade Social Básica	○				○
SERVIÇOS NÃO-EXCLUSIVOS Universidades, Hospitais, Centros de Pesquisa, Museus **"PUBLICIZAÇÃO"**		→○			○
PRODUÇÃO PARA O MERCADO Empresas Estatais **"PRIVATIZAÇÃO"**			→○		○

FIGURA 1 – Formas de propriedade e administração no Plano Diretor
Fonte: Brasil. Presidente (1995, p. 59) e Bresser-Pereira (1998a, p. 103).

1.2.3 O público não estatal

Uma boa parte do Plano Diretor estava centrada na ideia de prosseguir no processo de reformulação das relações entre Estado, mercado e sociedade.[19] Durante os anos oitenta, já era visível a

---

[19] Para Fernandes, o terceiro setor (que deve ser lido como "sociedade civil" no Brasil), tem quatro razões principais de diferenciação dos outros setores. Ele "faz contraponto às ações do governo [...]; faz contraponto às ações do Estado [...]; empresta um sentido maior às organizações que o compõem [...] [e] legitima ações antes marcadas pelo signo de perigo e subversão, como as que resultam em protestos dos grupos de interesses particulares. A

emergência de uma sociedade civil organizada e reivindicadora no Brasil,[20] que não fez senão prosperar, inclusive economicamente, durante a década posterior. No entanto, como essa emergência continha instituições muito distintas entre si, que não obstante eram enquadradas num mesmo conceito — o de *sociedade civil* —, devemos tomar certas precauções. Apesar de o Plano Diretor criar uma distinção interna no conceito de propriedade pública (propriedade estatal e não estatal), ele não distingue essas subclasses pelos meios de atingir suas finalidades, vez que o interesse público seria perseguido por ambas. Assim, o conceito de público não estatal estaria ligado a interesses e funções que, gerais e públicos, não seriam, porém diretamente estatais. A partir da reivindicação da existência de uma sociedade civil autônoma frente ao Estado e ao mercado,[21] se tornaria possível visualizar instituições que, não sendo necessariamente estatais, possuiriam atuações e finalidades públicas. O caso, porém, é que esse segmento econômico emergente, o chamado "terceiro setor" ou *"sociedade civil organizada"*, é algo de muito difícil precisão, abrangendo desde instituições de filantropia empresarial até novos órgãos administrativos públicos, como as Organizações Sociais, o que torna imprecisa a própria caracterização do setor como público, mas não estatal.[22]

Do ângulo jurídico, as normas que estipulavam uma classificação, à época (1995), entre pessoas jurídicas, estavam contidas no Código

---

participação cidadã passa a ser reconhecida [...]. Estimula [...] [a] filantropia empresarial. Difunde a ideia do voluntariado [...]; projeto uma visão integradora da vida pública" (1997, p. 29-31).

[20] Novamente, Fernandes menciona que "na América Latina, inclusive no Brasil, é mais abrangente falar-se de 'sociedade civil' e de suas organizações. [...] [E este] conceito [de sociedade civil] foi recuperado [do séc. XVIII] no período recente de lutas contra o autoritarismo (como, aliás, no Leste Europeu)" (1997, p. 27).

[21] Para detalhes deste percurso teórico e suas raízes, *vide* Bobbio (1993, p. 1206-1211) e Vieira (1998, p. 44-68).

[22] Daí a necessidade da escolha de um critério que viabilize a classificação dessas entidades, a partir da exclusão das demais. Poderíamos considerar um diagrama de conjuntos que demonstrasse onde, ao se fazer uma divisão entre os três setores, haveria algumas zonas cinzentas. Mas quais são os critérios preponderantes que fariam com que uma instituição fosse alocada no mercado, no Estado ou na sociedade civil? Seria o financiamento? Seriam as atividades desenvolvidas? Ou, ainda, seria o modo de gestão da sua propriedade? De acordo com Salomon (1992), que inclui os partidos políticos no terceiro setor, classificação esta discutível, já que os partidos políticos possuiriam funções ligadas ao mundo do Estado, como o de organizar a disputa política pelos cargos eletivos estatais. Na compreensão de Lester Salomon, os partidos políticos devem ser incluídos como parte do terceiro setor, pois não estão buscando lucratividade em suas atividades. Este critério de classificação se baseia bastante em finalidades e atribuições econômicas.

Civil de 1916,[23] que as dividia inicialmente em dois grandes grupos, públicas e privadas (art. 13). No caso do grande grupo das instituições de direito privado, havia mais uma divisão em dois subgrupos; o primeiro, regido pelas leis civis (art. 16, I), conteria as sociedades civis, as associações e as fundações; o segundo grupo seria regido pelas leis comerciais (art. 16, II) e abarcaria as sociedades mercantis nas suas variadas formas. Com o advento do Novo Código Civil de 2002, este panorama ficou até mais claro. As subdivisões de pessoas jurídicas, de direito privado, portanto, estão baseadas na sua origem e na sua função jurídica, ou seja, devem estar previstas nos estatutos, ou contratos sociais, que dão vida jurídica formal às entidades. No caso da sua origem, elas se distinguem primariamente pela agregação de indivíduos (antigas sociedades civis; hoje, somente associações civis) ou de recursos (fundações e antigas sociedades mercantis, hoje empresas). Por outro prisma, seria possível diferenciá-las por sua função jurídica. Assim, as atividades sociais ou aquelas socialmente agregadoras (dos mais variados gêneros), ficariam com as associações e as fundações, enquanto a busca pelo lucro ficaria com a tipologia das empresas, antigas sociedades mercantis. Ora, se utilizarmos o critério da necessidade de se dimensionar como existente um setor diferente do Estado e do mercado, já temos uma previsão legal no Código Civil, desde 1916.[24] Mas isto não parece suficiente para os novos analistas.[25] Todavia, para Rubem César Fernandes, a caracterização pela finalidade das atividades institucionais desenvolvidas já seria um divisor suficiente.

Concluindo, pode-se dizer que, no momento em que aumentaram as possibilidades de atuação da sociedade civil, sem a ingerência estatal, por força da democratização e da liberalização, verificou-se um crescimento considerável deste setor. Isso é inferido pela pesquisa realizada pelo Instituto Superior de Estudos da Religião (ISER) (LANDIM; BERES, 1999, p. 32). Ela foi feita nos termos analíticos

---

[23] É interessante mencionar o antigo Código Civil, pois o Ministério da Ciência e Tecnologia (MCT) apresentou em documento de discussão da área de Ciência, Tecnologia e Inovação, a proposta de alterá-lo! Transcrevemos: "A criação da figura jurídica 'Institutos de Pesquisa' é alternativa que mereceu atenção nos últimos anos. A essência da proposta é a alteração do artigo 16 do Código Civil (Lei nº 3.071, de 1º de janeiro de 1916), para incluir os 'Institutos de Pesquisa' entre as pessoas jurídicas de direito privado" (BRASIL. MCT & ABC, 2001, p. 246).

[24] Existe uma tradição brasileira na área de prestação de serviços sociais, por entidades religiosas ou laicas. Um exemplo é a Santa Casa da Misericórdia. Para isto, *vide* Russell-Wood, 1981 (Santa Casa da Misericórdia da Bahia) e Rangel, 1979 (Imperial Sociedade Amante da Instrução).

[25] Uma das preocupações dos juristas que têm interesse no terceiro setor é a definição do que chamam de marco legal. Para detalhes, *vide* Falcão e Cuenca (1999).

iniciais da mencionada classificação de Salomon, ou seja, organizando as entidades por atividade econômica e teve por objetivo mensurar a alocação de pessoas nos três setores (público, privado lucrativo e privado não lucrativo). A conclusão é que há um paulatino crescimento do setor privado não lucrativo, no período de 1991 até 1995:

> Tomando-se a totalidade do pessoal ocupado nos três "setores" (privado lucrativo, privado não-lucrativo e público governamental) quanto às 9 áreas de atividades definidas aqui como sendo típicas do setor sem fins lucrativos, constatamos em primeiro lugar que 58% das ocupações referidas a elas encontram-se no setor público, o que é coerente com o suposto caráter de benefício público dessas atividades. Segue-se o privado lucrativo com 22% e o não lucrativo, com 19%. No entanto, se considerarmos o crescimento desses três universos, entre 91 e 95, conforme se mostra na tabela 4 [reproduzida acima, como tabela 1] [...], veremos que o sem fins lucrativos cresce mais que os outros, em termos de sua participação relativa no total das ocupações: enquanto o setor público diminui em cerca de 5% sua participação na ocupação de pessoas para essas áreas, o setor privado lucrativo cresce 1,4% e o sem fins lucrativos cresce mais ainda: 3,4%. (LANDIM; BERES, 1999, p. 32)

É curioso notar que uma discussão sobre reforma administrativa se agregou nesta discussão do terceiro setor, não somente por questões analíticas, como a verificação de que a discussão sobre a transformação do Estado deve levar em conta a discussão sobre as alterações sociais (DINIZ, 1978), mas, que isto ocorreu também para garantir legitimidade para uma proposta de alteração do Estado. O conceito de público não estatal se torna, na literatura que defende a reforma do Estado e no Plano Diretor, um sinônimo do terceiro setor, haja vista que, sendo o conceito deste demasiado amplo, aquele de público não estatal tende a absorvê-lo.[26]

1.3 O modelo das Organizações Sociais

O Plano Diretor previa algumas novas figuras jurídicas para criação ou reformulação de entidades públicas:[27] as Agências Executivas,

---

[26] Existe uma distinção, que podemos utilizar para o enquadramento das Organizações Sociais, que é o de paraestatalidade (VIEIRA, 2001). Este conceito atenderá não só à necessidade de classificação sociológica, mas também de classificação jurídica.

[27] Há uma polêmica acerca do fato de se seriam ou não novas pessoas jurídicas. Menciona Paulo Modesto que "para o leigo, a denominação de entidade de utilidade pública, à semelhança da recente denominação de organização social, designa uma espécie de entidade, uma forma especial de organização, reconhecível prontamente no plano da realidade sensível. Mas se

as Agências Reguladoras, as Organizações Sociais e as Organizações da Sociedade Civil de Interesse Público. Segundo Bresser-Pereira, a instituição que provavelmente teria maior repercussão seria a das Organizações Sociais (BRESSER-PEREIRA, 1998a, p. 205): elas são apresentadas pelos proponentes da reforma, não apenas como uma figura jurídica nova no panorama administrativo brasileiro, mas também como solução para a ineficiência da ação estatal. Além dela, destaca-se ainda o contrato de gestão, figura jurídica que, embora mais ampla, dá sentido prático ao funcionamento das Organizações Sociais.

Para explicá-la, dividiremos esta seção em quatro partes. Iremos descrever primeiro a definição do modelo das Organizações Sociais, com especial atenção às comparações com entidades assemelhadas; depois, analisaremos os mecanismos de criação das Organizações Sociais, acompanhando os processos já ocorridos e em andamento. Faremos ainda uma descrição sobre os processos de extinção de instituições públicas, que acompanha a conversão destas para o modelo das Organizações Sociais, para, por fim, as detalharmos em sua forma atual.

1.3.1 Definição do modelo

O modelo das Organizações Sociais aparece pela primeira vez no Plano Diretor de Reforma do Aparelho do Estado. Elas são caracterizadas como "as entidades de direito privado que, por iniciativa do Poder Executivo, obtêm autorização legislativa para celebrar contrato de gestão com esse poder, e assim ter direito à dotação orçamentária" (BRASIL. Presidente, 1995, p. 74). Trata-se de um modo de realizar parcerias entre o Estado e a sociedade civil, pois que, "adicionalmente, se busca uma maior parceria com a sociedade, que deverá financiar uma parte menor, mas significativa dos custos dos serviços prestados" (BRASIL. Presidente, 1995, p. 74). Vimos que o modelo de Organização Social é classificado como parte do terceiro setor, classificação ambígua que decorre de suas dificuldades conceituais. No entanto, como o ordenamento jurídico brasileiro já comportava, antes do Plano Diretor, um tipo de entidade que guarda semelhanças e diferenças com as Organizações Sociais — o de *entidades paraestatais* —, a discussão reduz-se à caracterização das Organizações Sociais como não estatais ou como paraestatais.[28]

---

trata de uma ilusão linguística. Essas designações consistem apenas em títulos jurídicos. Em princípio, títulos jurídicos podem ser conferidos, suspensos ou retirados. Essas expressões não traduzem uma forma de pessoa jurídica privada" (1999, p. 139).

[28] Existe uma contradição na inclusão das Organizações Sociais como tributárias do mesmo estatuto jurídico das organizações da sociedade civil. Por esta análise, se uma instituição

Nas análises jurídicas, tende-se a incluir como paraestatais todas as entidades que, mesmo não sendo estritamente estatais, movem-se em torno do Estado. Então, mesmo que dessa categoria se excluam as empresas públicas, as sociedades de economia mista e as fundações criadas pelo poder público,[29] ficarão ainda como paraestatais "os serviços sociais autônomos, [...] entidades de apoio (fundações, associações e cooperativas), as [...] organizações sociais e as organizações da sociedade civil de interesse público" (DI PIETRO, 1999, p. 398). Como todas essas entidades poderiam ser incluídas no conceito lato de serviços sociais autônomos, o conceito deste teria o mesmo significado jurídico que o de entidade paraestatal. Assim, a legislação distinguiu as instituições que poderiam ser qualificadas como serviços sociais autônomos em categorizações específicas, dando-lhes assim estatutos jurídicos diferenciados, obrigações e prerrogativas distintas. Logo, são diferenciados juridicamente tanto os serviços sociais autônomos, em sentido estrito (por exemplo, SESI, SESC, SENAI e SENAC),[30] quanto os outros tipos, isto é, entidades de apoio, Organizações Sociais e Organizações da Sociedade Civil de Interesse Público (OSCIP), possuindo em comum a característica de serem entidades de direito privado. O quadro adiante sintetiza as características de vários modelos administrativos, conforme tratado por Di Pietro (1999, p. 399-409), acrescidas de pequenas informações que servem para explicitar suas respectivas diferenças jurídicas.[31]

é mantida financeiramente e controlada pelo poder público, ela perderá parte de sua autonomia: às políticas governamentais não poderá contestar; ou, terá dificuldades para tanto (VIEIRA, 2001, p. 82). Isso constituiria um problema em sociedades como a brasileira, porque possibilitaria a captura da sociedade civil pelo Estado. As entrevistas realizadas com servidores e dirigentes de Organizações Sociais nos mostraram que aquelas já qualificadas como tal tendem a seguir os contratos de gestão e se orientar pela agenda estatal, como se continuassem órgãos administrativos federais. Os recursos captados fora do orçamento federal são muito escassos e não permitem autonomia, face ao financiador. Essa heteronomia é imposta, juntamente com a obrigação de atingir as metas de produção que se espalham por toda a duração do contrato de gestão, o que pode levar a instituição a uma situação de total subserviência.

[29] As empresas públicas, as sociedades de economia mista e as fundações criadas pelo poder público foram absorvidas na categoria de estatais, face à obrigatoriedade de cumprir a maior parte dos seus procedimentos administrativos pela Constituição Federal de 1988.

[30] Criados por confederações patronais por permissão dos Decretos-Lei nº 9.403, de 25 de junho de 1946 e nº 9.853, de 13 de setembro de 1946.

[31] Os acréscimos são basicamente exemplos não listados pela autora (incluímos os exemplos das entidades de apoio, das Organizações Sociais e das Organizações da Sociedade Civil de Interesse Público).

QUADRO 3
Características das entidades Paraestatais

	Serviços Sociais Autônomos	Entidades de Apoio	Organizações Sociais	Org. da Sociedade Civil de Interesse Público
Criação	Confederações patronais por força de Decretos-Leis.	Por servidores públicos, não por instituições públicas.	Por particulares ou servidores públicos.	Por particulares.
Fomento	Contribuições parafiscais incluídas nas obrigações trabalhistas.	Recursos próprios.	Recursos orçamentários públicos e recursos próprios.	Recursos orçamentários públicos e recursos próprios.
Tipo de serviços prestados	Particulares, ou seja, não públicos.	Particulares, ou seja, não públicos.	Particulares, exceto o caso de serviços de saúde, públicos.	Particulares, ou seja, não públicos.
Fiscalização e equiparação às regras da Administração Pública	Sim. Fiscalizadas pelo TCU e Sec. Federal de Controle (SFC). Sujeitas à obrigação de licitar e realizar concursos públicos.	Não. São fiscalizadas pelo Ministério Público, na condição específica de serem fundações.	Sim. Fiscalizadas pelo TCU e SFC. Contrato de gestão. Não são obrigadas a licitar ou realizar concursos públicos.	Não.[32] Obrigatoriedade de um contrato de gestão. Não são obrigadas a licitar ou realizar concursos públicos.
Exemplos	Serviço Nacional do Comércio (SENAC), Serviço Nacional da Indústria (SENAI) e Serviço Social do Comércio (SESC) e, ainda, Associação de Pioneiras Sociais (Rede Sarah Kubistchek).	Fundação Universitária José Bonifácio (FUJB, UFRJ), Fundação Euclides da Cunha (UFF) e Fundação Instituto de Pesquisas Econômicas (FIPE, USP).	Associação Brasileira de Tecnologia de Luz Síncrotron (ABTLuS, LNLS), Associação Instituto de Matemática Pura e Aplicada (AIMPA, IMPA) e Associação de Comunicação Educativa Roquette Pinto (ACERP).	Transparência Brasil (Informes ABONG, n. 78, março de 2000), Instituto de Estudos de Trabalho e Sociedade (IETS). Existiam 18 entidades qualificadas em abril de 2000 (Informes ABONG, n. 84, abril de 2000).

Fonte: Di Pietro (1999) e dados da página eletrônica da Associação Brasileira de Organizações Não Governamentais. Disponível em: <http://www.abong.org.br>. Acesso em: 15 mar. 2002.

---

[32] Na prática estão sendo fiscalizadas pelo TCU e pela SFC. Houve entendimento do Tribunal de Contas de União (Decisão nº 592/98) de que "o Tribunal Pleno, diante das razões expostas pelo Relator, decide: 8.1 firmar entendimento de que as contas anuais das entidades qualificadas como organizações sociais, relativamente ao contrato de gestão, são submetidas a julgamento pelo Tribunal, nos termos do parágrafo único do art. 70 da Constituição Federal, com a redação dada pela Emenda Constitucional nº 19/98, do art. 6º e art. 7º, [combinados com] o art. 5º, inciso VI, da Lei nº 8.443/92 e art. 8º, §§2º e 3º, e art. 9º da Lei nº 9.637/98".

A maior parte da polêmica que envolve as Organizações Sociais consiste no fato de servirem para absorção de atividades estatais, ou seja, à publicização. O objetivo inicial do Plano Diretor era que todas as atividades que pudessem ser classificadas como produtoras de serviços sociais deveriam ser paulatinamente absorvidas pelas Organizações Sociais.[33] Assim, uma "licitação" para escolha da entidade absorvedora deveria contemplar elementos como: a oferta de garantias contratuais (conforme o art. 56 da Lei nº 8.666/93);[34] a comprovação de existência pretérita da entidade absorvedora, com sede, capital e patrimônio próprio; e, também, a comprovação de qualificação técnica e idoneidade financeira (DI PIETRO, 1999, p. 406). A outra parte da polêmica está na observação, além da "licitação" para escolha da entidade que absorverá as atividades publicizadas, de que as Organizações Sociais deveriam ser submetidas às mesmas regras de fiscalização que os serviços sociais autônomos, em sentido estrito[35] (DI PIETRO, 1999, p. 405).

Alguns técnicos e analistas creem que, de acordo com a doutrina do Plano Diretor, as entidades que absorvem atividades públicas não estatais deveriam ser criadas por grupos da sociedade civil[36] — ou seja, mesmo após a aprovação da Lei nº 9.637/98, que excluiu a autorização legislativa —, as Organizações Sociais seriam quaisquer entidades privadas qualificadas legalmente, independentemente da origem. A tônica seria a conversão de entidades estatais e não a criação de entidades da sociedade civil qualificadas, procedimento este que mais agradaria aos técnicos do Ministério do Planejamento, Orçamento e Gestão (MPOG).[37] De fato, para a administração central, as possibilidades de conflitos com as novas Organizações Sociais, oriundas da sociedade civil, seriam muito menores: com entidades públicas convertidas, os administradores teriam um possível corpo de servidores federais insatisfeitos trabalhando, dentro da instituição,

---

[33] O modelo prevê que atividades como de universidades, centros de pesquisa científica e tecnológica, museus e hospitais, dentre outras, possam ser absorvidas pelas Organizações Sociais, após a extinção das instituições públicas (art. 1º da Lei nº 9.637/98).

[34] Diz este artigo que: "A critério da autoridade competente, em cada caso, e desde que prevista no instrumento convocatório, poderá ser exigida prestação de garantia nas contratações de obras, serviços e compras".

[35] Será visto, posteriormente, que o TCU também entende a matéria desta forma.

[36] "Entende-se por 'Organizações Sociais' as entidades de direito privado que, por iniciativa do Poder Executivo, obtêm autorização legislativa para celebrar contratos de gestão com esse poder e, assim, ter direito à dotação orçamentária" (1995, p. 74).

[37] "Parece-me — esse é meu entendimento pessoal, também — que essa seria a lógica do modelo [de Organizações Sociais] previsto no Plano Diretor. Na prática, isso não ocorre" (Entrevista, servidor do MPOG, 16 ago. 2001).

contra a implantação do novo modelo. Na prática, o que ocorreu em maior escala foi a conversão de entidades estatais. As associações que assumiram atividades de entidades públicas extintas foram formadas, geralmente, por servidores federais, em acordo com o Ministério ao qual ambos fossem vinculados.[38]

1.3.2 A criação de Organizações Sociais

De acordo com a Lei nº 9.637/98, as Organizações Sociais podem ser quaisquer pessoas jurídicas de direito privado sem fins lucrativos, ou seja, associações civis ou fundações, tendo por objeto atividades ligadas às áreas do ensino, pesquisa científica, desenvolvimento tecnológico, proteção e preservação do meio ambiente, cultura e saúde (art. 1º da Lei nº 9.637/98). Estas entidades privadas devem ser registradas e possuir estatutos que contenham disposições especificando a área de atuação compatível, a menção de sua não lucratividade, a existência de uma Diretoria e de um Conselho de Administração.

No que tange às instituições do Estado, o Plano Diretor dispunha que "a transformação dos serviços não exclusivos estatais em organizações sociais se daria de forma voluntária, a partir da iniciativa dos respectivos Ministros" (BRASIL. Presidente, 1995, p. 74), o que significava que cada ministério era livre para operar a mudança conforme a própria conveniência e oportunidade.[39] A consequência é que o impacto da nova lei foi diferente em cada ramo da administração. No Ministério da Educação, por exemplo, desistiu-se de optar pelo

---

[38] Apenas um caso específico configuraria exceção: o Instituto de Desenvolvimento Sustentável Mamirauá (IDSM). Segundo servidor entrevistado, do MPOG, "é o único que eu, particularmente, vejo até agora que atendeu àquele conceito, no meu entender 'romântico', da Organização Social conforme está no Plano Diretor. Um grupo da sociedade se apresenta ao governo para daí absorver. Esse é o único, porque a ABTLuS, por exemplo, não: já existia o Laboratório de Luz Síncrotron" (Entrevista, servidor do MPOG, 16 ago. 2001). Para resolver este problema, uma sugestão interessante, dos técnicos do MPOG, seria a "licitação", ou seja, uma disputa prévia das atividades a serem "publicizadas" por parte dos grupos interessados na gestão. Tal processo poderia ser capitaneado pelo MPOG: "Uma das idéias que se tem na revisão da Lei das [Organizações Sociais] é estabelecer alguma espécie de licitação, algum certame, para trazer mais concorrência [...] que talvez fosse prévia. [...]. Aí sim a gente poderia garantir de forma mais efetiva, para a sociedade, que aquele grupo é o mais qualificado" (Entrevista, servidor do MPOG, 16 ago. 2001).
[39] Segundo Bresser-Pereira, os serviços sociais e científicos realizados pelo Governo Federal estarão sendo absorvidos por organizações sociais de forma gradativa e voluntária. A decisão do governo é não impor a instituição, mas transformá-la em uma demanda dos membros da organização [os servidores] e dos seus cidadãos-clientes (1998a, p. 244).

novo modelo, diante da grande pressão dos membros da ANDIFES (Associação Nacional dos Dirigentes da Instituições Federais de Educação Superior) e dos sindicatos dos servidores, sobretudo a ANDES (Associação Nacional dos Docentes do Ensino Superior), e a FASUBRA (Federação dos Servidores das Universidades Brasileiras) (BRESSER-PEREIRA, 1998a, p. 245-246). Já no Ministério da Ciência e Tecnologia, houve a combinação de avaliação, definição institucional e premiação. Conforme veremos posteriormente, no capítulo 4, duas avaliações foram realizadas nas unidades de pesquisa do MCT e CNPq, uma em 1994 (Comissão Bevilácqua) e a outra em 2001, agregando desta vez novas unidades de pesquisa do MCT e as unidades da CNEN (Comissão Tundisi). Em todos os dois períodos, juntamente com as avaliações, foram criadas tipologias especiais para, além de classificar, definir como estas unidades de pesquisa deviam comportar-se, do ponto de vista institucional. Por fim, criou-se uma política de premiação por contratos de gestão para algumas instituições que eram vistas com bons olhos por parte da administração central.[40]

O roteiro criado pelo MARE para explicar a criação de uma Organização Social não contempla todas as necessidades que surgem no decorrer do processo, especificamente as questões políticas e peculiares dos vários setores do Estado, explicitando apenas os passos formais para o desenvolvimento de uma transição. Entretanto, ele é bastante didático e por isso recorreremos a ele.

---

[40] "É uma espécie de prêmio [...]. O que nós exigimos é que esta instituição seja excepcional [do ponto de vista] da qualidade acadêmica e dos serviços prestados". O depoimento é de um dirigente do MCT sobre o modelo de Organização Social, na área de ciência e tecnologia (Entrevista, 15 ago. 2001).

FIGURA 2 – Publicização: ações para implantação de OS
Fonte: Brasil. MARE (1998, p. 18).

O roteiro se compõe de oito passos. O primeiro deles é a divulgação; o segundo, a assinatura de um protocolo de intenções, que pode ou não ser nomeado como um Termo de Compromisso. O terceiro passo são as investidas para preparar a instituição para conversão; o quarto, a fundação de uma associação para assumir as funções da entidade extinta. A negociação para o contrato de gestão ocorre em seguida, ao que se segue a parte legal, com a extinção da instituição estatal e a qualificação da associação privada. O sétimo passo consiste na produção de um inventário simplificado dos bens estatais. Por fim, encerra-se a transição com a absorção das atividades da extinta entidade estatal pela nova Organização Social (BRASIL. MARE, 1998, p. 18).

1.3.3 A extinção de órgãos públicos com atividades absorvidas

O ponto crucial desse processo é aquele que o precede, ou seja, convencer a instituição de que ela deve ser convertida numa organização social. Na prática, várias instituições sondadas não optaram pela conversão e, consequentemente, pela posterior assinatura de um contrato de gestão. Após a qualificação das duas primeiras Organizações Sociais, quando da aprovação da Lei nº 9.637/98, o Ministério listava como potenciais novas Organizações Sociais o Instituto Nacional do Câncer (INCA, Rio de Janeiro) e a Escola Nacional de Administração

Pública (ENAP, Brasília). No entanto, até o término da redação deste trabalho, nenhuma das duas havia sido ainda qualificada como Organização Social. Apenas uma instituição foi extinta e qualificada como Organização Social: o Instituto de Matemática Pura e Aplicada (IMPA). O Instituto de Desenvolvimento Sustentável Mamirauá, a BioAmazônia, a Rede Nacional de Pesquisa e o Centro de Gestão e Estudos Estratégicos não eram corporificadas o bastante para enfrentarem problemas com a extinção.

Embora a extinção das entidades estatais seja listada como um passo no roteiro de criação das Organizações Sociais, na verdade ela pode se prolongar por anos a fio, sem talvez jamais terminar. Ela é precedida pela negociação, entre os gestores da entidade pública e a administração central, de um contrato de gestão. Em um caso específico, que foi o contrato negociado pela Associação do Instituto Nacional de Matemática Pura e Aplicada (AIMPA), antes de sua extinção, o Diretor incluiu uma cláusula nova — a possibilidade de reversão da entidade ao Estado.[41] Depois desse precedente, a existência dessa cláusula se tornou um padrão nas demandas de negociação dos contratos de gestão da área de Ciência e Tecnologia,[42] de que o governo, sempre que a entidade tiver preexistência densa, dificilmente se livrará.[43] A vantagem é que, com a possibilidade dessa reversão, foi diminuída a tensão entre alguns diretores de unidades de pesquisa do MCT. Isto poderia ter criado mais possibilidades de futuras conversões, o que não se confirmou, aliás.

1.3.4 As atuais Organizações Sociais

Até o final de 2002, existiam as seguintes instituições operando no modelo das Organizações Sociais: a Associação de Comunicação Educativa Roquette Pinto (ACERP), que absorveu as atividades da

---

[41] [No contrato de gestão], por outro lado, nós temos uma cláusula de retorno [...] Caso o contrato seja denunciado, por qualquer razão, o Ministério volta a absorver as atividades da instituição. [...] É uma boa porque isso é algo que serve para evitar a sensação de que se estava caminhando para o abismo (Entrevista, Diretor de Unidade de Pesquisa, 23 out. 2001).

[42] Se bem feito, o contrato de gestão pode vir a ser um progresso [...] E haveria várias cláusulas de retorno, caso o negócio não desse certo. O que me disse o [outro Diretor] foi que no contrato que eles negociaram tem várias cláusulas de retorno [...] (Entrevista, Diretor de Unidade de Pesquisa, 14 set. 2001).

[43] Quando as entidades não tiverem existência prévia densa (mesmo que existam do ponto de vista formal), poderá a negociação dispensá-lo, como no caso do LNLS, descrito por Marcelo Burgos (1999).

extinta Fundação Roquette Pinto (FRP); a Associação Brasileira da Tecnologia de Luz Síncrotron (ABTLuS), que absorveu as atividades do extinto Laboratório Nacional de Luz Síncrotron (LNLS); a BioAmazônia (pertencente ao Ministério do Meio Ambiente); o Instituto de Desenvolvimento Sustentável Mamirauá; a Associação Nacional Instituto de Matemática Pura e Aplicada (AIMPA), que absorveu as atividades do extinto Instituto de Matemática Pura e Aplicada (IMPA); o Centro de Gestão e Estudos Estratégicos (CGEE), que absorveu o extinto Centro de Estudos Estratégicos (CEE) do MCT; e o órgão gestor da "internet" brasileira, a Associação da Rede Nacional de Ensino e Pesquisa, RNP, que acabou sendo qualificada como organização social em 2001.[44] A ACERP foi desmobilizada recentemente por conta da constituição da Empresa Brasil de Comunicação, que unificou diversos órgãos e entidades federais da área de comunicação social.

QUADRO 4

Classificação das Organizações Sociais existentes

Organização Social	Atividades	Corpo Funcional	Tamanho
ACERP [extinta]	Comunicação	Existia	Grande
ABTLuS	Infraestrutura tecnológica multiusuário, Pesquisa científica e tecnológica	Pouco havia	Pequena
Instituto Mamirauá	Pesquisa científica e tecnológica	Não havia	Pequena
BioAmazônia	Pesquisa científica e tecnológica	Não havia	Pequena
AIMPA	Pesquisa científica e tecnológica	Existia	Pequena
CGEE	Planejamento científico e tecnológico	Pouco havia	Pequena
RNP	Infraestrutura tecnológica multiusuário, pesquisa científica e tecnológica	Pouco havia	Pequena

Fonte: Formulação própria.

---

[44] Outras unidades do MCT estão sendo direcionadas para a qualificação no modelo de Organizações Sociais, pois, segundo um dirigente do Ministério: "na verdade, nós estamos propondo a criação de mais três ou quatro Organizações Sociais em um curto prazo" (Entrevista, Dirigente do MCT, 15 ago. 2001).

Dessas instituições, apenas a ACERP experimentou ampla resistência interna e conflitos documentados, talvez pela sua longevidade anterior ou pelo seu tamanho. De fato, ela acabou voltando ao seu modelo institucional anterior, como empresa pública, recentemente, ao ser agregada na Empresa Brasil de Comunicação (EBC). Perguntando a um servidor do MPOG se "o modelo pegou", foi respondido que:

> O pessoal, quando fala em Organização Social, o primeiro nome que vem é a Roquette Pinto [ACERP]. [...] Não é que [o modelo] "não pegou". É que, talvez, à época que foram escolhidas as unidades-piloto, ela não tenha sido a melhor instituição. Porque ela já era economicamente deficitária e, a rigor, não foi feito um plano prévio de melhoria de gestão. [Ou seja], um saneamento da instituição, para, depois, [qualificá-la como Organização Social] [...]. Esta é uma instituição que, além disso, por problemas de gestão interna, não funcionou. Não por problemas de modelo. (Entrevista, 16 ago. 2001)

De maneira mais direta, outro dos nossos entrevistados da área de ciência e tecnologia demonstrou uma opinião similar sobre os problemas na ACERP:

> A Roquette Pinto não vai dar certo. Não dá nem para comentar essa [Organização Social]. É outra história. Isso aí tem um fundamento político. Não está nem na área de ciência e tecnologia. (Entrevista, dirigente, 19 out. 2001)

No mesmo sentido, afirmava um dirigente do MCT:

> Algumas instituições, não do Ministério da Ciência e Tecnologia, estão mostrando problemas que, no entanto, não devem ser debitados ao modelo. Se existem problemas, eles devem ser identificados e corrigidos [...]. E gostaríamos de preservar esse modelo, porque ele é extremamente importante para as instituições de pesquisa científica e tecnológica. (Entrevista, Dirigente do MCT, 15 ago. 2001)

Ao contrário da Roquette Pinto, as demais instituições foram criadas já quase como Organizações Sociais, como o Instituto de Desenvolvimento Sustentável Mamirauá e a BioAmazônia. Ou, então, elas eram muito pequenas ou inexistentes, como a ABTLuS (Laboratório Nacional de Luz Síncrotron), AIMPA (Instituto Nacional de Matemática Pura e Aplicada) e o CGEE (Centro de Gestão e Estudos Estratégicos). Sendo pequenas, elas passaram por um processo de convencimento interno dos servidores para que a sistemática de conversão se efetuasse sem problemas. Ao indagar se havia uma relação entre sucesso da transição com o "consenso dos servidores", ouvimos que:

> Obrigatoriamente, não. Legalmente, isso não é previsto. Mas, na prática [isso] acaba, de alguma forma, influenciando. Porque se o corpo de uma casa não aceita, não vai fazer. Você certamente já conhece a força da burocracia para fazer acontecer ou deixar de acontecer. (Entrevista, servidor do MPOG, 16 ago. 2001)

Após este relato sobre as questões referidas de escolha e de implantação das Organizações Sociais, podemos realizar uma análise do processo de aprovação da Lei nº 9.637/98, com destaque para os debates parlamentares.

1.4 O processo legislativo da Lei nº 9.637/98

A polêmica e as dificuldades políticas enfrentadas pela introdução do modelo de Organizações Sociais no panorama administrativo brasileiro ficam claras quando descrevemos o processo legislativo da reforma. O quadro abaixo sintetiza esse movimento da legislação.

QUADRO 5
Movimento dos diplomas legais sobre Organizações Sociais

Diploma Legal	Data
Medida Provisória nº 1.591/97	Editada em 09 de outubro de 1997.
Medida Provisória nº 1.591-1/97	Reeditada em 06 de novembro de 1997.
Medida Provisória nº 1.591-2/97	Reeditada em 04 de dezembro de 1997.
Medida Provisória nº 1.591-3/97	Reeditada em 31 de dezembro de 1997.
Medida Provisória nº 1.591-4/98	Reeditada em 29 de janeiro de 1998.
Medida Provisória nº 1.591-5/98	Reeditada em 26 de fevereiro de 1998.
Medida Provisória nº 1.648-6/98	Reeditada em 24 de março de 1998.
Medida Provisória nº 1.648-7/98	Reeditada em 23 de abril de 1998.
Projeto de Lei de Conversão nº 10	Tramitação no Congresso e aprovação.
Lei nº 9.637	Sancionada em 15 de maio de 1998.
Lei nº 9.637	Publicada no *DOU* em 18 de maio de 1998.
Lei nº 9.637	Retificada no *DOU* em 25 de maio de 1998.

Fonte: Sistema de Acompanhamento de Medidas Provisórias da página eletrônica do Senado Federal. Disponível em: <http://www.senado.gov.br>. Acesso em: 15 mar. 2002.

A Medida Provisória nº 1.648-7/98 apresentou a seguinte tramitação, dentro do Congresso Nacional:

QUADRO 6
Tramitação para conversão de MP à Lei nº 9.637/98

Data	Evento
28 de abril de 1998.	Designação da Comissão Mista de Senadores e Deputados para a Medida Provisória e estabelecimento do Projeto de Lei de Conversão.
28 de abril de 1998.	Estabelecimento das datas de tramitação. Principalmente a data para recebimento de emendas ao Projeto de Lei de Conversão.
29 de abril de 1998.	Data final para recebimento de emendas ao Projeto e para o parecer sobre estes da Comissão Mista.
08 de maio de 1998.	Prazo final da Comissão Mista.
09 de maio de 1998.	Publicação no *Diário do Senado Federal* do número de emendas apresentadas à Comissão Mista.
12 de maio de 1998.	Sessão conjunta da Câmara dos Deputados e do Senado que apreciou e converteu a Medida Provisória em Lei, pelo Projeto de Lei de Conversão nº 10, remetendo-a para sanção presidencial.
15 de maio de 1998.	Sancionado o Projeto de Lei de Conversão nº 10/98, pelo Presidente da República, e convertido na Lei nº 9.637/98.

Fonte: *Diário do Congresso Nacional*.

O processo legislativo, em relação a esta matéria, teve três partes: preparação do projeto de conversão de lei, apreciação, bem como votação em sessão e a sanção presidencial. Usualmente, seriam duas sessões (uma para cada Casa Legislativa do Congresso Nacional: Câmara e Senado), mas, no caso, tivemos apenas uma sessão conjunta. Em síntese, vale mencionar que nesta Lei, o processo foi mais célere do que a habitual.

Na etapa correspondente à primeira parte, tivemos a redação do Projeto de Conversão de Lei e a produção do respectivo parecer. Foram apresentadas 10 (dez) emendas modificativas e aditivas a este Projeto de Lei, cujo texto base era a Medida Provisória nº 1.648-7/98. Seus proponentes foram os Deputados Chico Vigilante (PT-DF), com seis emendas (2, 4, 5, 7, 8 e 9), e Miro Teixeira (PDT-RJ), com quatro (1, 3, 6 e 10). Elas foram integralmente rejeitadas. Na etapa correspondente à segunda parte, foi apresentado à mesa, para prévia apreciação, um conjunto de requerimentos de emendas modificativas e aditivas. Tanto para votação em separado, apresentada pela oposição (requerimentos 119 a 124), quanto sobre o pedido de votação global das emendas (requerimento 125). Somente o requerimento 125 foi aprovado. De tal maneira, todas as propostas oposicionistas foram rejeitadas. Houve ainda um requerimento de emenda, formulado pelos líderes do governo e da oposição, a fim de serem excluídas as referências, no art. 22 do Projeto de Lei, à Escola Nacional de Administração Pública (ENAP) e ao Instituto Nacional do Câncer (INCA), o que também foi aprovado. Ao final deste passo, as emendas apresentadas em plenário foram:

QUADRO 7
Síntese das Emendas propostas em Plenário à Lei nº 9.637/98

Requerimento	Objetivo
119	Emenda nº 2. Modificação do art. 1º do Projeto de Lei. Incluía a obrigatoriedade de licitação para qualificação como organização social de entidade privada.
120	Emenda nº 4. Modificação do inciso I do art. 3º do Projeto de Lei. Alterava os percentuais do Conselho de Administração.
121	Emenda nº 5. Modificação do inciso VIII do art. 4º do Projeto de Lei.
122	Emenda nº 7. Inclusão de parágrafo no art. 8º do Projeto de Lei. Frisar a obrigatoriedade de prestação de contas ao TCU.
123	Emenda nº 8. Modificação do §2º do art. 14 do Projeto de Lei. Vincular gratificações pagas pela organização social aos vencimentos dos servidores cedidos.
124	Emenda nº 9. Inclusão de parágrafo no art. 17 de Projeto de Lei. Incluir como fase prévia à desqualificação a intervenção e afastamento dos dirigentes da organização social. Note-se que deveria ter sido no art. 16, pois a seção sobre a desqualificação atinge apenas este artigo.
125	Votação global dos requerimentos (e emendas) 119 até 124.
126	Supressão do art. 22 do Projeto de Lei. Excluir a ENAP e o INCA do Projeto.

Fonte: *Diário do Congresso Nacional* (13 maio 1998, p. 4268-4271).

O conteúdo literal das emendas propostas foi:

QUADRO 8
Literalidade das Emendas propostas em Plenário à Lei nº 9.637/98

(Continua)

Emenda	Texto Anterior e Final	Emenda Proposta
2 (M)	Art. 1º O Poder Executivo poderá qualificar como organizações sociais, pessoas jurídicas de direito privado, sem fins lucrativos, cujas atividades sejam dirigidas ao ensino, à pesquisa científica, ao desenvolvimento tecnológico, à proteção e preservação do meio ambiente, à cultura e à saúde, atendidos os requisitos previstos nesta Medida Provisória/Lei (antes/depois).	Art. 1º O Poder Executivo poderá qualificar, mediante licitação prévia, como organizações sociais, pessoas jurídicas de direito privado, sem fins lucrativos, que exerçam suas atividades, há pelo menos um ano, e que sejam dirigidas ao ensino, à pesquisa científica, ao desenvolvimento tecnológico, à proteção e preservação do meio ambiente, à defesa do consumidor, à cultura e à saúde, atendidos os requisitos previstos nesta Medida Provisória.
4 (M)	Art. 3º [...] I – ser composto por: a) 20 a 40% (vinte a quarenta por cento) cento de membros natos representantes do Poder Público, definidos pelo Estatuto da entidade; b) 20 a 30% (vinte a trinta por cento) de membros natos, representantes da sociedade civil, definidos pelo estatuto; c) Até 10% (dez por cento), no caso de associação civil, de membros eleitos, dentro os membros ou associados; d) 10 a 30% (dez a trinta por cento) de membros eleitos pelos demais integrantes do conselho, dentre pessoas de notória capacidade profissional e reconhecida idoneidade moral; e) Até 10% (dez por cento) de membros indicados ou eleitos na forma estabelecida pelo estatuto.	Art. 3º [...] I – ser composto por: a) Vinte a trinta por cento de membros natos representantes do Poder Público, definidos pelo Estatuto da entidade; b) Trinta a quarenta por cento de membros natos, representantes da sociedade civil, definidos pelo Estatuto; c) Até dez por cento, no caso de associação civil, de membros eleitos, dentro os membros ou associados; d) Dez a vinte por cento de membros eleitos pelos demais integrantes do conselho, dentre pessoas de notória capacidade profissional e reconhecida idoneidade moral; e) Até dez por cento de membros indicados ou eleitos na forma estabelecida pelo Estatuto; f) Até dez por cento de membros eleitos dentre os servidores e empregados da instituição.

QUADRO 8
Literalidade das Emendas propostas em Plenário à Lei nº 9.637/98

(Conclusão)

Emenda	Texto Anterior e Final	Emenda Proposta
5 (M)	Art. 4º [...] VIII – aprovar, por maioria, no mínimo de dois terços de seus membros, o regulamento próprio contendo os procedimentos que deve adotar para contratação de obras, serviços, compras e alienações e o plano de cargos, salários e benefícios dos empregados da entidade;	Art. 4º [...] VIII – aprovar, por maioria, no mínimo de dois terços de seus membros, o regulamento próprio contendo os procedimentos que deve adotar para contratação de obras, serviços, compras e alienações, observados os princípios e disposições da Lei nº 8.666, de 1993, e o plano de cargos, salários e benefícios dos empregados da entidade;
7 (A)	Não havia e não há.	Art. 8º [...] §4º As organizações sociais prestarão contas ao Tribunal de Contas da União, sujeitando-se à fiscalização contábil, financeira, orçamentária e patrimonial, quanto à legitimidade e economicidade de sua gestão, nos termos do disposto na Lei nº 8.443, de 1992.
8 (M)	Art. 14. [...] §2º Não será permitido o pagamento de vantagem pecuniária permanente por organização social a servidor cedido com recursos provenientes do contrato de gestão, ressalvada a hipótese de adicional relativo ao exercício de função temporária de direção e assessoria.	Art. 14. [...] §2º As vantagens de caráter habitual ou permanente pagas pela organização social aos servidores cedidos pela administração, autárquica e fundacional incorporar-se-ão aos vencimentos ou à remuneração de origem, para fins de contribuição à seguridade social e proventos de inatividade.
9 (A)	Não há §3º e não havia.	Art. 17. (deveria ter sido o art. 16) [...] §3º A desqualificação será precedida, em qualquer caso, de intervenção do órgão ou entidade supervisora, que independerá da decisão no processo administrativo referido no parágrafo anterior, afastando-se dos seus cargos, desde a declaração de intervenção, e até o seu término, os dirigentes da organização social.

Fonte: *Diário do Congresso Nacional* (p. 4268-4274, 13 maio 1998).

Estas emendas (à exceção da contida no Requerimento 126) expressam bem a crítica que a oposição dirigia à proposta governamental, que seriam contra a totalidade da Lei. Podemos nomear os argumentos apresentados pelos adversários da reforma, sintetizando-os em premissas e verificando como elas chegam a um resultado. A primeira premissa (A) seria a de que o projeto é apenas uma maneira de burlar a Lei nº 8.666/93 e, assim, fugir das licitações públicas. Já a segunda (B) seria a de que o projeto é, também, uma burla ao art. 37, II, da Constituição Federal, que determina a obrigatoriedade dos concursos públicos.[45] De acordo com a terceira premissa (C), as Organizações Sociais configuram uma maneira de transferir dinheiro público, sem qualquer critério legítimo, para particulares, o que importava afirmar que as instituições "publicizadas" receberiam fundos públicos, sem que houvesse mecanismos adequados de controle social de seu emprego.[46] Conjugando-se as premissas [(A) + (B) + (C)], chegaremos à conclusão (D), de que as Organizações Sociais seriam um novo disfarce para que o processo de privatização tivesse prosseguimento,[47] o que levaria ao fim do Estado brasileiro, valorativamente concebido. Di Pietro encampa esta ideia (1999, p. 406), que é expressa paradigmaticamente no pronunciamento do Deputado Arlindo Chinaglia (PT-SP):

> Na verdade, trata-se de um nome pomposo para a privatização das universidades, hospitais e institutos de pesquisas brasileiros. Se isso fosse assumido claramente, ao menos permitiria um debate público na sociedade. Queríamos publicizar o debate, mas há dois anos se contraria inclusive o que dispõe a Constituição Federal: não há nada de urgente; é uma forma de privatizar por trás do muro. (*Diário do Congresso Nacional*, p. 4266-4267, 13 maio 1998)

---

[45] Esta premissa está bem contida no argumento do Deputado Inácio Arruda (PCdoB-CE), segundo o qual, "o que caracteriza, antes de tudo, a Organização Social é que, na prática, existe uma fraude à própria Constituição, porque ainda é exigido concurso público. Idêntica está em vigor também a Lei de Licitações" (*Diário do Congresso Nacional*, p. 4267-4268, 13 maio 1998). É Uadi Lamêgo Bulos quem também considera difícil afastar-se da obrigatoriedade dos concursos e das licitações, mesmo para Organizações Sociais, por decorrência de obrigação constitucional (1998, p. 143). Maria Sylvia Zanella Di Pietro possui a mesma opinião (1999, p. 406).

[46] Novamente, o Deputado Inácio Arruda (PCdoB-CE) mencionou: "E mais, Senhor Presidente, na linha de fraudar a Constituição, revestem-se as entidades estatais já existentes em organizações sociais por meio de uma ação entre amigos. É isto o que acontece: um grupo de amigos que já geria uma instituição de pesquisa, um hospital ou uma universidade, transforma-se em uma associação, que vira organização social (*Diário do Congresso Nacional*, p. 4267-4268, 13 maio 1998).

[47] Este diagrama do raciocínio da oposição está colocado no QUADRO 9.

Por outro lado, os argumentos dos governistas estavam calcados, sobretudo, na tese de Bresser-Pereira, expressa no documento de divulgação do Ministério da Administração Federal e Reforma do Estado (MARE). O primeiro argumento (A) considera que a reforma administrativa gerencial é feita em favor dos bons administradores: "[Aos administradores públicos], procurava fortalecê-los, torná-los mais autônomos e responsáveis" (BRESSER-PEREIRA, 1998a, p. 13). A segunda premissa (B) é a de que este patrimônio continuará sob o controle e a fiscalização da União; apenas o modo de controle teria sido trocado: passaríamos do controle de ações (burocrático) para o de resultados (gerencial) (BRESSER-PEREIRA, 1998a, p. 112-116). Já o terceiro argumento é o de que a sociedade civil já possuiria a responsabilidade e a força para gerir certas atividades que antes deveriam ser estatais (BRESSER-PEREIRA, 1998a, p. 243). Segundo o conjugado destas premissas, em uma conclusão (D), na linha de argumentos do governo federal, o modelo das Organizações Sociais viria a trazer eficiência, efetividade e controle social, ou seja, um Estado adaptado e preparado para as funções que lhe são exigidas de uma sociedade civil atuante. Segundo os deputados Darcísio Perondi (PMDB-RS) e Inocêncio Oliveira (PFL-PE):

> Esse projeto é um ponto importante na reforma administrativa. Razão [sic] [Organização] social é uma forma de parceria entre o Estado e a sociedade, no qual uma entidade de direito privado — associações ou fundações —, uma vez atendidos os requisitos da legislação, é qualificada para executar serviços sociais não-exclusivos de Estado. Isso significa que diversas instituições públicas serão administradas por um conselho de administração com membros do Poder Público, da sociedade civil, tendo agilidade de uma fundação de direito privado, com o objetivo praticamente único de melhorar o atendimento ao público [...].
>
> Não é verdade; não se procura privatizar entidade pública alguma por intermédio da constituição de organizações sociais. [...] Não se trata de entregar o patrimônio público à iniciativa privada. Organização social é um instrumento de parceria entre o Estado e a sociedade, por meio de entidade de direito privado, fundações ou associações, que serão transformadas, de acordo com a lei — frise-se —, em organizações sociais. Além do mais, a iniciativa traz grandes benefícios à sociedade, que terá melhores serviços em áreas que não são próprias e exclusivas do Estado, o qual concederá a essas organizações o direito de prestar melhores serviços, bem como aos próprios funcionários dessas organizações sociais, que terão muito melhor remuneração [...].

Assim, podemos contrapor ambas as linhas de raciocínio no QUADRO 9. O que estas duas linhas de raciocínio dicotômicas têm em comum é o fato de serem duas opções políticas.

QUADRO 9
Premissas teóricas sobre as Organizações Sociais

Premissas	Oposição	Governo
(A)	Ausência de licitação	Autonomia de decisões
(B)	Ausência de concurso público	Controle estatal e social
(C)	Verba pública para administração privada sem critérios de controle	Verba pública para administração pública não estatal
[(A) + (B) + (C)] = (D)	Privatização	Eficiência e efetividade
(D) = (E)	Fim do Estado	Estado Social-Liberal

Fonte: Formulação própria.

Depois da aprovação pelas duas casas do Legislativo, o Presidente da República sancionou o Projeto nº 10/98, convertendo-o integralmente na Lei nº 9.637/98. Depois da publicação da lei, a única arma disponível à oposição seria a apresentação de Ações Diretas de Inconstitucionalidade (ADINs). Houve a propositura de duas delas, nas quais figuraram como requerentes, respectivamente, o Partido dos Trabalhadores (PT), e o Partido Democrático Trabalhista (PDT) e o Conselho Federal da Ordem dos Advogados do Brasil (ADINs nº 1.923-5 e nº 1.943-1, respectivamente). Em 1999, talvez prevendo o fracasso das duas ações, a Deputada Miriam Reid (PDT-RJ) apresentou o Projeto de Lei nº 1.716/99, que trata de ampliar o controle sobre as instituições públicas e, também, sobre as Organizações Sociais. O que será demonstrado no próximo item é que a aprovação legislativa do modelo, entretanto, não encerrou a polêmica.

1.5 Um foco de polêmica no modelo

A gritaria contra o modelo das Organizações Sociais, deflagrado com o início da tramitação de seu respectivo Projeto de Lei, foi reconhecida pelo próprio governo.[48] O Tribunal de Contas da União (TCU) vem entendendo que as Organizações Sociais devem ser incluídas no mesmo molde de fiscalização dos Serviços Sociais Autônomos, em sentido estrito (SESI, SENAI e SENAC) e em sentido lato (Rede Sarah – Associação das Pioneiras Sociais). Isto pode ser visto pela Decisão nº 592/98 do Pleno do Tribunal:

> Relatório do Ministro Relator:
> O minudente Relatório empreendido pelo Grupo de Trabalho traz em seu bojo ampla explanação do "arcabouço conceitual" do Projeto de Reforma do Estado, elaborado pelo Governo Federal, nele situando o modelo proposto para as Organizações Sociais — OS —, bem como considerações sobre a figura jurídica do contrato de gestão, enfocando-o "como viabilizador da parceria entre as OS e o Poder Público". A título de ilustração, é apresentado estudo de caso sobre o modelo adotado para a Associação das Pioneiras Sociais [Rede Sarah Kubitschek], possível paradigma para atuação desta Corte no tocante às Organizações Sociais. [...] O Grupo de Trabalho entende que as Organizações Sociais submetem-se à égide controladora do TCU. Essa a conclusão expressa no Relatório, a seguir transcrita: 152. Assim, de acordo com o disposto na Lei das OS [nº 9.637/98], os gestores dos recursos dos contratos de gestão se encontram sob a jurisdição desta Corte de Contas não apenas quando derem causa a perda, extravio ou outra irregularidade de que resulte dano ao Erário, situação, aliás, na qual se enquadram todos que de alguma forma utilizam ou gerenciam recursos públicos, sejam pessoas físicas ou jurídicas, entidades públicas ou privadas, consoante comando constitucional inscrito no inciso II do art. 71 c/c o parágrafo único do art. 70 da Carta Magna. Mas, também, estes gestores, por força da literalidade do comando legal acima transcrito, estão submetidos à fiscalização do TCU quanto à legalidade, legitimidade e economicidade de todos os seus atos de gestão que envolva recursos públicos. Ou seja, o controle externo a ser exercido sobre os contratos de gestão abarca, por imposição legal, o conjunto dos atos de natureza financeira, orçamentária e patrimonial praticados pelos responsáveis na execução dos referidos contratos, no que diz respeito aos recursos públicos, quanto a sua regularidade e legalidade. Além disso, em virtude do comando constitucional contido no art. 70 da CF [Constituição Federal de 1988], a competência desta Corte inclui a fiscalização do aspecto operacional da gestão, o controle finalístico dos serviços públicos, natureza indubitável dos serviços a serem prestados pelas OS [Organizações Sociais]. (Decisão nº 592/98, Plenário do Tribunal de Contas da União, *Boletim do TCU*, n. 63/98)

---

[48] "O projeto das Organizações Sociais tem sido objeto de amplo debate e de apoio generalizado. Excetuam-se certos setores corporativos do funcionalismo, que se pretendem de esquerda, e alguns juristas comprometidos com uma visão estritamente burocrática da administração pública" (BRESSER-PEREIRA, 1998a, p. 245).

A concepção do tribunal adquire relevância na medida em que contraria a ideia original, isto é, a de que o controle das Organizações Sociais seria finalístico, ou seja, pela consecução, por parte dos gestores, das metas acordadas no contrato de gestão:

> Como [para as Organizações Sociais] vão [ser aplicados] recursos públicos, tem que ter avaliação dos órgãos de controle da administração pública que estão, historicamente, acostumados a controlarem processos e não resultados. Isso tem dado uma confusão danada. E é uma coisa que a gente [do MPOG] vai ter que lidar, também. Como fazer que a Secretaria Federal de Controle e o Tribunal de Contas da União entendam essa mudança de enfoque? Entender que a autonomia não pressupõe querer fugir dos controles. Que, a rigor, aquele não é um modelo que quer fugir dos controles da Administração Pública. Porque de alguma forma eles entendem isso. Em todas as análises deixam implícito: "você criou o modelo porque você quer menos controle". Não. A gente quer controlar, sim. Mas controlar o resultado. Não importa, por exemplo, que o cara não fez licitação para comprar lápis. Ou se ele comprou dez vezes do "seu" João e não do "seu" Pedro. Para a gente, a rigor, não importaria. Importaria saber que uso do lápis foi feito para atingir o uso da instituição. Essa é a lógica que a gente pretende ver no contrato de gestão. (Entrevista, servidor do MPOG, 15 ago. 2001)

Assim, o TCU firmou entendimento contrário aos técnicos do MPOG, ao decidir que ele mesmo, isto é, o Tribunal, tem competência para a fiscalização das Organizações Sociais, fiscalização esta que deve ser tanto finalística (i.e., de resultados), quanto procedimental (i.e., de legalidade, legitimidade e economicidade). O novo modelo institucional mobilizou inúmeros outros atores da cena jurídica, política, administrativa e sindical da vida brasileira. Até analistas insuspeitos, como o Promotor do Estado de São Paulo, membro do Ministério Público responsável, naquele Estado, pela Curadoria de Fundações, manifestou-se desfavoravelmente à nova instituição:

> Uma fragilidade deste modelo de organização [das OS] reside na sua aparente vulnerabilidade perante os grupos de interesse atuantes tanto no setor público estatal como no setor privado. A primeira hipótese foi explicitada de forma contundente por [Carlos Francisco] Bandeira Lins [curador de fundações] que aponta a fragilidade desse modelo em relação aos próprios detentores do Poder Executivo. No seu entender, esse modelo falha ao permitir a transferência de recursos públicos para entidades privadas escolhidas pelo Executivo sem apoio em critérios previamente estabelecidos. Sugere, ainda, a possibilidade de essas organizações virem a ser controladas, de fato, pelos detentores do

Poder Executivo. Daí o risco político dessas organizações por parte de grupos atuantes no próprio setor público, agravado pela inexistência de controles de processo. (BARRETO, 1999, p. 132)

Nos próximos capítulos, veremos a resistência das unidades de pesquisa do MCT às proposições do governo e o meio pelo qual ela foi minada ao longo dos dois mandatos do Presidente Fernando Henrique Cardoso, bem como os rumos seguidos pelas mudanças no setor de ciência e tecnologia e em suas unidades de pesquisa.

CAPÍTULO 2

O DESENVOLVIMENTO DA CIÊNCIA E TECNOLOGIA BRASILEIRA COMO BUROCRACIA ESTATAL

Neste capítulo traçaremos um breve histórico da evolução do setor de ciência e tecnologia brasileiro. Sua tônica será a demonstração de que este setor, apesar de muito heterogêneo, sob diversos aspectos, é predominantemente estatal. Esse setor é formado, em sua maioria, por uma categoria profissional específica de servidores públicos produtores de ciência e tecnologia, organizados institucionalmente e tendo por base dois movimentos históricos complementares. O primeiro é o seu desenvolvimento irregular, com avanços seguidos de retrocessos na sua institucionalização; o segundo é um movimento de regularidade, que visualiza o Estado, no Brasil, como um ator propulsor das políticas públicas do setor.

O início do capítulo será marcado por uma discussão acerca da pertinência de se analisar uma burocracia estatal e do processo de burocratização. Depois, mostraremos como podemos entender a categoria burocrática dos produtores de ciência e tecnologia como distinguível das demais carreiras. Em seguida, acompanharemos o modo pelo qual se formou esta burocracia através da história institucional brasileira, tentando avaliar o seu avanço. Por fim, estabeleceremos uma nova categoria ideal de produtores da ciência e tecnologia para confrontar com a burocracia estatal: a dos cientistas empreendedores.

2.1 Burocracia e burocratização

No século XX, o tema da burocratização das sociedades ocidentais tomou proporções proféticas em relação aos clássicos da Sociologia. A burocratização seria uma das características das sociedades modernas, de acordo com Edmundo Campos Coelho:

> Um dos traços distintivos das modernas sociedades é seu caráter burocrático. Entendemos por isso que as dimensões gigantescas que tendem a adquirir as organizações e sua proliferação em todos os setores de atividades fizeram da burocracia uma instituição dominante. Embora indispensável nas condições atuais de funcionamento da vida moderna, a organização burocrática, por suas dimensões e expansão, criou graves problemas e situações novas para a vida em sociedade. Apenas algumas dessas questões justificariam o interesse crescente pelo estudo das organizações complexas. (1976, p. 7)

Além de frisar a relevância deste tema, a citação permite distinguir dois elementos conceituais que se tornarão centrais para nossa análise: a burocracia e a burocratização. O primeiro elemento conceitual, a burocracia, tem por objetivo delimitar um grupo social específico, o seu ambiente ou a estrutura de seu trabalho, focalizado, em primeiro lugar, nos servidores ou funcionários envolvidos na produção e no gerenciamento dos bens e serviços, públicos ou privados, observando ainda as instituições sociais compostas por tais servidores ou funcionários. Já o segundo conceito, a burocratização, serve para definir um processo social, ainda em marcha, de complexificação da vida social moderna.

Os estudos sobre a formação de burocracias podem ser traçados por meio de dois clássicos da Teoria Social: Karl Marx e Max Weber (MOUZELIS, 1976, p. 7; ALVEAL CONTRERAS, 1995, p. 22-29).[49] Os estudos dos autores posteriores, sobre o tema das burocracias e da burocratização, estavam especificamente preocupados em entender as matrizes teóricas clássicas, face aos dados empíricos coletados, e em refinar as preocupações teóricas, adaptando-as, mas as seguindo.

---

[49] Os clássicos seriam Marx, Weber e Durkheim (GIDDENS, 2000). Cabe ressaltar que Émile Durkheim não foi trabalhado pelos sociólogos posteriores com um enfoque que o permitisse ser mencionado juntamente com Max Weber e Karl Marx, no tocante ao desenvolvimento das burocracias, embora seu trabalho sobre a divisão do trabalho social (1999) pudesse ser entendido como uma referência importante para o desenvolvimento do tema.

Inicialmente, faremos uma breve análise das duas tradições, para depois mostrarmos que existe um lugar-comum acerca do conceito de burocracia, explorado pelos partidários da Reforma do Estado de 1995, do qual procuraremos nos afastar. Por derradeiro, mencionaremos a possibilidade da apropriação conceitual da perspectiva weberiana para os objetivos deste trabalho.

2.1.1 A perspectiva marxista

Karl Marx não produziu trabalhos especificamente sobre as burocracias estatais. Em sua leitura, o Estado estaria ligado às perspectivas econômicas e sociais das relações de produção e das classes (DOMINGUES, 1999, p. 87-88). A posição de Marx frente Estado deriva de sua crítica à teoria hequeliana, segundo a qual o Estado representaria o interesse geral da sociedade. Através do conceito de luta de classes, Marx rompe com esta perspectiva, afirmando que, na verdade, o Estado representaria os interesses parciais de uma única classe, a burguesia, que asseguraria sua hegemonia por meio do mecanismo social da alienação. A própria burocracia estatal também seria enredada neste engodo: alienada das suas próprias motivações ideológicas, ela protegeria os interesses da burguesia sem se dar conta de seu papel social (MOUZELIS, 1976, p. 9-10).

> Marx, em sua crítica à teoria do Estado de Hegel, já havia percebido que a burocracia não era apenas um sistema de transmissão do "conceito" de Estado para a sociedade civil, mas verdadeira administração política. Não o "espírito do Estado", mas sua falta de espírito; ele próprio convertido em instrumento de dominação e opressão de classe. (COELHO, 1976, p. 11)

Esse esquema teórico marxista foi bastante criticado, seja porque ele perdia capacidade explicativa em relação aos eventos posteriores ao Estado Soviético, oriundo da Revolução Soviética de 1917, seja porque ele postulava a completa submissão da burocracia estatal aos interesses da burguesia. O primeiro gênero de críticas buscava uma reavaliação da teoria marxista clássica e tinha por propulsores os trabalhos de Léon Trotsky, Rosa Luxemburgo e Bruno Rizzi (COELHO, 1976, p. 11; MOUZELIS, 1976, p. 11-15), ao passo que o segundo declarava a ampla inadequação do modelo marxista para a compreensão das sociedades modernas. Estes enxergavam, ao contrário, a tendência das burocracias de construir mecanismos de proteção contra as interferências da sociedade inteira (incluídas as burguesias nacionais). A partir dessa crítica, esses teóricos buscaram um modelo alternativo de análise das burocracias modernas, que pretendia libertar analiticamente os outros atores sociais (os burocratas e os trabalhadores, por exemplo) de uma força determinante, construída pelas relações de produção em suas dimensões sociais e econômicas.

2.1.2 A perspectiva weberiana

Sem dúvida, a perspectiva teórica tornada clássica no âmbito dos estudos da burocracia foi desenvolvida por Max Weber e seguida por uma gama considerável de complementações e críticas. Weber parte de uma tipologia de outros três tipos ideais de sistemas de dominação política:

> Quando a ação social de uma formação de dominação se baseia numa relação associativa racional, encontra seu tipo específico na "burocracia". A ação social, numa situação vinculada a relações de autoridade tradicionais está tipicamente representada pelo "patriarcalismo". A formação de dominação "carismática" apóia-se na autoridade não racionalmente nem tradicionalmente fundamentada de personalidades concretas. (WEBER, 1999b, p. 198)

Ou seja, temos os tipos de dominação racional, tradicional e o carismático (ARON, 1999, p. 496). Estes três tipos ideais de dominação estão ligados, idealmente, em quatro tipos de condutas sociais. Os tipos ideais não são descrições empíricas dos sistemas políticos e administrativos, e sim delineamentos abstratos de modos da organização social e, principalmente, de sistemas políticos. Eles têm um uso metodológico indireto, para o estabelecimento de comparações, e não imediato, de caráter descritivo.

> Naturalmente não podemos perder de vista, desde o princípio, o caráter fluido e a interação de todos estes princípios de organização, pois seus tipos "puros" somente devem ser considerados casos-limite particularmente valiosos e indispensáveis para a análise, entre os quais se move e continua se movendo a realidade histórica, que quase sempre apresenta formas mistas. (1999b, p. 233)

O tipo de dominação burocrática e racional-legal pode ser entendido como uma forma sofisticada de manutenção da Organização Social. Mas ele não é somente típico dos sistemas contemporâneos, já havendo vestígios dele noutras sociedades (WEBER, 1999b, p. 200). Em uma sociedade que possua este tipo de dominação, os indivíduos se orientam por normas jurídicas ("regras") preexistentes. Weber descreveu três fatores, como características abstratas, que permitem servir como indícios para localizar o tipo ideal da burocracia moderna ("funcionalismo moderno") no âmbito do direito público ou da empresa capitalista privada (1999b, p. 200). Estes, que seriam os fundamentos da autoridade legal-racional, estabeleceriam a organização de uma administração baseada em regras previamente fixadas:

> Rege o princípio das competências oficiais fixas, ordenadas, de forma geral, mediante regras: leis ou regulamentos administrativos, isto é: 1) existe uma distribuição fixa das atividades regularmente necessárias para realizar os fins do complexo burocraticamente dominado, como deveres oficiais; 2) os poderes de mando, necessários para cumprir estes deveres, estão também fixamente distribuídos, e os meios coativos (físicos, sacros ou outros) que eventualmente podem empregar estão fixamente delimitados por regras; 3) para o cumprimento regular e contínuo dos deveres assim distribuídos e o exercício dos direitos correspondentes criam-se providências planejadas, contratando pessoas com qualificação regulamentada de forma geral. (1999b, p. 199)

Nas sínteses sobre quais seriam as características básicas do tipo ideal weberiano de burocracia, temos os seguintes elementos:

a) A continuidade dos princípios sobre os quais a autoridade se apoia – ela própria insere-se numa ordem legal que se limita de algum modo a retomar e aplicar;

b) A existência de um corpo de regras impessoais que delimitam claramente as esferas de competência, os direitos e deveres de cada um;

c) A existência de uma hierarquia de funções, isto é, de vínculos de subordinação claramente estabelecidos;

d) A prevalência da qualificação como regra de acesso às diferentes funções, com exclusão de outros critérios tais como as relações de parentesco, de clientelas ou outras; o que implica:

e) A existência de um sistema de formação e, sobretudo, de exames que permite detectar e sancionar essas qualificações;

f) A separação das funções de direção da propriedade dos meios de produção; e finalmente

g) O predomínio do procedimento escrito no funcionamento cotidiano. (FRIEDBERG, 1995, p. 399)

A descrição do modelo e do tipo ideal de burocracia, tal como expresso na obra "Economia e Sociedade" (1999a), de 1920, podem ser sintetizadas da seguinte forma: Ela se inicia realizando um movimento de detalhamento das características mais amplas, os fatores primeiros (1999b, p. 199) da burocratização da vida social moderna. Depois, o autor descreve outras características gerais da organização do tipo ideal de burocracia (1999b, p. 200-201), delimitando ainda os efeitos de sua organização no corpo de funcionários, como grupo social (1999b, p. 200-201) e fixando as características do tipo ideal de funcionário (1999b, p. 201-204). Por fim, discutem-se dois pontos de extrema importância. O primeiro ponto é o debate acerca das condições econômicas e sociais que permitem o aparecimento desta forma de organização no Ocidente, em contraste com a história universal; o segundo especifica quais são as consequências observáveis da expansão desta forma de organização social.[50]

Segundo Weber, o que caracteriza, em primeiro lugar, a burocracia, é o fato de ela ser constituída por uma categoria especial de trabalhadores, estruturados numa carreira profissional e numa profissão correspondente, formados numa cultura profissional específica, que implica em valorações, por parte destes funcionários, acerca de sua posição social em relação aos outros trabalhadores. O surgimento das burocracias em sua forma moderna, por sua vez, estava relacionado com as transformações que sofriam, então, as sociedades ocidentais. Essas transformações se davam no sentido de uma racionalização crescente da vida social, que podia ser identificada por meio de processos de uniformização de procedimentos e condutas. Isto significa que o fenômeno da burocratização não estava limitado ao âmbito específico do mercado de trabalho ou do Estado, alcançando a própria sociedade como um todo. O aumento da isonomia dos procedimentos dentro das organizações seria sintoma dessa burocratização generalizada. Nessa chave, no que respeita aos nossos propósitos, a padronização é um processo atual e em curso, no setor de ciência e tecnologia:

---

[50] Existe uma ampla produção de críticas ao modelo weberiano. Uma grande parte delas está voltada para a tentativa de se apropriar do modelo para que ele sirva de interface empírica para análises sociais. Há críticos que estabelecem uma discussão mais aproximada com a produção de caráter nacional, apropriando-se da teoria weberiana com vistas à interpretação do caso brasileiro. Síntese exemplar desta literatura sobre a recepção de Max Weber, pela Teoria Social brasileira, pode ser vista em Vianna, L. (1999). Apesar de não repassarmos, em detalhes, a ampla produção crítica do modelo weberiano, cabe-nos fornecer indicações para encontrá-las. A coletânea organizada por Edmundo Campos Coelho (1976) fornece o roteiro para tal. O trabalho de Friedberg (1995), na coletânea organizada por Raymond Boudon é de fácil acesso e também conduz até esta bibliografia (1995).

Tem uma discussão histórica num processo do sistema [de ciência e tecnologia] que é a questão do Currículo Lattes. Institui-se um currículo para padronizar o currículo de todos os pesquisadores do país. E esse currículo não se aplica, porque ele é geral demais, a nenhum dos pesquisadores do país. Então você pega certos períodos no início do ano e no meio do ano em que a comunidade inteira está dizendo: "Tenho que fazer o Currículo Lattes, tenho que baixar da rede o Currículo Lattes. Você tem o 'Nestscape'? Você tem o tal programa?". Porque [tudo] se padronizou em cima de determinados "softwares" que não é todo mundo que tem. Não é todo mundo que tem uma rede [interna]. Você está forçando uma tecnologia de rede e de informatização com softwares que não tem... Se a gente levantar, hoje, quais são os softwares oficiais, comprados oficialmente, com recibo e tudo, você vai ver que pouca gente tem. Então, se uma Microsoft ou uma empresa dessas resolver processar o país, o valor da multa é maior que o orçamento da Ciência e Tecnologia sem contar os fundos setoriais. Então não é possível. (Entrevista, pesquisador, 10 out. 2001)

A busca pela redução da burocratização encontra um marco histórico na proposta de reforma administrativa, liderada por Hélio Beltrão, nas décadas de 60 e 70: o Programa Nacional de Desburocratização.[51] A proposta de reforma administrativa de 1995, por meio do Ministério da Administração e da Reforma do Estado (MARE), traça suas origens conceituais para aquele momento histórico (BRESSER-PEREIRA, 1998a). No capítulo posterior mostraremos, detalhadamente, como a tendência de unificar órgãos de fomento, administrações da produção científica e na execução, proposta no âmbito das várias reformulações, para o setor de ciência e tecnologia, traz o sentido de um aumento da complexidade organizacional e não uma pretensa simplificação. Estas propostas de mudança — do passado recente e não tão recente — fizeram isto, apesar de se estruturarem a partir de uma retórica "antiburocrática" como contrárias às burocracias estatais.

Deve ser ressaltado que existe uma confusão evidente entre o uso dos termos burocracia como uma forma de administração racionalizada, organizada por meios de procedimentos impessoais e a retórica reformista estatal. Quase todos os atores identificam a necessidade de simplificar processos e procedimentos. Todavia, o discurso

---

[51] A obra que detalha a reforma administrativa das décadas de 60 e 70, mais conhecidas pelos juristas por sua materialização normativa no Decreto-Lei nº 200/67, é de Beatriz Warlich (1983).

antiburocrático tem por objetivo construir um ambiente favorável à implantação de mudanças, que — de outra forma — poderiam ser dificultadas pelos servidores e gestores.[52]

Como se vê, apesar de interligadas, as burocracias e a burocratização são elementos distintos. As percepções que confundem as burocracias com a burocratização geram imagens distorcidas. Por sua vez, elas confundem a expansão das rotinas da vida social somente com a existência das burocracias. Deste equívoco surgem concepções que pretendem alcançar o fim do processo de burocratização das sociedades somente com uma solução pouco provável: o fim das organizações. O drama é compreender que este processo social não tem sinais de reversibilidade tão simples. Ainda, estas imagens distorcidas podem ser entendidas com a vulgarização de alguns dos conceitos mencionados até agora, como mostraremos em seguida. Depois, continuaremos mostrando que há, perceptivelmente, a consolidação paulatina de uma carreira profissional dos produtores de ciência e tecnologia, culturalmente peculiar, nos termos da formação de uma burocracia estatal.

2.1.3 Conceitos vulgarizados

De maneira paralela à discussão científica — independentemente das suas origens teóricas — tivemos, ao longo dos anos, a emergência da apropriação de uma terminologia vulgar acerca do conceito de burocracia. O senso comum se apropriou do termo e a luta contra a burocratização foi uma marca indelével de várias tentativas de reformas administrativas, notadamente nos discursos de seus defensores na América Latina. Este movimento entre as anotações científicas e o senso comum é entendido por Anthony Giddens como a expressão de uma dupla hermenêutica (DOMINGUES, 1999, p. 10). Tanto o senso comum se alimentaria da terminologia científica quanto a produção científica se produziria avançando contra as concepções do senso comum. Não cremos que essas reduções conceituais sejam operacionais em termos analíticos. No entanto, a reforma gerencial de 1995, pela estratégia empreendida pelo Ministério da Administração e Reforma do Estado (MARE), utilizou-se desse lugar-comum, que confundia burocratização com corporativismo e procedimentos inúteis, para os seus objetivos políticos. Ao longo deste período foram realizadas diversas sondagens

---

[52] Devo a necessidade de aclarar esta passagem à leitura de um colega.

de opinião em que o grande público partilhava uma visão semelhante à descrita por Carmen Alveal:

> [A burocracia estatal,] na percepção comum, é o reino da rotina, do formalismo, do parasitismo. Assim, a ficção comum legitimaria as qualidades da instituição formuladora [o âmbito da política ou da técnica] e transferiria o ônus do fracasso [das políticas públicas] para uma máquina desqualificada, anônima e, no final de contas, não-responsável. (1994, p. 25)

Logo no início era necessário buscar aliados para aumentar o poder de divulgação e de convencimento da proposta de Reforma Administrativa, em 1995. Relata Bresser-Pereira:

> Quando as idéias foram inicialmente apresentadas, em janeiro de 1995, a resistência a elas foi muito grande. Tratei, entretanto, de enfrentar essa resistência da forma mais direta e aberta possível, usando a mídia como instrumento de comunicação. O tema era novo e complexo para a opinião pública e a imprensa tinha dificuldades em dar ao debate uma visão completa e fidedigna. Não obstante, a imprensa, serviu como um maravilhoso instrumento para o debate de idéias. Minha estratégia principal era atacar a administração pública burocrática, ao mesmo tempo [em] que defendia as carreiras de Estado e o fortalecimento da capacidade gerencial do Estado. Dessa forma, confundia os meus críticos. (2000, p. 11-12)

Um dos objetivos desta estratégia era buscar um "quase-consenso" (BRESSER-PEREIRA, 2000, p. 12). Deste modo, nos textos de divulgação e de defesa da Reforma, em jornais e revistas, Bresser-Pereira falava na necessidade da "reforma do aparelho do Estado e da sua burocracia" (*Correio Braziliense*, 11 jan. 1995):

> O que dizer dos cidadãos brasileiros, dos cidadãos contribuintes que pagam seus impostos e que se sentem com o direito a um serviço público eficiente, de boa qualidade e sem privilégios? Os cidadãos não ficam envergonhados, ficam indignados. Essa indignação é fundamental para que as reformas constitucionais sejam aprovadas. É uma indignação crescente. É uma indignação que colocou o tema da administração pública na agenda da reforma constitucional. (BRESSER-PEREIRA. *Folha de S.Paulo*, p. 3, 19 fev. 1995)

Sem dúvida, os objetivos daqueles textos oscilavam entre o convencimento do leitor e a proposição da mudança jurídica e política, por meio de uma Emenda Constitucional. Para estabelecer o convencimento, foi utilizado um diálogo que reforçava o lugar-comum, depois do que a reforma era apresentada como remédio.

> Quando o problema [da reforma administrativa] foi colocado pelo novo governo, no início de 1995, a reação inicial foi de descrença, senão de irritação. Na verdade, caiu uma tempestade sobre mim [...]. A resistência à reforma localizava-se agora apenas em dois extremos: de um lado, nos setores médios e baixos do funcionalismo, nos seus representantes corporativos sindicais e partidários, que se julgam de esquerda; de outro, no clientelismo patrimonialista ainda vivo, que temia pela sorte dos seus beneficiários, muitos dos quais cabos eleitorais ou familiares de políticos de direita. (1998b, p. 267)

Se houve um lado positivo com a divulgação de uma agenda de modificações necessárias no aparelho do Estado, por outro lado, restaram alguns pontos negativos. A confusão terminológica e conceitual dificultou a construção das críticas internas, havendo o risco do rótulo fácil de adesista ou radical. Ninguém seria abertamente contrário à necessidade, colocada abstratamente, de modernização do Estado e de melhoria na prestação dos serviços sociais. Isto pode visto nas próprias palavras de Bresser-Pereira:

> Com ela [Emenda Constitucional da reforma administrativa, nº 19/98], a opinião pública, que tem uma noção vaga do que é uma reforma gerencial, mas que apoiou a mudança de forma inequívoca, [ela] manifestou o seu desejo de ter um Estado mais moderno, ou, mais concretamente, ver os serviços por ele prestados serem realizados de forma mais eficiente. Sua indignação contra os privilégios existentes no setor público, contra a incompetência e desmotivação de uma parte da burocracia e contra a má qualidade dos serviços públicos se traduziu no apoio à reforma. (1998a, p. 206)

Foram dessa forma criados muitos empecilhos para o desenvolvimento das críticas e reforçaram-se as teses do senso comum acerca do Estado brasileiro, ao invés de se buscar constatar a sua veracidade empírica. Esta confusão fica mais clara em outras sondagens de opinião, baseadas nos "formadores de opinião", citadas por Bresser-Pereira:

> No início de 1997, foi divulgada uma pesquisa com os formadores de opinião pública realizada pelo Instituto Brasileiro de Estudos Políticos, sob a coordenação do cientista político Walder de Góes, da Universidade de Brasília, que confirma as pesquisas mais amplas, demonstrando

que os formadores de opinião vêem a reforma [administrativa] como a população em geral. (1998a, p. 337)

E, também, que:

Uma pesquisa do Instituto Soma deixou o fato definitivo: 63% da população paulista já apóia a flexibilização da estabilidade dos funcionários públicos. (BRESSER-PEREIRA. *Folha de S.Paulo*, p. 3, 19 fev. 1995)

Os exemplos poderiam ser multiplicados, mas os aqui enunciados já bastam para os nossos propósitos. Passando às críticas, o ideal seria ampliar a utilização de mensurações de qualidade para estabelecer se estes índices pesquisados são apenas uma percepção dos usuários ou se são a expressão da ineficiência dos prestadores de serviços públicos, pois é preciso detectar até que ponto estas sondagens se destinam a reforçar preconceitos e não a compreender a realidade social. O fato é que seu uso indiscriminado prestou-se para legitimar a aprovação da Emenda Constitucional, essencial ao projeto da reforma administrativa. A apropriação de uma terminologia simplificadora pode ainda gerar outra sorte de problemas. Afinal, a própria reforma de 1995 pressupõe o fortalecimento de um "sistema burocrático" no núcleo central do Estado. Se amplificadas as críticas de ineficiência dos mecanismos burocráticos, corre-se o risco de admitirmos o paradoxo conceitual de que uma relativa ineficiência técnica é inevitável nos processos centrais do Estado.

2.1.4 O modelo teórico weberiano e a ciência no Brasil

As críticas ao modelo weberiano estavam preocupadas com a adaptação deste modelo para fins de compreensão de determinadas realidades nacionais e, também, para refinar a capacidade de processamento empírico dos estudos sociais. A preocupação de entender as transições históricas das estruturas sociais é uma das marcas do trabalho de Max Weber, cuja obra nos é útil para visualizar as alterações ocorridas e pretendidas no setor de ciência e tecnologia brasileiro, mostrando a ocorrência de uma burocratização crescente, que esse processo não terminou e que não é, portanto, possível passarmos, de maneira simples, para um movimento histórico diferente, reputado uma "nova administração pública".

O primeiro ponto que deve ser notado nesta transição é que somente com a formação de uma burocracia estatal temos, não somente o sentido da profissão de pesquisador, como, pela dedicação exclusiva deste à produção de ciência, a distinção entre este e o professor. A profissionalização é o elemento essencial da formação das burocracias, estatal ou empresarial:

> O cargo é profissão. Isto se manifesta, em primeiro lugar, na exigência de uma formação fixamente prescrita, que na maioria dos casos requer o emprego da plena força de trabalho por um período prolongado, e em exames específicos prescritos, de forma geral, como pressupostos de nomeação. Além disso, manifesta-se no caráter de dever do cargo de funcionário, caráter que determina da forma seguinte, a estrutura interna de suas relações: a ocupação de um cargo, juridicamente e de fato, não é considerada equivalente à posse de uma fonte de rendas ou emolumentos explorável em troca do cumprimento de determinados deveres [...], nem uma troca normal, remunerada, de determinados serviços, como ocorre no caso do livre contrato de trabalho. Mas sim, ao contrário, a ocupação de um cargo, também na economia privada, é considerada equivalente à aceitação de um específico dever de fidelidade ao cargo, em troca de uma existência assegurada. (WEBER, 1999b, p. 200)

Esta fidelidade ao cargo é descrita, em tipo ideal, como "uma fidelidade impessoal, objetiva" (1999b, p. 201). Torna-se, pois, compreensível que, no âmbito dos produtores da ciência, se desenvolva uma racionalidade de maior fidelidade a esta última, do que no daqueles que somente a administram. Isso passa a ocorrer mais sistematicamente com o aumento do regime de dedicação exclusiva nas instituições. Nesta concepção, a política e demais interesses mundanos devem estar subordinados ao interesse maior, que é a produção da ciência, puramente.

> Eu faço o meu desempenho. O meu ideal é fazer conhecimento científico. Eu sou um idealista, por mais idiota que isso seja. Eu quero conhecer a natureza. Não estou aqui para ficar disputando bobagens [...]. O Estado paga ao [Instituto] muito mal. Os pesquisadores ganham muito pouco, mas têm um salário. [...] Eu faço pesquisa e é o que eu faço. Mas eu pago o preço. Eu podia ir para a universidade, ganhar trinta e cinco por cento mais. Mas eu não teria o que tenho aqui. A disponibilidade maior, total e absoluta. Eu pago o preço para isso. [...] É uma opção de vida. E outra opção seria estar na universidade, tranquilo lá, montar meu escritório direitinho, com um salário muito maior. Meu salário é ridículo, aqui dentro. E já foi muito pior, inclusive. Vivo, ainda hoje, de bolsa, que

é trinta por cento do meu salário. O que é uma vergonha. (Entrevista, pesquisador, 23 out. 2001)

Neste sentido, a produção de ciência também deve estar separada das forças do mercado:

> Como é que o [Instituto] pode ser auto-sustentável? Eu primeiro abro mão do acervo histórico, que me dá um trabalho enorme para manter, porque tem que ter equipe e etc. Não dá dinheiro, isso. Então não vale a pena "queimar a pestana nisso". E passo a me dedicar a uma "vocação natural" que seria a astrologia. Então eu passo a fazer os programas de observação do céu, mapa astral, consultas e etc. Agora, é a tal coisa, você está dominado pela lógica do mercado. Está fazendo a roupa que vende. Está fazendo o produto que vende. É essa a obrigação de um instituto de pesquisas? Não! (Entrevista, pesquisador, 10 out. 2001)

E, também, dos interesses políticos mundanos:

> É líquido e certo que deve haver cobrança dessas pessoas que são pagas pelo Estado [os produtores de ciência e tecnologia]. Como deve haver cobrança daqueles que cobram [deles] [administradores]. Porque já se dizia na Roma antiga: "qui custodem ipso custodem". Ou seja, quem vigia aquele que vigia? Tem que haver um jeito de cobrar deles essa atividade. Num devido momento, se nossa sociedade [dos cientistas] fosse um pouco menos vaidosa, olhasse menos para o umbigo e mais para a coletividade, isso seria feito, naturalmente, pelas sociedades científicas (que existem e poderiam fazer). Mas não é nada disso que funciona. É outra história. É uma estrutura de natureza política que não tem nenhum interesse nisso. (Entrevista, pesquisador, 23 out. 2001)

Em trabalho da década de 80, João Batista Araújo e Oliveira já mapeava a má vontade que os cientistas das unidades de pesquisa do CNPq, hoje no âmbito do MCT, (produtores) tinham com os colegas que passavam para a esfera da administração das unidades ou do sistema (próprio CNPq ou outros órgãos). Eles eram considerados como pessoas que aceitavam ter sua produção acadêmica diminuída em prol da política institucional. Isto era entendido como um efeito perverso da baixa institucionalização da atividade científica no Brasil:

> Apenas uma regularidade aparece, na análise individual dos currículos [de pesquisadores das unidades de pesquisa do CNPq] complementada com entrevistas: os cientistas que revelam ter-se dedicado principalmente a atividades administrativas durante períodos superiores de três anos

raramente voltam a publicar e, quando produzem algo, eles mesmos reconhecem sua pouca importância científica. (OLIVEIRA, 1985, p. 129)

Ou seja, a dedicação às tarefas administrativas garantiria posições na carreira do funcionário, mas não no seu *status* de cientista:

> Na maioria das organizações burocráticas, profissionais ou não, as instituições de pesquisa revelam uma incessante luta por posições que simbolizam prestígio ou poder, e poucos são os [pesquisadores ou técnicos] que desconhecem ou desprezam o valor que para tanto assumem os cargos e encargos administrativos. Além disso, a estrutura de reputações e promoções é de tal ordem mesclada de valores, que carreiras administrativas ou mesmo técnicas permitem, em alguns institutos, não a aquisição de "status" científico, mas avanços mais rápidos e menos penosos do que a carreira científica, com suas incertezas e vicissitudes. (OLIVEIRA, 1985, p. 135)

Max Weber preocupou-se em observar que, enquanto a sociedade alemã se industrializava e mudava, nas universidades as transformações também eram percebidas (RINGER, 2001). Havia uma mudança crucial nas universidades alemãs, que poderia ser descrita como uma burocratização de sua organização e que estava relacionada com a profissionalização dos docentes e cientistas. O caminho era correspondente ao que ocorria nos Estados Unidos, onde a profissão de professor universitário e de pesquisador começava a se estruturar. Assim:

> A diferença que nosso sistema [universitário alemão] apresenta em relação ao americano significa que, na Alemanha, a carreira de um homem de ciência se apóia em alicerces plutocráticos. [...] Nos Estados Unidos da América reina, em oposição ao nosso, o sistema burocrático. Desde que inicia a carreira, o jovem cientista recebe um pagamento. (WEBER, 1999c, p. 18)

Esta "americanização" é a consequência da necessidade cada vez maior de uma sinergia entre o sistema produtivo nacional e a produção da ciência. O desenvolvimento capitalista, nesta fase moderna, requer uma interface entre a universidade e a produção econômica:

> Nos últimos tempos, podemos observar claramente que, em numerosos domínios da ciência, desenvolvimentos recentes do sistema alemão orientam-se de acordo com padrões do sistema norte-americano. Os

grandes institutos de ciência e de medicina se transformaram em empresas de "capitalismo estatal". Já não é possível geri-las sem dispor de recursos financeiros consideráveis. E nota-se o surgimento, como, aliás, em todos os lugares em que se implanta uma empresa capitalista, do fenômeno específico do capitalismo, que é o de "privar o trabalhador dos meios de produção". (WEBER, 1999c, p. 19-20)

Ora, se há uma complexificação das funções sociais, é razoável que as outras instituições, além das econômicas, se complexifiquem também. A universidade e os institutos de pesquisa não são exceções. Retomando o que foi mencionado anteriormente acerca do modelo weberiano e, principalmente, sobre a categorização de uma burocracia estatal, podemos afirmar que a tendência, no transcorrer do século XX, no Brasil, foi a formação de uma burocracia estatal para levar a cabo a implantação da produção científica.

O tipo ideal de burocracia do modelo weberiano estipula algumas características que demonstrariam as "posições pessoais" dos funcionários burocráticos. Eles teriam as seguintes características: prestígio de um estamento social, nomeação hierárquica para o cargo, vitaliciedade no cargo, remuneração pecuniária e existência de carreira profissional (WEBER, p. 201-204). No caso concreto, os produtores de ciência e tecnologia (pesquisadores e cientistas) compõem um grupo social que detêm, na sua organização, todas estas cinco características.

Na primeira característica, por exemplo, eles formam um grupo social que se pauta pela organização do prestígio e *status* em decorrência de prebendas e homenagens. Nessa categoria deve ser compreendida a posse de títulos formais. Os títulos (graduação, mestrado, doutorado, etc.) da carreira dos produtores de ciência e tecnologia são valorizados em relação ao local de aquisição (universidade prestigiosa do exterior contra universidade sem grande prestígio, no Brasil). Mesmo que não sejam exigidos na formalidade dos processos, são valorizados de forma distinta na hierarquização dos indivíduos. Também devem ser incluídos nessa categoria os convites para integrar colegiados de notáveis e academias, ainda que, em contraposição a outros servidores técnicos e administrativos e ao cenário político e social, eles tenham menor remuneração ou menos poder político efetivo.[53] Além do seu

---

[53] Nesse sentido, veja-se a seguinte declaração: "[O que] eu percebi muito nessa luta agora do [Instituto] para a manutenção da sua pós-graduação foi um respeito muito grande à hierarquia científica. [...] Me passou assim como uma mistura de disciplina militar com religião. [...] O camarada lá da Academia Brasileira de Ciências [Eduardo Krieger, Presidente da ABC] fez uma declaração elogiando o Ministro e defendendo-o das acusações que ele

intrínseco componente hierárquico, temos, também, este tipo de conduta "estamental", por parte dos funcionários.

> O funcionário moderno, seja o público, seja o privado, aspira sempre à estima social "estamental", especificamente alta, por parte dos dominados, e quase sempre desfruta desta [...]. A influência dos certificados de formação [...], a cuja posse costuma estar vinculada a qualificação para exercer um cargo, aumenta, como é natural, a importância do elemento "estamental" na posição social do funcionário. (WEBER, 1999b, p. 201)

Quanto à segunda característica, que seria a nomeação para o cargo, podemos ver a importante distinção entre a eleição e a nomeação (WEBER, 1999b, p. 202). As posições de direção das unidades de pesquisa eram, como nas universidades, definidas por meio de eleições. Entretanto, houve uma investida contrária às eleições, feita no âmbito das reformulações propostas pelo MCT, no segundo governo do presidente Fernando Henrique Cardoso (1998-2002) para o setor, pela qual se acabaram as eleições para as diretorias das unidades de pesquisa do MCT, criando-se em seu lugar um mecanismo de escolha por meio da indicação por comissões de notáveis e pela escolha final por parte do Ministro.[54] Um dos pesquisadores nos relata a contrariedade com a eleição de chefias dentro de uma das unidades de pesquisa do MCT:

> Na verdade, eles [a direção da instituição; pesquisadores na função de administradores] fizeram o trabalho que o [MCT] queria que eles fizessem. Provar que a instituição está com uma *"débâcle"*. Provar que

---

estava sofrendo, do Procurador [da República, Ministério Público Federal] de que ele usou passagens de avião e não sei o quê... E o cara fez uma declaração na imprensa, pública: 'a comunidade científica repudiando aquelas acusações e tudo o mais'. Ele falando em nome da comunidade. E ninguém se pronunciou! Ninguém! Eu provoquei um dia, numa reunião da ANPesq. Inclusive os companheiros que estavam lá disseram assim, sentindo [receio]: 'é perigoso até a gente se pronunciar'. Os caras chegaram a um ponto de que quem tinha uma visão crítica, se sentia impedido de se pronunciar. Depois, eu provoquei o [pesquisador do corpo dirigente da ANPesq]: 'que porra é esta, cara?' '. Aí ele disse: 'Cara, é... Os cientistas são assim'. É um respeito! O cara escreveu um negócio lá, publicou e tal... É uma coisa! É uma adoração, um negócio! Um respeito! É um respeito àquela figura! Ele pode estar falando besteira que eu vou ficar calado porque ele está acima de mim! Essa coisa, eu não conhecia isso. Então, quando os caras dizem: 'o fulano tal, eu vou lá e assino'... É isso! O cara é uma puta cabeça, doutor... Não é por acaso que na ANPesq só vota o pesquisador titular. Até na própria organização [política dos cientistas], ela vem e reproduz..." (Entrevista, servidor, 29 nov. 2001).

[54] Trataremos, no capítulo posterior, deste elemento, como mais um indício de nossa hipótese sobre a burocratização do setor.

a instituição não é mais uma referência. Um farol, como eles dizem, nacional. [...]. E provar uma série de coisas para interferir como eles estão interferindo... Agora, o que é catastrófico é que a Casa não consegue reagir a isso. Por várias razões... A razão primeira é que nós tivemos quatorze anos de uma única administração que embutiu certa atitude no *modus vivendi*, aqui dentro, da pior espécie possível. Que é exatamente a espécie da politicagem. Por quê? Como era o mecanismo pelo qual era colocado o diretor? Era o pior mecanismo possível. Era o do voto popular. Era democracia desse tipo. Então, claro está que você tem critérios diferentes quando você tem objetivo em ser votado numa instituição de pesquisa. Mas é exatamente o que aconteceu. Então, nós temos problemas. (Entrevista, pesquisador, 23 out. 2001)

A terceira característica explicitaria a vitaliciedade no cargo, que ocorre no Regime Jurídico Único, nos termos da legislação atual,[55] após a realização do estágio probatório de três anos.[56] Apesar dessa vitaliciedade não ser explicitamente jurídica como a oferecida, por exemplo, aos magistrados (inciso I, art. 95 da Constituição de 1988), na prática ela ocorre de maneira generalizada, salvo raras exceções:[57]

Eu vejo pessoas, aqui, tanto na área da administração quanto na área de pesquisa, que você errou na hora de contratar e das quais você não pode se livrar mais. [...] Então só isso aí já paga[ria] o esforço de ser Organização Social. (Entrevista, diretor de unidade, 14 set. 2001)

A quarta característica seria a obrigatoriedade de remuneração pecuniária para os funcionários, ao passo que a quinta seria a existência de uma carreira profissional delimitada e estável. Ambas as características existem, ainda, por força da legislação vigente no país, no regime jurídico único (Lei nº 8.112/90), havendo ainda carreiras profissionais especificamente para os docentes universitários e para os pesquisadores e técnicos da área de ciência e tecnologia, por força de planos de carreiras (Decreto nº 94.664/87 e Lei nº 8.691/93, respectivamente).

---

[55] Lei nº 8.112/90, amplamente modificada pela Lei nº 9.527/97. Cabe notar que a Lei nº 8.112/90 não é mais o único regime jurídico possível para os servidores civis da União. Esta menção foi retirada da Constituição de 1988 pela Emenda Constitucional nº 19/98.
[56] Cf. art. 41 da Constituição de 1988, modificado pela Emenda Constitucional nº 19/98. O estágio probatório anterior era de dois anos.
[57] Juridicamente, pode-se demitir um servidor público, estável, por três meios: por sentença judicial, demitindo-o; por um processo administrativo; e por uma avaliação de desempenho (Conf. incisos I, II e III do art. 42 da Constituição de 1988, modificados pela Emenda Constitucional nº 19/98). A ampla defesa é assegurada em todos os casos.

O sentido principal para observarmos esta formação é entender tal transição como os crescentes passos para a formalização da profissão de cientista e pesquisador. É com esta profissionalização que ocorre o caminhar para a formação de uma burocracia estatal produtora de ciência e tecnologia. Este ponto será desenvolvido e expandido ao longo deste capítulo. Na próxima seção, mostraremos como foi que esta burocratização deu origem a categoria profissional dos produtores de ciência e tecnologia.

2.2 Os produtores de ciência e tecnologia

Como se vê, não é possível visualizar a ruptura entre as várias camadas do processo de produção dos serviços da burocracia. Este é o grande problema deste modelo. No caso específico peculiar do sistema brasileiro de ciência e tecnologia, veremos que existe uma separação entre a produção e a administração da produção. Ela pode ser notada por declarações como a seguinte:

> No início do Ministério da Ciência e Tecnologia, ou antes, no CNPq, o papel do pensador [o pesquisador] era muito importante no campo das decisões e das orientações [...]. Quando o contingente de administradores, com nível superior vai surgindo em massa, eles começam a dar uma ordem na situação. Então começa: "vamos padronizar os pedidos". Em princípio, não é ruim. Então padroniza os pedidos. Vamos padronizar o currículo, a prestação de contas, isso e aquilo... Porque quem manda é o administrador. Ele quer, não só para ter a tal prestação de contas, mas em nome de uma eficiência e de um uso melhor da verba pública, colocar padrões muito rígidos de conduta que, na verdade, carregam. Pesam aquele que está fazendo a pesquisa e, talvez, facilite a vida deles. (Entrevista, pesquisador, 10 set. 2001)

O modelo weberiano não visualiza as disputas internas das organizações burocráticas. Elas são entendidas como parte do próprio mecanismo hierárquico de solução das controvérsias. O papel do burocrata, que estaria num patamar superior, serviria, então, para enquadrar o seu subordinado. Mas no sistema brasileiro de ciência e tecnologia há uma peculiaridade jurídica recente, que atende pelo nome de autonomia didático-científica ou autonomia universitária. O dispositivo da autonomia universitária foi incluído na Constituição Federal de 1988:[58]

---

[58] A Constituição do Brasil de 1967 garantiria — formalmente, e só — a liberdade de cátedra, conforme o art. 168, §3º, VI. Embora se torne assim possível a afirmação, com base nela,

Art. 207. As universidades gozam de autonomia didático-científica, administrativa e de gestão financeira e patrimonial, e obedecerão ao princípio da indissociabilidade entre ensino, pesquisa e extensão.

§1º [...]

§2º O disposto neste artigo aplica-se às instituições de pesquisa científica e tecnológica. [Emenda Constitucional nº 11, de 30 abr. 1996]

As unidades de pesquisa do MCT também estão incluídas no rol das instituições que deveriam ser beneficiadas juridicamente com a autonomia universitária, por força de Emenda Constitucional nº 11, de 30 abr. 1996. Entretanto, a discussão sobre o conceito e os limites dessa autonomia é profunda (RANIERI, 2000; TRINDADE, 1999). Segundo alguns, estaríamos passando de um período de produção educacional centrada no Estado para um período de mercantilização deste setor. Incluindo nele, a produção de ciência e tecnologia (CHAUÍ, 1999a; 1999b). De fato, o movimento geral é inequivocamente a de centralização dos controles, combinada com maior responsabilização das instituições. Esta centralização ocorre de maneira desigual pelas instituições do sistema de ciência e tecnologia, sendo muito maior nas unidades de pesquisa do MCT do que nas universidades.

Tomemos um exemplo. Um diretor de uma das unidades de pesquisa, em entrevista, considerava que o modelo das Fundações Públicas, anterior à Carta de 1988, tinha virtudes:

> Com a Constituição de 1988 teve essa transformação para serviço público federal, mesmo. Era uma Fundação [o CNPq], mas uma fundação federal pública. Depois passou para o funcionalismo público no Regime Jurídico Único. Isso aí engessou muito. Então, eu encaro essa tentativa do ministro Bresser de ser uma flexibilização. De voltar a flexibilizar. Não sei se é a única solução. Porque da mesma forma tinha havido o regime de fundações que tinha funcionado muito bem, poderia ter voltado ao mesmo regime anterior. (Entrevista, diretor de unidade, 14 set. 2001)

De fato, aquele era um modelo normativo menos rígido, no qual, por exemplo, não havia a necessidade de concursos públicos, nem sistemas eletrônicos unificados para a gestão dos recursos financeiros.

---

de que haveria maior autonomia administrativa das universidades federais (estabelecidas estas como autarquias ou fundações federais), essa assertiva colidiria com a história de perseguições e cassações vivida no período militar. Além disso, o estatuto da autonomia universitária — nos termos de 1988 — pretende uma maior abrangência do que o regime jurídico garantido pelo Decreto-Lei nº 200/67.

Só que, após a Constituição de 1988, o modelo de gestão das Fundações Públicas passou a ser juridicamente regulamentado de modo bastante rígido. Ao perguntarmos se poderia haver um retorno para este antigo modelo administrativo, um dirigente comentou:

> Isso foi cercado. Logo, não adianta. [...] As Fundações Públicas não têm mais jeito. Elas estão cercadas pela legislação. [O] que elas vão fazer? (Entrevista, dirigente, 19 nov. 2001)

Esse cerceamento não atingiu somente os pontos usualmente atacados pelos gestores, como ausência de liberdade para aquisição de material e serviços e contratação de pessoal. Ele ocorreu na própria sistemática de relacionamento entre os administradores da produção científica e os produtores da ciência, já que cresceu o sentimento de se estar enredado numa teia cada vez maior de situações burocráticas e hierárquicas no relacionamento com os estratos superiores da administração central do setor:

> No momento [2001], o que se está tentando ainda fazer, é organizar a ciência no país. Tem aqui o Livro Verde [Brasil: MCT & ABC, 2001]. E tem um gráfico que eu estava olhando ontem porque acho muito representativo [da situação atual]. É o gráfico das profissões de nível superior no Brasil. [...]. Você tem um período aqui, de 1985 a 1997 (doze anos) de ocupações científicas inalteradas. Ou seja, você está no fundo do poço! O que cresce? [As] funções superiores e administrativas. A administração pública passa a ter um papel tão importante no país... É o contingente de administradores que aumenta. (Entrevista, pesquisador, 10 out. 2001)

A percepção do pesquisador é no sentido de que a quantidade dos professores e dos cientistas cresce em menor proporção do que a quantidade de pessoas envolvidas na administração da ciência, em especial, na administração superior. Isto seria comprobatório das percepções de burocratização crescente do setor de ciência e tecnologia.

Assim, podemos entender a situação atual do setor de ciência e tecnologia brasileiro, também, como parte da acomodação entre os atores pelas tentativas de sua organização, a partir das quais haveria o propósito de aumento do controle da produção científico-tecnológica. Para tentar planejá-lo e coordená-lo, por exemplo, o MCT fundou, em 2001, uma nova Organização Social, o Centro de Gestão e Estudos Estratégicos (CGEE). Sua função seria planejar prospectivamente o setor de ciência e tecnologia:

O presidente do CGEE, Evando Mirra [ex-presidente do CNPq], fez exposição aos integrantes do Conselho de Administração [do referido Centro] sobre os objetivos do centro, criado para realizar estudos e pesquisas prospectivas na área de C&T e, em especial, dar suporte técnico para o funcionamento dos Fundos Setoriais. (Gestão C&T, 13 nov. 2001)

Esta ausência de coordenação é vista como problemática pelos administradores, para quem o sistema parece irracional. A expressão chave para dimensionar a atuação do MCT após a posse do ministro Ronaldo Mota Sardenberg é "estabelecimento de estratégias para o setor de ciência e tecnologia". O papel do CGEE seria facilitar esta função, ou seja, auxiliar a racionalizar o sistema. Ao perguntarmos, para um técnico de nível superior da administração central do setor, se a ausência de uma reforma nas universidades públicas "barraria" os projetos de reformulação do setor feitos pelo MCT, ouvimos que:

> É barra. [...] Você precisa de um planejamento interno [nas universidades]. O potencial [delas] é enorme! O que se faz, hoje, é um desperdício [...]. O *laissez faire* está gerando um desperdício. E nós não podemos desperdiçar. Então, se exige um planejamento, sim. (Entrevista, dirigente, 19 nov. 2001)

Feitas as considerações teóricas até o presente momento, em seguida será feita uma retrospectiva sobre o modo como se constituiu, na forma de uma burocracia estatal, o setor de ciência e tecnologia brasileiro. Mostraremos, nesta primeira referência, que este modo de institucionalização possibilitou a ampliação e o desenvolvimento das atividades de pesquisa científica no país. Entretanto, ao cabo de uma maturação institucional, chegamos a um ponto de difícil crescimento, dada a ausência de uma reforma das universidades públicas e sem uma reformulação das relações dos produtores de ciência e tecnologia, com a administração do setor e a sociedade brasileira. Dois historiadores, Ferri & Motoyama, assim descrevem a trajetória histórica do setor de ciência e tecnologia brasileiro:

> De um país em que não existia, praticamente, nenhuma atividade científica no início do século [XX], passamos a ter, na década de 70, uma ampla atividade nesse campo, apoiada num complexo sistema de ciência e tecnologia, sorvedouro de recursos nada desprezíveis, estimados em torno de 800 milhões de dólares (1977). (FERRI; MOTOYAMA, 1979, p. 3)

Mesmo após anos de pesados investimentos, a participação brasileira na produção científica mundial ainda é pequena. Para Thomas Schott, o Brasil responde por menos de um por cento da produção científica e das referências de citações indexadas mundialmente (1995, p. 241-243); o que haveria de auspicioso é um crescimento constante dessa participação. Os dados sobre este aumento, excluída a área de ciências humanas, podem ser acessados no relevante trabalho Meis & Leta (1996, p. 49). Assim, comparada à produção de outros países, a correlação entre os fatores tamanho demográfico, tamanho econômico e produção científica são fracos (SCHOTT, 1995). Entretanto, utilizando a perspectiva de que existe um crescimento constante, o mesmo dado estatístico pode ser interpretado favoravelmente. Tendo em vista que os dados Meis & Leta (1996) e de Schott (1995) não avançam além da metade da década de 90, pode-se seguramente afirmar que, no começo do século XXI, a fração da participação brasileira seguramente ultrapassou a marca de um por cento da produção mundial. Para o pesquisador Jorge Guimarães, tal marca é significativa do amadurecimento de nosso sistema:

> De fato, apesar da juventude do nosso sistema de C&T, estruturado já muito tardiamente, a produção científica brasileira vem crescendo a índices incomparáveis. [...] Com isso, o Brasil produz atualmente 1,09% do total mundial! (GUIMARÃES, J., 2001, p. 53)

Em sentido contrário ao de Thomas Schott (1995), portanto, percebe-se que, apesar de ainda pequena participação no total mundial,[59] o Brasil evoluiu muito na sua produção científica.[60]

> Com uma contribuição anual de publicações científica menor que 1% em relação ao mundo, a ciência brasileira vem sendo alvo de críticas da imprensa, onde com freqüência é comparada de forma negativa com a ciência de outros países. Neste trabalho foi observado que apesar de apresentar pequenos números, a contribuição da produção científica brasileira vem aumentando com os anos, especialmente a partir de 1988. (MEIS; LETA,1996, p. 96)

---

[59] Existem pequenas diferenças nos percentuais demonstrados por Thomas Schott (1995) e Meis; Leta (1996).
[60] Podemos mencionar que nossa discrepância de índices é um problema regional: "(...) [A] contribuição latino-americana nas publicações científicas mundiais é de 1,4%, enquanto que a dos EUA é 26 vezes maior (35,8%) e a da UE [União Europeia], 20 vezes (27,7%). (...) Mas a boa notícia é que entre 1983 e 1991 a contribuição de artigos publicados por cientistas latino-americanos aumentou de 1,1% para 1,4%" (*Jornal da Ciência Hoje*, p. 9, 07 abr. 1995).

Estas opiniões sobre tal amadurecimento do setor são compartilhadas pelo Ministério da Ciência e Tecnologia (MCT) e pela Academia Brasileira de Ciências (ABC) em texto-base da Conferência Nacional de Ciência, Tecnologia e Inovação (CT&I):

> [N]o Brasil, a sociedade e o Estado empreenderam esforços consideráveis nos últimos cinqüenta anos, para a construção de um sistema de Ciência e Tecnologia que se destaca entre os países em desenvolvimento. Um robusto sistema universitário e de pós-graduação e um conjunto respeitável de instituições de pesquisa, algumas de prestígio internacional, constituem os elos fortes desse sistema. (BRASIL. MCT & ABC, 2001, p. 14)

Apesar desse desenvolvimento mais recente, há consenso sobre o fato de que o crescimento do setor de ciência e tecnologia brasileiro se deu graças ao Estado burocrático-autoritário.

O regime militar expulsou centenas de cientistas das universidades e dos institutos de pesquisa, especialmente entre 1969 e 1974, e, ao mesmo tempo, apoiou grandemente a ciência e buscou uma acomodação com a comunidade científica e suas associações. Os cientistas eram um grupo importante que podia dar alguma legitimidade ao regime militar. (FERNANDES, 1990, p. 20)

A formação de uma burocracia para cuidar dos afazeres da produção da ciência e da tecnologia se justificava então pela teoria nacional desenvolvimentista, que pretendia a autonomia relativa do parque industrial nacional perante o resto do mundo.[61] Entretanto, no plano dos produtores de ciência e tecnologia, de uma maneira geral, só a "comunidade científica" e o Estado atenderam ao chamado para a produção específica.[62]

---

[61] Por outro lado, alguns cientistas da época acreditavam que a incapacidade de construir inovação no Brasil se devia ao fato de o nosso parque industrial ser dominado pelas multinacionais: "Nos países dominados a implantação de filiais das empresas multinacionais não implica de maneira alguma a criação de laboratórios de pesquisa nestas subsidiárias. [...] Fica claro, portanto, que as corporações multinacionais — e as economias que as dominam — não precisam dos serviços dos cientistas nacionais nem de universidades independentes nos países subdesenvolvidos em que se estabelecem" (LOPES, 1998, p. 111).

[62] Para Simon Schwartzman, a comunidade científica constitui "um grupo de indivíduos que compartilham valores e atitudes e que se inter-relacionam por meio das instituições científicas a que pertencem" (2001, p. 16). Esse conceito tem origem nos trabalhos de Roberto K. Merton. Iremos fazer uma pequena discussão sobre este conceito ao fim deste capítulo.

Esse projeto ambicioso de auto-suficiência científica, tecnológica e industrial [...] não obteve uma resposta significativa do setor produtivo privado como um todo, e acabou ficando confinado a alguns segmentos da burocracia estatal e à comunidade científica. (SCHWARTZMAN et al., 1995, p. 12)

Por este percurso histórico, veremos que o capital industrial ficou distante da produção científica e tecnológica, nos momentos de amadurecimento do setor. Quando tínhamos a atuação de indústrias no setor, ou elas eram as estatais,[63] ou tinham sido fomentadas pelo setor estatal.[64] Na próxima seção descreveremos como o setor se constituiu como uma burocracia estatal, etapa preliminar ao exame da tentativa de reordenação institucional do sistema de ciência e tecnologia sob a democracia, nos anos 90.

2.3 História institucional da ciência no Brasil

A construção do setor de ciência e tecnologia está inicialmente ligada à formação de recursos humanos e à da educação e das universidades. Com a ampliação da complexidade do significado da produção científica e tecnológica, houve a tendência de que ela fosse produzida em espaços diferentes do espaço educacional geral.[65] Sem pessoal qualificado, decerto não haveria, ali, condições efetivas de produção.[66]

---

[63] Caso típico deste exemplo de atuação industrial é o da empresa Petróleo Brasileiro S/A (a holding Petrobrás), a holding Eletrobrás e a holding Telebrás. As três possuíam setores de pesquisa e desenvolvimento tecnológico (P&D). Eram, respectivamente, o Centro de Pesquisas Leopoldo Miguez de Mello (Cenpes), o Centro de Pesquisas da Eletrobrás (Cepel) e o Centro de Pesquisa e Desenvolvimento (CPqD), da Telebrás. A trajetória destes centros pode ser vista em Erber e Amaral (1995).

[64] Seria o caso da Empresa Brasileira de Aeronáutica (Embraer), das empresas de produtos militares (como a Avibrás e a Engesa, por exemplo) e das empresas fomentadas pela política de informática, nomeada como reserva de mercado, que teve vigência na década de 80.

[65] É útil destacar que isto não se opera, historicamente, como uma regra fixa. As instituições universitárias, bem como suas relações com a produção científica, eram (e ainda são) muito diferentes entre si. Tendo por princípio que as instituições universitárias são diferentes, tem-se logo estranheza com as tipologias das normas legais que as classificam. Esta classificação não é ingênua porque opera um jogo complicado de prerrogativas e deveria, também, estipular obrigações mais diferenciadas. Deste equilíbrio entre direitos e deveres e da sua conformidade com suas missões institucionais e objetivos, as instituições poderiam optar pelo que lhe servisse melhor. Na prática, após a aprovação da Lei de Diretrizes e Bases da Educação, a LDB (Lei nº 9.394/96), há uma busca de todas as instituições pelo modelo jurídico de "universidade". Esta discussão é realizada por Edson Nunes (2002).

[66] Os precursores das atividades científicas no Brasil eram, em geral, engenheiros e médicos. Detalhes destas trajetórias em Schwartzman (2001). Sobre a formação das profissões de

Com vistas ao traçado de um panorama geral, a formação do setor educacional, bem como das instituições de ciência e tecnologia, pode ser lida de diversas formas. Segundo a narrativa de Boaventura de Sousa Santos (1995), é possível traçar um paralelo de orientação geral com as universidades europeias que, em momentos diferentes, estariam preocupadas com objetivos distintos. Esta leitura induz uma forte impressão de descontinuidade na sua história. Os dilemas das universidades contemporâneas residiriam, então, nas tensões vividas a partir da década de 60, que seriam decorrentes da complexificação da vida social e do incremento de suas múltiplas funções. Tais funções tornavam-se crescentemente contraditórias, ao passo em que se ampliavam. Para Marilena Chauí (1999a), por força da hegemonia neoliberal, as universidades e o setor de produção científica e tecnológica, que até então haviam experimentado uma relativa liberdade, estariam passando, como a sociedade em geral, da tutela estatal para o jugo do mercado. Os dois autores visualizam a mudança de paradigma para compreender os dramas vividos pelas corporações universitárias (docentes, estudantes e demais profissionais) nas suas tarefas cotidianas.

No caso brasileiro, visualizamos dois períodos da história das universidades e demais instituições educacionais. O primeiro pode ser classificado como pré-científico, durante o qual o investimento em ciência foi muito diminuto ou inexistente. Este período abrange os tempos coloniais, durante os quais, à exceção dos Colégios de Jesuítas, não havia instituições educacionais e muito menos pesquisa.[67] Durante boa parte do Império, apesar da fundação de várias instituições, como o Colégio Pedro II e algumas faculdades, não tivemos massa institucional crítica que justificasse a absorção de uma agenda científica pelo Estado nascente. A organização de um setor científico e tecnológico — mesmo incipiente e débil — somente pode ser identificada na segunda metade do Segundo Reinado.[68] A ciência nasce então como resultado da atividade de mecenato particular do Imperador, estruturando-se, muito depois, como um projeto estatal na República.

---

advogado, médico e engenheiro no período posterior à Independência e no início da República, *vide* a obra de Edmundo Campos Coelho (1999).

[67] O objetivo era a promoção dos valores cristãos. Poderíamos, detalhando mais ainda, mencionar que havia tensões entre esta estratégia civilizatória e a estratégia comercial, dentro do Estado português, na época da Colônia. Para detalhes sobre o ímpeto missionário e estas tensões, *vide* Ribeiro (1995). Sobre a organização da educação religiosa no Brasil, *vide* Romanelli (1978).

[68] Poderíamos pensar na revolução pasteuriana, descrita por Benchimol (1999), como um dos marcos divisores.

Dividiremos a presente seção em quatro partes que correspondem à cronologia dos eventos mais relevantes da história institucional do setor. Estas quatro partes devem ser vistas como divididas nos dois já mencionados grandes períodos. Iniciaremos com o período colonial e a primeira parte do segmento imperial, que representa o primeiro período, pré-científico. As três partes posteriores descrevem o segundo período, correspondendo às diferentes gradações de institucionalização da ciência que tiveram lugar, dos últimos anos da monarquia, até o golpe de Estado de 1964.

2.3.1 Primeiro período: a colônia, a independência e a "pré-ciência"

Apesar dos esforços de criação de diversas instituições no Brasil colonial e no começo do Império, este momento é visto da seguinte maneira por Simon Schwartzman:

> No Brasil colonial, não havia educação superior organizada, mas era pouca a atividade educacional além das aulas elementares oferecidas pela Igreja. [...] A corte portuguesa [fugida de Lisboa] trouxe para a colônia muitas inovações e, nos dez anos seguintes, o Brasil teria seus primeiros cursos superiores de Engenharia e Medicina, assim como cursos de formação para várias profissões, mas uma universidade só seria contemplada no fim do período. (2001, p. 55-56)

Uma das diretrizes da Coroa Portuguesa para a gestão de suas colônias era a proibição do desenvolvimento de atividades intelectuais (SCHWARTZMAN, 2001, p. 64). Eram desse modo banidas, desde a existência de instituições de ensino superior, até o funcionamento de atividades de imprensa escrita. Neste período a formação de pessoal de nível superior era feita na Universidade de Coimbra, na Metrópole portuguesa ou em outros centros europeus.[69] Essa ausência completa de condições materiais só chega ao seu termo com a vinda da família real portuguesa, em 1808, quando o estatuto colonial é alterado pelo fato de o Rio de Janeiro vir a constituir-se na sede do Império Colonial. Diversas

---

[69] "Segundo estimativas abalizadas, no século XVI formaram-se, em Coimbra, treze brasileiros; no século XVII, trezentos e cinqüenta e quatro; no século XVIII, mil setecentos e cinqüenta e dois, e de 1781 a 1822 ali estudaram trezentos e trinta e nove brasileiros" (VENÂNCIO FILHO, 1982, p. 8). A própria formação de José Bonifácio de Andrada e Silva, como descrita por Schwartzman, também exemplifica isto (2001, p. 56-58).

instituições são fundadas no Rio de Janeiro, entre 1808 e 1810, como o Horto Real, o Museu Real, a Imprensa Régia, a Biblioteca Nacional, a Academia de Guardas-Marinha, a Escola Central e a Academia Real Militar. Embora com elas estivessem colocadas as condições objetivas primordiais para o desenvolvimento das atividades de cunho científico no Brasil, não eram, propriamente, instituições científicas.

O problema da incompletude destas instituições estava nas suas condições subjetivas. Essencialmente pragmáticas, elas careciam do propósito investigativo que caracteriza a formação de uma tradição científica própria, tendo como função o apoio classificatório e imediato dos recursos naturais (por exemplo, a aclimatação de plantas chinesas para o Horto Real e a organização de amostras minerais no Museu Imperial). Isso fica claro pelo teor do decreto de criação do Museu Imperial, no qual se mencionam os "milhares de objetos dignos de observação e exame e que podem ser úteis para o comércio, a indústria e as artes" (2001, p. 67, nota 13).

Se a Independência do Brasil, em 1822, marca uma mudança na organização do Estado brasileiro, ela não muda o sentido das soluções institucionais e dos propósitos com respeito à atividade científica.[70] Essa situação, na qual as raízes organizacionais do Estado Colonial estavam fundadas no tripé "fazenda, justiça e guerra" (FAORO, 1997, p. 172), é alterada no primeiro quartel do século XIX, quando temos um crescimento da burocratização das atividades do Estado e, consequentemente, uma maior necessidade de contingentes humanos com diferentes especializações para operá-las. Deste modo, "a constituição do Estado Nacional reclamou tanto a autonomia cultural quanto — e, sobretudo — a burocratização do aparelho estatal" (ADORNO, 1988, p. 77). Com a ruptura com Portugal, a formação dos quadros estatais não podia mais ser dependente daquele Estado.[71] Entretanto, o sentido subjetivo, ou seja, a visão utilitarista portuguesa sobre a ciência, que é a da formação de quadros técnicos estatais e não

---

[70] "Quando o Brasil se tornou independente, em 1822, pela decisão de um membro da casa real portuguesa, o Príncipe Dom Pedro, a linha de continuidade [na administração centralizada, burocratiza e centralista] não chegou a ser cortada completamente — um fato importante para compreendermos a institucionalização estável do governo brasileiro durante o período colonial e durante a segunda metade do século XIX" (SCHWARTZMAN, 2001, p. 51). No mesmo sentido, vide Faoro (1997).

[71] A opção por uma formação profissionalizante para quadros estatais fica mais clara quando se considera que ocorreram debates sobre a oportunidade da construção de uma universidade no Brasil, no início do século XIX (VENÂNCIO FILHO, 1982, p. 13). A opção, entretanto, foi por abrirem-se instituições isoladas (na área de direito, medicina e engenharia).

de cientistas,[72] permanece nos primeiros tempos do Império (BURGOS, 1999, p. 19).

Além dos dois ramos de técnicos, já fomentados desde a chegada dos Bragança (engenheiros e médicos), passamos a ter, em meados do Primeiro Reinado, o conjunto dos bacharéis em direito.[73] As consequências da inclusão dessa formação, no Brasil, são variadas. De qualquer sorte, pode-se afirmar que o desenvolvimento do sistema de ciência e tecnologia não foi uma delas. Um importante cientista brasileiro reclamava as incompreensões dos burocratas para com a ciência, já na metade do século XX:

> Aqueles reitores e diretores — salvo um homem de grande inteligência e sensibilidade como San Tiago Dantas —, em sua maioria, não compreendiam, nem mesmo sabiam se a universidade devia ou não ter professores dedicados exclusivamente ao ensino e, sobretudo, à investigação científica. (LOPES, 1998, p. 27)

Levando em conta esse ambiente subjetivamente negativo, é compreensível que a ciência brasileira só tenha conseguido encontrar o seu ponto de desenvolvimento sensível em meados do século XX, depois do entrecruzamento de três fatores: a institucionalização mínima da atividade científica; o desenvolvimento paulatino de uma categoria de profissionais da ciência reforçando a institucionalização e o robustecimento dos interesses estatais convergentes às pretensões dos cientistas para o fortalecimento das instituições científicas.

2.3.2 Segundo período: a primeira fase da República (1889-1964)

A segunda fase da institucionalização do setor de ciência e tecnologia brasileiro é marcada pela abertura de diversas unidades científicas (laboratórios e institutos) e por um movimento mais intenso pela assunção definitiva da ciência e da tecnologia como negócios de

---

[72] "As Escolas de Direito, organizadas em São Paulo e em Olinda, ambas em 1828, de grande importância na substituição da geração de Coimbra na composição da elite burocrática nacional (...), não podem ser incluídas no rol de instituições científicas. O mesmo valendo para a Escola Politécnica, criada bem mais tarde, em 1874" (BURGOS, 1999, p. 19).

[73] Para uma discussão sobre a formação de bacharéis de direito no Brasil (São Paulo e Olinda) e suas consequências políticas, vide Venâncio Filho (1982); Adorno (1988); e Coelho (1999).

Estado. A grande mudança referente ao início da institucionalização da atividade científica foi o aumento da força dos cientistas, que lutavam pela absorção de atividades de pesquisa dentro do rol de funções das universidades públicas. Antes, elas se dedicavam prioritariamente ao ensino (DURHAM, 1998, p. 12; LOPES, 1998, p. 27-29). A síntese deste processo de luta pode ser dada com a ocorrência de quatro fatores marcantes que estão imbricados. O primeiro foi a tendência de institucionalização formal da pesquisa nas universidades. Isso envolvia um novo modelo de universidade na qual a dedicação exclusiva estivesse presente. O segundo foi a corporação precária do Conselho Nacional de Pesquisas (CNPq) e de suas unidades de pesquisa, bem como dos diversos institutos estaduais de São Paulo e federais. Já o terceiro consistiu-se na fundação de diversas unidades de pesquisa militares. O último foi uma maior organização dos profissionais da ciência, na Sociedade Brasileira para o Progresso da Ciência (SBPC) e em seus laços de financiamento, pelo CNPq e pela CAPES. Analisaremos estes quatro pontos separadamente.

2.3.2.1 As universidades e a pesquisa científica

A formação da Universidade de São Paulo, em 1934, é o marco da era das universidades no Brasil. Era "um projeto oligárquico paulista, em luta contra o poder central, após a guerra de 1932" (ROMANO, 1998, p. 38), contrapondo-se assim à Universidade do Brasil e às futuras universidades federais, já projetadas, que representariam:

> Uma gênese do tipo napoleônico[74] [...] [por serem] [...] instauradas pelo poder federal, com vistas à garantia de um espaço público com fundamento mais no Estado do que na vida civil. (ROMANO, 1998, p. 38)

---

[74] Menciona Hélgio Trindade que "após a Revolução Francesa, a universidade napoleônica rompe com a tradição das universidades medievais e renascentistas e organiza-se, pela primeira vez, subordinada a um Estado nacional. [...] A universidade napoleônica torna-se um poderoso instrumento para criar quadros necessários para a sociedade e para difundir a doutrina do Imperador: a conservação da ordem social e a devoção ao Imperador que encarna primeiro a soberania nacional e, depois, supranacional. [...] O novo sistema estatal napoleônico foi eficiente na formação profissional, mas as ciências não tiveram a evolução da universidade prussiana de Berlim" (TRINDADE, 1999, p. 16-17).

Ou, no dizer de Schwartzman:

> Em contraste, a criação da Universidade de São Paulo, em 1934, foi o acontecimento mais importante na história da ciência e da educação no Brasil. Para entender como ela foi criada, como pôde desenvolver-se de modo tão diferente da Universidade do Brasil, sediada na capital do país, e o papel que desempenharia no futuro, precisamos vê-la à luz da derrota de São Paulo na revolução [constitucionalista] de 1932 contra o regime de Getulio Vargas. (2001, p. 164-165)

Enquanto isso, a Universidade do Brasil (atualmente Universidade Federal do Rio de Janeiro, UFRJ) era apenas um agregado de instituições educacionais isoladas, que recebeu posteriormente a denominação de universidade.[75]

> A criação da Universidade do Rio de Janeiro, pelo decreto n. 24.343, de 7 de setembro de 1920 [...] não passou, porém, [...] da agregação de três escolas superiores existentes no Rio: a Faculdade de Direito, a Faculdade de Medicina e a Escola Politécnica. (ROMANELLI, 1978, p. 132)

Outras universidades foram criadas no Brasil. Em 1912 foi criada a Universidade do Paraná. Apesar de somente ter sido reconhecida pelo governo federal em 1946, funcionou desde 1913, quando os seus cursos se iniciaram. Em 1927, também da agregação das escolas de Direito, Engenharia e Medicina, surgiu a Universidade de Minas Gerais (ROMANELLI, 1978, p. 132). Assim, para Leite Lopes, seguíamos o sentido de uma ciência "dominada":

> A criação das primeiras faculdades de ensino superior foi naturalmente orientada para a formação de bacharéis em direito — necessários à resolução de conflitos entre os componentes da elite dominante; de médicos — fundamentais para cuidar da saúde e curar as enfermidades dos latino-americanos ricos; e de engenheiros civis — necessários para a construção de seus palácios e residências e para as obras metropolitanas em geral. (1998, p. 88)

Ao contrário das grandes universidades europeias e americanas, essas universidades ainda não tinham a pesquisa científica no seu

---

[75] É mencionado que "o monarca de uma nação européia amiga [Bélgica] vinha de visita e manifestara o impossível desejo de receber um título de Doutor *Honoris Causa* de uma universidade. Como satisfazer o ilustre visitante sem que houvesse uma universidade para conceder a honraria?" (CARVALHO, 1998, p. 63).

centro de preocupações. Elas também não faziam parte de um projeto orgânico nacional ou regional, apesar do aprovado Estatuto das Universidades Brasileiras (Decreto nº 19.851, de 1931), que reconhecia em seu primeiro artigo:

> Art. 1º O ensino universitário tem como finalidade: elevar o nível da cultura geral; estimular a investigação científica em quaisquer domínios dos conhecimentos humanos; habilitar ao exercício de atividades que requerem preparo técnico e científico superior; concorrer, enfim, pela educação do indivíduo e da coletividade pela harmonia de objetivos entre professores e estudantes e pelo aproveitamento de todas as atividades universitárias, para a grandeza da Nação e para o aperfeiçoamento da atividade. (ROMANELLI, 1978, p. 133)

Haja vista a ausência de produção científica e reconhecimento de *locus* privilegiado para a ciência, no restante da Federação, a assunção da liderança de São Paulo foi questão de tempo (SCHWARTZMAN, 2001, p. 126). Depois do aparecimento da Universidade de São Paulo (USP) e do regime de dedicação exclusiva nela, em 1945,[76] os pesquisadores baseados no Rio de Janeiro tiveram que procurar uma saída para sua situação. Estava claro que o governo federal não cederia aos seus apelos e que a Universidade do Brasil não teria um regime funcional sequer assemelhado ao paulista. De modo similar, o problema se repetia nos institutos federais, como o Instituto Oswaldo Cruz. Os salários eram muito baixos e não havia complementação de exclusividade. Houve, de fato, a busca de uma universidade diferente, como a idealizada nos projetos de Anísio Teixeira para a Universidade do Distrito Federal,[77] mas o projeto se impossibilitou com a extinção e o fechamento da UDF e a posterior absorção de seu espólio pela Faculdade Nacional de Filosofia da Universidade do Brasil. Outras saídas foram tentadas, como o apoio da Fundação Rockefeller (SCHWARTZMAN, 2001, p. 241-247; LOPES, 1998, p. 26-28). Dessa impossibilidade de realização de pesquisas nas universidades foram criados institutos federais, como o Centro Brasileiro

---

[76] "Com a sua criação [da Comissão Permanente do Regime de Tempo Integral (CPRTI), no Estado de São Paulo], houve a unificação do Regime de Tempo Integral (RTI) para os docentes universitários e pesquisadores dos Institutos de Pesquisa do Estado de SP. [...] [A] CPTRI foi criada para servir de elo entre a burocracia e os laboratórios e campos experimentais" (*Jornal da Ciência Hoje*, p. 4, 05 maio 1995).

[77] Em 1935, Anísio Teixeira, como Secretário da Educação, criava a Universidade do Distrito Federal [UDF], de estrutura arrojada, caracterizada pelo fato de não possuir as três faculdades tradicionais e ter uma Faculdade de Educação, na qual se situava o Instituto de Educação. Teve, porém, essa Universidade, curta duração: em 1939, ela foi extinta, ao incorporar-se à Universidade do Brasil (ROMANELLI, 1978, p. 133).

de Pesquisas Físicas e o Instituto de Matemática Pura e Aplicada. Eles eram rotas de fuga em relação aos controles administrativos federais e, também, outra possível possibilidade para captação de recursos.

Este panorama é mantido até a Reforma Universitária de 1968, quando começa a haver o apoio institucional necessário à organização de uma carreira docente federal que contemplasse a pesquisa científica. Da mesma forma, absorvem-se diversos tipos de instituições e organiza-se uma rede de universidades federais. Isto tudo corresponde:

> [À] primeira grande transformação desse sistema [educacional superior], que se iniciou na Europa no começa do século passado [XIX] (e, no Brasil, um século depois, com resultados muito limitados), consistiu na absorção da pesquisa como parte integrante da vida universitária. (DURHAM, 1998, p. 12)

Essa reforma trouxe grandes alterações ao nosso panorama universitário. Em 1935 tínhamos seis universidades (duas no Rio de Janeiro, a UDF e a do Rio de Janeiro, a de Minas Gerais, a de São Paulo, a do Paraná e a de Porto Alegre). Esta última universidade, criada em 1935, foi a primeira a possuir uma Faculdade de Estudos Econômicos. Já em 1969 teríamos, entre estatais e particulares, quarenta e seis universidades (ROMANELLI, 1978, p. 132-133). Outro indício da ampliação das funções e, consequentemente, do crescimento da importância das universidades, no Brasil, é a fundação do Conselho de Reitores das Universidades Brasileiras (CRUB), em 1966 (DIAS, 1989). Hoje, as universidades concentram cerca de 90% da produção científica e tecnológica brasileira. Se tomarmos o número percentual de doutores pelo pessoal técnico e docente, veremos que é nelas que ocorre a grande gama da produção científica. Uma das grandes questões do setor de produção da ciência e tecnologia está nos problemas pelo qual passa o sistema universitário nacional: há quase um consenso sobre a necessidade de uma nova reforma universitária, que atualize o sistema.

2.3.2.2 O CNPq e suas unidades de pesquisas

O segundo marco dessa fase da institucionalização da ciência no Brasil é a fundação do Conselho Nacional de Pesquisas (CNPq)[78] e de algumas unidades de pesquisas a ele vinculadas.

---

[78] O documento de criação do CNPq pode ser consultado com facilidade em BRASIL. Centro de Estudos Estratégicos (2000, p. 182-195).

No ano de 1951, a Lei nº 1.310 criou o Conselho Nacional de Pesquisas do Brasil, como órgão federal, subordinado diretamente ao Presidente da República e destinado a estimular a investigação científica e tecnológica e a controlar todas as atividades referentes ao aproveitamento da energia atômica. (LOPES, 1998, p. 74)

Algumas unidades foram então paulatinamente criadas, como o Instituto Nacional de Pesquisas da Amazônia (INPA) e o Instituto de Matemática Pura e Aplicada (IMPA), em 1952. O Instituto Brasileiro de Bibliografia e Documentação (IBBD), criado em 1954, seria a base do futuro Instituto Brasileiro de Informação em Ciência e Tecnologia (IBICT). Já o Grupo de Organização da Comissão Nacional de Atividades Espaciais foi a base do que seria, atualmente, o Instituto Nacional de Pesquisas Espaciais (INPE). O CNPq então absorve uma unidade de pesquisas já existente: o Museu Emilio Goeldi, que ficaria sob a gestão do INPA, em 1954, por meio de um convênio com o governo do Estado do Pará. A importância destas unidades pode ser entendida, pois:

> Se hoje é preponderante o papel das universidades na produção científica brasileira, no entanto, foram os institutos de pesquisa, subordinados diretamente à administração pública, os primeiros centros de pesquisa de alto nível realizada por equipes de cientistas brasileiros. Foi pela atividade destes institutos que a moderna concepção de pesquisa experimental se introduziu no país e foi em seus laboratórios que se formaram as primeiras gerações de pesquisadores brasileiros. (DANTES, 1979, p. 343)

Os casos do Centro Brasileiro de Pesquisas Físicas (CBPF) e do Observatório Nacional devem ser vistos à parte. Estas unidades foram criadas em 1949 e foram absorvidas pelo CNPq em 1976. Até que isso ocorresse, elas passaram por diversas dificuldades financeiras e organizacionais, como pode ser depreendido da opinião de um pesquisador:

> Tem um sistema de institutos isolados. O CBPF é criado como uma fundação, uma sociedade civil sem fins lucrativos. [...] Ou o Observatório que está ligado a alguma coisa que entra em falência. O CNPq não tem nenhuma política de incorporação desses institutos. Na verdade, ele incorpora aquilo que está em crise. Ele incorpora, então, massa falida. (Entrevista, 10 out. 2001)

O movimento da formação de um quadro das unidades de pesquisa, agregadas no CNPq ocorre no período de 1952 até 1976. Em 1952, são fundados o Instituto Nacional de Pesquisas da Amazônia (INPA) e o Instituto de Matemática Pura e Aplicada (IMPA), assim como o Instituto Brasileiro de Bibliografia e Documentação (IBBD; futuro IBICT), em 1954. Neste mesmo ano, o CNPq absorve a gestão do Museu Paraense Emilio Goeldi, no Pará. No ano de 1961 é fundado o Grupo de Organização da Comissão Nacional de Atividades Espaciais, base do Instituto Nacional de Pesquisas Espaciais (INPE).

Todas as unidades de pesquisa do CNPq eram marcadas por sua fragilidade. Fundavam-se e absorviam-se unidades conforme existiam demandas específicas. Esta fragilidade não era só decorrente da ausência de um sistema mais amplo, mas da ausência de estrutura financeira e organizacional. O IMPA, por exemplo, "era formado por seu Diretor, dois pesquisadores, uma secretária, alguns estagiários (bolsistas do CNPq e da CAPES) e, no plano material, algumas boas coleções de periódicos" (BRASIL. CNPq-Seplan, 1981, p. 40). A própria institucionalização inicial do CNPq como um apoio para os emergentes cientistas brasileiros também era frágil, dada a pequena quantidade de recursos e a desarticulação de seus projetos frente às universidades. Estas últimas eram, na verdade, uma rota de fuga.[79]

Em 1974, ocorre uma mudança perceptível de enfoque na instituição. Foi então aprovada a Lei nº 6.129, que reorganizou suas funções e o renomeou Conselho Nacional de Desenvolvimento Científico e Tecnológico, mantida, contudo, a sua sigla original. Várias das unidades de pesquisa foram remanejadas para o CNPq, que ganhou a prerrogativa de manter as unidades que já possuía e, ainda, poder fundar outras. Com a criação do Ministério da Ciência e Tecnologia (MCT), em 1985, algumas das unidades do CNPq foram mantidas no âmbito do MCT, perdurando essa situação de divisão das unidades de pesquisas até 2000. Neste ano, uma reformulação da estrutura organizacional do MCT, por meio do Decreto nº 3.568, de 17 de agosto, organizou todas as unidades de pesquisa federais sob sua tutela: Instituto Nacional de Pesquisas da Amazônia; Instituto Nacional de Pesquisas Espaciais; Instituto Nacional de Tecnologia; Instituto Brasileiro de Informação em Ciência e Tecnologia; Centro de

---

[79] O CNPq tinha como seu par a CAPES, que era a Campanha de Apoio ao Pessoal de Ensino Superior. Tanto o CNPq quanto a CAPES foram profundamente importantes na história da ciência e tecnologia do Brasil. Ambas, também, tiveram suas organizações e atribuições profundamente modificadas ao longo das décadas posteriores.

Estudos Estratégicos; Instituto Nacional de Tecnologia da Informação; Centro de Pesquisas Renato Archer; Centro Brasileiro de Pesquisas Físicas; Centro de Tecnologia Mineral; Instituto de Matemática Pura e Aplicada; Laboratório Nacional de Astrofísica; Laboratório Nacional de Computação Científica; Museu de Astronomia e Ciências Afins; Museu Paraense Emilio Goeldi; e Observatório Nacional. Não são listadas, no mesmo artigo deste decreto, as quatro Organizações Sociais (IDSM, Xingó, LNLS e RNP), nem as cinco unidades da Comissão Nacional de Energia Nuclear (CNEN). Excluídas as quatro Organizações Sociais mencionadas,[80] são atualmente vinte e duas unidades de pesquisas controladas direta ou indiretamente pelo MCT.

2.3.2.3 O setor de pesquisa aplicada militar

O desenvolvimento de tecnologia militar também esteve ligado ao desenvolvimento do setor científico civil no Brasil. Exemplos clássicos foram a fundação do próprio Conselho Nacional de Pesquisas (CNPq), em 1951, sob a Presidência do Almirante Álvaro Alberto Lins de Barros, e a formação do CBPF, como sociedade civil, em 1949, por físicos que não encontravam espaço institucional na Universidade do Brasil. O interesse despertado pela energia nuclear serviu de catapulta para essas duas instituições (ANDRADE, 1999). A importância da identificação da relação entre os interesses militares e civis é grande porque, num período posterior (1970-85), haverá uma expansão dessas demandas estratégicas para o emergente setor de informática, energia nuclear e setor de astronáutica.

> Nos anos 50, essas conquistas científicas e tecnológicas eminentemente civis e universitárias guardavam relação com algumas demandas de cunho tecnológico-militar cuja inexistência, muito provavelmente, teria dificultado aquelas conquistas. (GUIMARÃES, 1995, p. 263)

Assim, a proposta de criação de uma instituição como o CNPq, que já era feita pela Academia Brasileira de Ciências desde 1931, só vingaria em 1951 pelo amadurecimento dos interesses militares. A intervenção dos militares desdobrou-se em cinco linhas principais desde os anos 50: aeronáutica, espaço, materiais bélicos, informática e energia nuclear.

---

[80] Deve ser lembrado que, depois, o IMPA e o CEE foram convertidos em Organizações Sociais (AIMPA e CGEE, respectivamente).

A indústria de material bélico (com o seu desdobramento aeronáutico e espacial) — grande sucesso empresarial nos anos 70 e início dos 80 — teve sua capacitação tecnológica fortemente apoiada nos instrumentos de financiamento à C&T. Durante os anos 70, apenas o FNDCT, em operações diretas, contratou projetos no valor de US$113 milhões com os ministérios militares. (GUIMARÃES, 1995, p. 263)

A contribuição de cada um desses setores para o robustecimento do setor de ciência e tecnologia foi enorme, tendo várias instituições sido corporificadas ao longo desses interesses. O setor espacial e aeronáutico teve como precursor institucional um grupo de trabalho, que foi o da Comissão de Atividades Espaciais (BRASIL. CNPq-Seplan, 1981, p. 70), do qual nasceu o Instituto Nacional de Pesquisas Espaciais (INPE), em 1961 (BRASIL. MCT & ABC, 2001, p. 68). Neste período nasceram várias outras unidades civis e militares, dentre as quais a Empresa Brasileira de Aeronáutica (Embraer). Já entre as militares, um exemplo é a construção do Centro Tecnológico da Aeronáutica (CTA) (BOTELHO, 1999).

No setor de informática, o desenvolvimento se ramificou por diversas instituições, desde o Laboratório Nacional de Computação Científica (LNCC), desdobrado do CBPF, até o atual Centro de Pesquisas Renato Archer (CENPRA) e o Instituto Nacional de Tecnologia da Informação (ITI), remanescentes das mudanças na Fundação Centro Tecnológica para Informática (CTI). Várias empresas públicas também foram fruto dos desenvolvimentos deste setor. A sua política original foi traçada a partir da combinação de uma lógica de substituição antecipada de importações com o nacionalismo desenvolvimentista do II Plano Nacional de Desenvolvimento do governo do presidente Ernesto Geisel. A política dirigista do setor de informática terminou com o início do primeiro governo eleito pós-ditadura militar, em 1991 (TIGRE, 1995, p. 180-182).

A área nuclear, onde a conjunção de interesses militares e civis foi mais evidente, também compõe um capítulo especial do desenvolvimento científico e tecnológico brasileiro. Desde a fundação do CBPF e do CNPq até a organização da Comissão Nacional de Energia Nuclear (CNEN), em 1956, várias instituições foram fundadas e amadureceram (LOPES, 1998, p. 74). Além dos ramos de estudos científicos na área nuclear, houve o desenvolvimento de intensa tecnologia atômica e termonuclear. A formação de Companhia Brasileira de Tecnologia Nuclear, em 1971, depois transformada na *holding* Nuclebrás, em 1974 (com várias subsidiárias),[81] é o exemplo dos investimentos na geração de energia baseada na fissão nuclear.

A CNEN, hoje vinculada ao MCT, contém vários tipos de instituições, que vão desde as suas cinco unidades de pesquisas (o Instituto de Engenharia Nuclear (IEN); o Instituto de Pesquisas Nucleares (IPEN); o Instituto de Radioproteção e Dosimetria (IRD); o Centro de Desenvolvimento de Tecnologia Nuclear (CDTN); e o recente Centro Regional de Ciências Nucleares (CRCN)), até empresas públicas como a Nuclebrás S/A (Nuclep) e as Indústrias Nucleares Brasileiras (INB), que produz material e equipamento para a produção de energia termo-nuclear.

2.3.2.4 A profissão de cientista e a organização de uma comunidade científica

A abertura de instituições mais maduras representa a síntese da corporação e da organização da comunidade científica. O outro trajeto está localizado nas pessoas, cujo foco deve ser dirigido para a fundação da Sociedade Brasileira para o Progresso da Ciência (SBPC), em 1948. Ela resultou de amplo processo de luta por parte de pesquisadores, que viam na profissionalização do cientista a única forma de construir, de fato, um sistema de ciência e tecnologia. Esclarecedora declaração sobre isto é dada por José Leite Lopes (um dos fundadores do Centro Brasileiro de Pesquisas Físicas, em 1949) em entrevista ao Prof. Enio Candotti:

> No Rio de Janeiro, os professores da Escola de Engenharia e da Faculdade de Direito tinham suas atividades fora da faculdade, depois dos cursos. E para cadeiras básicas, como física, matemática, filosofia? Isso a meu ver não era possível. Era necessário instituir o regime de tempo integral [...] O DASP [Departamento Administrativo do Serviço Público] era rígido, não permitia o regime de tempo integral. Os professores universitários do Brasil eram funcionários públicos federais e tinham que ganhar o que estava estabelecido, não mais que aquilo. A pesquisa científica não era conhecida nem compreendida, não só pelos funcionários do DASP, mas até pelas autoridades universitárias. (LOPES, 1998, p. 26-27)

---

[81] Podemos arrolar como algumas subsidiárias da Nuclebrás: Nuclebrás Equipamentos Pesados S/A (1975), Nuclebrás Auxiliar de Mineração S/A (1975), Nuclebrás Enriquecimento Isotópico S/A (1975), Nuclebrás Engenharia S/A (1975), Nuclebrás Construtora de Centrais Nucleares S/A (1980).

As universidades existentes até 1934 (data de fundação da Universidade de São Paulo (USP)) eram apenas agregados de unidades isoladas. Assim, Leite Lopes escreveu, em 1959:

> As atuais universidades brasileiras têm graves defeitos de estrutura. A verdade é que essas universidades foram estabelecidas há algum tempo como um conjunto de escolas que já existiam antes e que se transformaram em universidades pela simples reunião e decretação no papel. As escolas e faculdades continuaram independentes, autônomas, sem intercâmbio, sem uma vida comum. (LOPES, 1998, p. 45)

As universidades brasileiras careciam de estruturação integrada e de características multifuncionais que incluíssem a pesquisa científica. Essas primeiras lutas pela institucionalização da pesquisa nas universidades inseriam-se nas políticas públicas. A própria Universidade do Brasil (atual UFRJ), fundada em 1920, era, na verdade, a reunião da Escola Politécnica com as Faculdades Nacional de Direito e Nacional de Medicina. O ponto alto do período foi a definição de que elas deveriam ser mantidas e controladas diretamente pelo Governo (Federal ou Estadual). O fato é que tanto o movimento de institucionalização da ciência em São Paulo, mais avançado, como o do Rio de Janeiro, mais lento, indicavam um sentido único, que era a do incremento da categoria de dedicação exclusiva e do reconhecimento, ainda que um pouco difuso, da função de cientista.

> O primeiro passo para organizar e mobilizar os cientistas foi a criação, em 1948, da Sociedade Brasileira para o Progresso da Ciência (SBPC), que passaria a ser a agência brasileira responsável pelo diálogo com as associações congêneres existentes em outros países [...]. Mais tarde a SBPC desenvolveu uma série de atividades destinadas a reforçar o seu papel de órgão nacional representativo dos cientistas brasileiros: promovia reuniões anuais em diferentes cidades brasileiras; publicava uma revista, intitulada Ciência e Cultura, para distribuição entre seus associados; apoiava a criação de associações científicas especializadas, as quais de modo geral faziam suas reuniões anuais juntamente com a SBPC; e promovia estreitos contatos entre os cientistas brasileiros e agências de governo, autoridades científicas nacionais e a comunidade científica internacional. (SCHWARTZMAN, 2001, p. 258)

A formação da categoria profissional dos cientistas esteve diretamente relacionada com a estruturação dos seus ambientes de trabalho, ou seja, as instituições. Nessa trajetória de institucionalização, tal espaço foi lentamente conquistado dentro das universidades. O grau de institucionalização esteve também ligado ao grau de profissionalização dos cientistas, sendo definido pelo reconhecimento de uma profissão de cientista, organizado no âmbito do Estado brasileiro. Isto ocorrerá, em maior escala, durante o período de 1967 e 1985, como veremos a seguir.

2.3.3 O período burocrático-autoritário (1964-1985)

Uma autora que dedicou sua pesquisa à descrição deste período foi Regina Morel. Nas palavras dela:

> Ele se dá de 1967 até meados da década de 70, quando a política científica se integra no planejamento global do Estado. Incorporado ao discurso governamental, a planificação da ciência visará a duas metas fundamentais e interligadas: a primeira, promover o aprimoramento tecnológico nacional, condição *sine qua non* do desenvolvimento econômico; a segunda, projetar o Brasil internacionalmente como "grande potência". (MOREL, 1979, p. 24)

Da mesma forma, o período que vai do final da década de 1960 até o início da década de 1970 é descrito por diversos analistas como a grande época em relação ao fomento e investimentos em ciência e tecnologia no Brasil (GUIMARÃES, 1994, p. 15; GUIMARÃES, 1995, p. 262). Os aportes financeiros teriam sido da ordem de alguns bilhões de dólares, o que infelizmente nunca mais se repetiu. A TAB. 1 ilustra essa afirmativa, a partir do exemplo do Fundo Nacional de Desenvolvimento Científico e Tecnológico (FNDCT), que era gerido pela Financiadora de Estudos e Projetos (FINEP).[82] Este momento histórico é marcado por uma maior interação entre as instituições de pesquisa públicas e as empresas, especialmente as estatais. São fundados diversos centros de pesquisa ligados a estas empresas, inclusive. Um dos Diretores de

---

[82] "Sempre que nos referirmos a volume de recursos, estaremos utilizando valores em dólares norte-americanos, originários de duas fontes: do Relatório Anual de 1987 da FINEP, na qual os valores nominais foram convertidos em cruzados de dezembro de 1987 e dolarizados, não tendo sido deflacionados os valores em dólares; e do Relatório Estatístico 1980-90, editado pela SCT/PR [Secretaria de Ciência e Tecnologia da Presidência da República] em março de 1991. Aqui os valores nominais foram convertidos diretamente para valores em dólares e posteriormente deflacionados. [...] As duas séries se ajustam bem e, além disso, pareceu-nos correto, na falta de uma só série para todo o período, quebrá-la na passagem das décadas, quando se considera que o FNDCT modificou sua rota, entrando em nova conjuntura financeira" (GUIMARÃES, 1995, p. 266).

uma das unidades de pesquisa do MCT nos deu uma descrição do relacionamento dos três pontos desta equação (as empresas estatais, governo e as instituições de pesquisa):

> Nós nascemos numa época [o Instituto que o entrevistado dirigia, em 1980] em que as estatais [nos] estimulavam. O governo e as estatais contratavam a gente para desenvolver projetos de desenvolvimento tecnológico em empresas. [...] As negociações eram num estilo meio político. Você negociava grandes projetos. A gente negociava um projeto, por exemplo, da represa de Tucuruí. [...] Nós fomos contratados pela Eletronorte, durante três anos, para desenvolver um sistema, adaptar um sistema existente nos EUA, passando para Tucuruí para fazer essa análise. [...] Junto com o pessoal ligado a parte de Limnologia e Ecologia do INPA da Amazônia. Na verdade, nós fomos subcontratados para fazer o modelo computacional pelo INPA. Então eram grandes oportunidades que a gente negociava ao nível da própria direção da empresa, direção da instituição e tudo isso. A gente negociava projetos e ficava envolvido durante vários anos. Então, zerou isso, [pois] não tinham [mais] fundos. Tem uma parte intermediária desses anos noventa que não tinha mais isso. As empresas (nem a Petrobrás!) não queriam fazer mais nada, porque tinham outras perspectivas. (Entrevista, Diretor de unidade, 26 set. 2001)

O que define este crescimento sensível do setor de ciência e tecnologia é a ligação entre as políticas setoriais de ciência e tecnologia e a política desenvolvimentista do Estado brasileiro. Foi a continuidade das políticas públicas e dos gestores públicos, sem interrupção, que permitiram a alocação dos investimentos e a sua frutificação (GUIMARÃES, 1995, p. 262). Além dos investimentos em infraestrutura de ciência e tecnologia, outro indicador do crescimento do setor é a expansão maciça da oferta da pós-graduação:

> A repercussão dessa expansão da pós-graduação é evidenciada pela evolução do contingente de alunos do sistema. Em 1976, eram 26.255 alunos matriculados e foram titulados 2.387 — destes, apenas 188 doutores. Em 2000, o número de matriculados elevou-se para 96.618 e o de titulados para 23.718 — destes, 5.344 doutores. Além disso, é intenso o ritmo de crescimento do sistema nos últimos anos. No período 1995-2000, o número de matriculados cresceu 47% e, no doutorado, 69%. No mesmo período, o número de titulados teve um crescimento de 105% no mestrado e 114% no doutorado. (*Revista Ciência Hoje*, p. 13, jun. 2001)

Apesar da diminuição geral de recursos para outras áreas do setor, a pós-graduação continuou avançando. Para Reinaldo Guimarães, a diminuição nos recursos foi geral, excetuando-se:

> O programa de bolsas de pós-graduação operado pela CAPES e pelo CNPq, que cresceu a partir de 1986 e mantém-se estável desde 1990. No meu modo de ver, esse fato decorreu, fundamentalmente, não só da vontade política, mas também de um inteligente artifício introduzido em 1986 na negociação com a área econômica e que consistiu em discutir anualmente o programa com base em metas físicas de bolsas, cujos valores foram indexados aos salários dos docentes do sistema federal. (1995, p. 258, nota 3)

Teve lugar ainda, nesse período, um grande incremento das atividades de graduação e a construção de uma ampla rede de instituições federais de educação superior nos Estados, criadas muitas vezes a partir de instituições federais isoladas, que deu origem a uma rede federal de universidades públicas. Estes dois fatores — o crescimento da pós-graduação e da graduação — são vistos como fruto da Reforma Universitária de 1968, que "adotou o sistema norte-americano de pós-graduação, a organização das universidades em institutos e departamentos e o sistema de créditos" (SCHWARTZMAN *et al.*, 1995, p. 13). O sentido da diminuição dos recursos disponíveis para o setor de ciência e tecnologia pode ser medido pela comparação de três momentos históricos de alocação do fomento: 1979; 1984; e 1985. Os dados referentes a esta comparação estão reproduzidos na tabela abaixo. Os valores despendidos em 1979 foram ponderados como 100%. E os valores despendidos em 1984 e 1985 são percentagens comparativas em relação aos valores de 1979.

TABELA 1
Comparação do fomento de três fontes federais (1979-1985)

Ano	FNDCT	CNPq	CAPES	Total
1979	100	100	100	100
1984	18,3	62,5	67,8	35,1
1985	15,7	80,6	78,6	39,6

Fonte: Bielschowsky (1985) *apud* Guimarães (1995, p. 271).

É digno de nota que o período, além do incremento dos dispêndios para o setor de ciência e tecnologia, também trouxe alguns desconfortos políticos para os cientistas, pois:

> Se o regime militar, como conseqüência de sua própria natureza, coagiu a comunidade científica, também apoiou financeiramente a ciência e tecnologia como nunca antes no Brasil. (FERNANDES, 1990, p. 20)

Em síntese, a situação experimentada depois deste momento de tardia institucionalização traria abertura em processos decisórios e facilidades. Todavia, o ambiente institucional para o fomento passaria por grandes dificuldades, como será descrito a seguir.

2.3.4 O MCT e o momento da redemocratização

No fim da década de 1950 houve reiterados apelos dos cientistas para que fosse criado um Ministério específico para a área de ciência e tecnologia. A criação de um Ministério da Ciência e Tecnologia, que reunisse e garantisse os rumos para o setor científico e tecnológico, era uma reivindicação antiga dos cientistas brasileiros, a fim de que a relevância do tema fosse reconhecida e que fosse impresso um rumo político para o setor. Assim ocorria no governo do Presidente João Goulart (1962-1964):

> Como o governo Goulart pretendia reorganizar a administração federal e, assim, retirar da subordinação direta da Presidência da República vários órgãos, entre eles o CNPq, que passaria a integrar o Ministério da Educação — já tão tomado de tarefas essenciais à Nação —, propus e lutei com vários colegas e amigos Hairy Moussatché, Walter Oswaldo Cruz, Herman Lent, assim como Arthur Moses, presidente da Academia de Ciências, entre outros, para que o governo criasse o Ministério da Ciência e Tecnologia — proposta adotada em seguida pelo CNPq e pelo Ministro da Reforma Administrativa. (LOPES, 1998, p. 204-205)

Após o golpe de 1964, os cientistas pediram proteção contra os múltiplos inquéritos e perseguições políticas do período. No caso do Instituto Oswaldo Cruz (Manguinhos) a situação foi bem crítica:

> No início de 1965, os inquéritos estavam concluídos e os cientistas que tinham estado sob investigação não foram acusados de crime algum. Os cientistas de Manguinhos solicitaram serem recebidos pelo ministro da Saúde e falaram à imprensa para que fosse explicado o que acontecia

no Instituto [...]. Propuseram a criação de um ministério da ciência e tecnologia, como tinha sido solicitado por outros grupos. É mais fácil compreender a necessidade de um ministério da ciência e tecnologia se considera a posição de Manguinhos. O fato de o Instituto ser ligado ao Ministério da Saúde e não a entidades científicas ou educacionais deixava-o numa posição vulnerável. As demandas por um ministério técnico punham em relevo as características técnicas de Manguinhos e não desenvolviam suas características como um instituto de pesquisa e de formação de cientistas. [...] No final do governo Castelo Branco, em 1967, um decreto-lei de reforma administrativa incluiu a pasta de um Ministério Extraordinário da Ciência e Tecnologia, mas não foi implementado. (FERNANDES, 1990, p. 126-127)

A despeito dos investimentos e da relevância conferida ao setor pelos militares, o pleito por um ministério autônomo caiu no vazio durante os vinte anos em que estiveram no poder. Curiosamente, parece que a criação do ministério consistiria numa compensação pelo concomitante esvaziamento de recursos que ocorreria no início da Nova República. Foi o Presidente José Sarney quem afinal criaria o tão aguardado Ministério da Ciência e Tecnologia (MCT), sob a direção de ex-Deputado Federal Renato Archer. Este período, que vai até a Presidência de Fernando Collor de Mello, o primeiro Presidente eleito após a ditadura militar de 1964-1985 é descrito da seguinte forma por Marcelo Burgos:

E talvez por isso, em que pese à importância assumida pelo MCT, o governo da Nova República não vá realizar um esforço conseqüente no sentido de integrar a uma política industrial à política de C&T [ciência e tecnologia], apesar de estabelecer como estratégia a adoção de tecnologias de pontas que, segundo se imaginava, poderiam, por sua abrangência, impactar toda a estrutura produtiva do país. O que não deve ofuscar a importância conjuntural do papel desempenhado pelo MCT, especialmente, entre 1985 e 1988. (1999, p. 109)

É verdade que o então Presidente Fernando Collor de Mello extinguiu o MCT, transferindo suas atribuições para a Secretaria de Ciência e Tecnologia da Presidência da República. No entanto, pouco depois, o próprio Collor de Mello restabeleceria o ministério. Esse fato não trouxe, porém, definitiva estabilidade ao novo órgão do Poder Executivo, já que ele continuou em constante litígio com o CNPq, cujo papel de coordenação era ainda muito grande (BURGOS, 1999, p. 113-114). Mudanças institucionais sensíveis no setor de ciência e tecnologia só ocorreriam no segundo governo do Presidente Fernando Henrique Cardoso.

2.4 Burocracia estatal e a demanda por empreendedorismo na ciência

É razoável entender que a ampliação do setor tenha ocorrido paralelamente com o incremento da intervenção estatal direta na produção científica e tecnológica, cujo substrato pode ser localizado na doutrina desenvolvimentista. Uma das consequências desta intervenção na produção científica e tecnológica foi a formação de um grupo específico de pessoas habilitadas para trabalhar no setor: a "comunidade científica". Essa expressão designa menos um grupo social que partilha crenças de vanguarda sobre a ciência (formulação mertoniana) do que um agrupamento muito heterogêneo de servidores públicos. Veremos que tal distinção é relevante para entender as atuais disputas políticas dentro do setor de ciência e tecnologia.

O incremento dessa categoria profissional ocorreu paralelamente à formação das instituições científicas e tecnológicas. Tal formação fazia parte da realização dos anseios dos cientistas pela sedimentação de uma categoria de profissionais dedicados à ciência e tecnologia. Para que essa dedicação se materializasse, eram necessárias garantias mínimas de retorno material, a fim de que se pudesse viver de ciência e para ciência. Essa transferência de recursos, necessária ao fomento da pesquisa, foi feita direta ou indiretamente. Com o amadurecimento da produção, houve a tendência de diminuir o contato direto entre pesquisadores e agências e de se aumentar o contato indireto, endereçando o fomento para as instituições. A forma de incentivo material à produção e aos produtores é um dos elementos importantes para apreender o desenvolvimento do sistema. A conclusão é a de que, nos períodos em que há maior disponibilidade de recursos, a tendência é a de aumentar o fomento indireto aos produtores pela majoração do apoio institucional e às possibilidades de produção de *big science* em projetos mais amplos. Quando a quantidade de recursos míngua, a tendência é que aumente o fomento de contato direto com os pesquisadores.

A luta pelos recursos para a pesquisa foi muito árdua no começo da República. Contava muito para a conquista dessas verbas escassas a reputação individual dos pesquisadores, como as de Oswaldo Cruz, Carlos Chagas Filho (SCHWARTZMAN, 2001) e o grupo do CBPF, liderado por Leite Lopes, no caso do seu acelerador de partículas (ANDRADE, 1999), na década de 50. Nos momentos de maior fortalecimento institucional e aumento dos recursos, os contatos se tornam mais frequentes, como se deu na década de 70 e no início dos anos 80, com o FNDCT. As verbas do FNDCT superaram os recursos do

CNPq e da CAPES, tendo por característica o fato de ser atribuídas em fomentos institucionais. De meados dos anos 80 até o segundo governo de Fernando Henrique Cardoso, os fomentos institucionais tinham sido espantosamente reduzidos, mantendo-se apenas a política de bolsas das agências federais (CNPq e CAPES) e da FAPESP. Sob esse tipo de financiamento, o sistema de ciência e tecnologia alcançou a participação de 1% da produção mundial.

Por outro lado, se os anos 80 presenciaram uma mudança significativa na institucionalização da produção científica brasileira, os anos 90 receberam como herança um bem montado sistema científico e tecnológico. A maior característica deste sistema é o fato de ser ele estatal e burocrático, composto, como vimos, por uma categoria profissional de produtores diferentes dos administradores. A inflexão havida a partir de 1995, com o início dos governos do presidente Fernando Henrique Cardoso (1995-2002), deriva de uma nova orientação para toda a administração pública. A reforma administrativa gerencial de 1995 inseriu elementos de gestão da administração privada. A área de ciência e tecnologia oferece um campo fértil para este discurso, pois em seu seio se encontram grupos de cientistas bastante competentes para oferecer os seus serviços e realizar pesquisas do interesse do mercado. As tentativas de reforma, no âmbito do setor, foram inspiradas neste gênero de propostas oriundas da administração de empresas:

> A reforma é gerencial porque busca inspiração na administração das empresas privadas, e porque visa dar ao administrador público profissional condições efetivas de gerenciar com eficiência as agências públicas. (BRESSER-PEREIRA, 1998a, p. 17-18)

Sem dúvida, estamos assistindo no setor a um período de tensões decorrentes da junção de duas agendas. A primeira é a agenda da reforma administrativa de 1995, que postula que parte da administração pública, em especial os produtores de serviços sociais, deve adotar formas de gestão mais próximas do setor privado; a segunda é a preocupação do Ministério da Ciência e Tecnologia de que haja maior interação com o setor produtivo para que seja deslanchado, em definitivo, um processo de contínuo aperfeiçoamento do parque produtivo nacional. A necessidade de que esses objetivos sejam implantados rapidamente faz com que os produtores se sintam pressionados com a velocidade dos acontecimentos:

Tem uma coisa que é curiosa nesse processo. O MCT tem trabalhado com uma coisa de pressa para não sair do lugar. Todo mundo vive uma tensão. Você recebe as coisas na última hora. Tudo tem que ser feito para o dia seguinte. É sempre pego de surpresa. Só que você não sai do lugar. Então você gera entropia. Você gera muita desordem, muita tensão e não sai do lugar. Não consegue andar! (Entrevista, pesquisador, 10 set. 2001)

Outra consequência desse entrelaçamento de agendas é a de que, em reação aos novos objetivos e seus modelos, os produtores do setor rejeitem inicialmente a imposição dessas práticas como um verdadeiro atentado às suas concepções de ciência. Usualmente, essa concepção de ciência e de seu papel é baseada numa grande autonomia que os produtores acreditam que deve ser outorgada aos pesquisadores:

Você chegou a um esgotamento porque não era um modelo "de fora", mas era um modelo que você acha que é "muderno". O modelo da modernidade. No caso dos institutos de pesquisa do CNPq [hoje no MCT], o que nós vivemos foi o seguinte. Durante a gestão Tundisi [presidente do CNPq de 1995 até 1998], todos os institutos foram obrigados a realizar planejamento estratégico, que é uma técnica empresarial que surgiu, historicamente, com a reengenharia de firmas e empresas. E que, no fundo, é você fazer um estudo das ações de uma determinada empresa, ver qual o mercado disponível e ver qual a melhor orientação que você deve tomar ou se não é melhor fragmentar essa empresa em determinados núcleos e criar outras empresas e deixar as outras falirem ou vender. (Entrevista, pesquisador, 10 set. 2001)

As tensões, por vezes, parecem estar orientadas por uma dicotomia entre a produção de ciência básica e a produção de ciência aplicada. Seriam estes dois modos de produção da ciência incompatíveis? Na verdade, as tensões são causadas pela imposição de um modelo de gestão que busca o incremento da concorrência interna dos pesquisadores e das instituições, combinada com o aumento dos controles e da indução de prioridades por meio de avaliações e prêmios. A partir desse aumento de concorrência, tais tensões visariam produzir grupos de pesquisas mais fortes, com maior capacidade de empreendimento.

A palavra *empreendimento* nos recorda o uso da tecnologia que era feito pelo industrial de Adam Smith. Naquele modelo econômico clássico, o industrial era um portador de inovações técnicas aplicáveis para o seu próprio sucesso. O seu retorno econômico dependia do manejo de capacidades administrativas, mas também de sua dimensão inovadora. Uma primeira hipótese é a de que as referidas tensões decorrem da introdução, pela agenda de reformas, de propostas genéricas que pretendem regular a retribuição profissional através da capacidade de superação inovadora cotidiana. A categoria profissional dos produtores de ciência e tecnologia, operando dentro de um universo gerado pela administração burocrática, estaria visualizando uma aplicação veloz de propostas de reforma nas interações e práticas, que ela mesma não reconhece como típicas do seu segmento. Uma segunda hipótese é a de que a agenda de reformas está se impondo como muito veloz, complicando a absorção das propostas e alterações nos padrões de funcionamento das atividades de pesquisa científica, principalmente porque tais propostas possuem um conteúdo muito complexo, cuja eficácia é de difícil mensuração. Seria, então, muito importante que estas mudanças ocorressem de forma mais gradual e negociada, a fim de evitar riscos de uma excessiva responsabilidade futura por erros cometidos no presente.

A introdução de mudanças num padrão preestabelecido e consolidado pode resultar em tensões consideráveis no ambiente de pesquisa científica, quaisquer que sejam as hipóteses apresentadas para explicar esse fenômeno. A questão não está, portanto, na extirpação das disputas, e sim no encaminhamento de mecanismos de apaziguamento e solução. Estes temas serão desenvolvidos mais adiante, onde poderemos vê-los aplicados às trajetórias recentes das reformas. No próximo capítulo, veremos as propostas para o setor de ciência e tecnologia e, em seguida, as propostas específicas para as unidades de pesquisa do MCT.

CAPÍTULO 3

A CIÊNCIA E TECNOLOGIA DE 1995-2002

O presente capítulo pretende compreender e detalhar as propostas de reestruturação do setor de ciência e tecnologia no período de 1995 até 2002. É possível estabelecer algumas linhas de continuidade nestas propostas, já que, nesse ínterim, houve pouca rotatividade dos titulares das pastas e, consequentemente, certa estabilidade institucional no setor.[83] Nosso roteiro terá quatro partes. Na primeira, faremos um pequeno histórico da área de ciência e tecnologia nos dois governos do Presidente Fernando Henrique Cardoso (1995-2002). Depois, trataremos de dois eixos de alterações gerais na área. Veremos as alterações nos mecanismos de fomento e, após isso, as mudanças no modo de definição de prioridades e estratégias para o setor. Na última parte, faremos uma análise sobre essas mudanças e o seu impacto nas unidades de pesquisa do MCT. Esta análise servirá de base para a discussão, cujo objeto será tratado no próximo capítulo.

---

[83] A ideia de estabilidade e/ou instabilidade institucional pela comparação da rotatividade na titularidade dos Ministros nas diversas pastas é de Wanderley Guilherme dos Santos (1993). O objetivo destes conceitos é a formação de índices para identificar crises de governabilidade, que seriam períodos de incapacidade de resposta por parte dos governos.

3.1 Os dois governos do Presidente Fernando Henrique Cardoso e a ciência e tecnologia

Em primeiro de janeiro de 1995, Fernando Henrique Cardoso assumiu a Presidência da República, após ter sido, no posto de Ministro da Fazenda (1993-1994), o principal responsável pelo processo de estabilização econômica da gestão anterior. Esse não era, porém, o único dado de continuidade entre o governo que findava e aquele que se iniciava, já que José Israel Vargas continuaria no posto de Ministro da Ciência e Tecnologia. Era o único ministro do governo Itamar Franco reconduzido ao cargo.[84]

Entretanto, sua linha de atuação não foi de pura e simples continuidade. Além da promessa de continuar com os vários projetos em andamento, foram lançadas propostas para a reorganização das unidades de pesquisa e de ampliação das políticas no setor de ciência e tecnologia. Com efeito, essa área federal seria uma das que mais teria incentivos para a efetivação de mudanças, ainda que eles não fossem distribuídos de maneira homogênea no período dos dois governos. Assim, quando voltamos nosso olhar para aquele momento, vemos um curioso discurso que trata tanto de continuidade como de ruptura:

> Escolhemos terminar e apoiar atividades iniciadas. Eu não tinha a menor vocação para marcar minha gestão com um truque novo. Apoiamos projetos já iniciados por meus antecessores, que não pertenciam a nenhum Ministro em particular e que eram resultantes de [um] certo consenso na comunidade científica. Entre esses projetos estavam investimentos para a criação do Centro de Previsão do Tempo e Estudos Climáticos (CPTEC) no INPE, para a instalação da fábrica de máscaras de circuitos integrados da Fund. Centro Tecnológico para Informática. Há recursos garantidos para continuar a implantação do LNLS até agosto [...]. O mesmo acontece com o LNCC. (*Jornal da Ciência Hoje*, p. 6, 10 fev. 1995)

Dessa forma, ao mesmo tempo em que se apresenta um discurso sem novidades, são expostas as várias propostas para alterar o setor, muitas das quais vinham já do programa de campanha do candidato vencedor. Nesse viés, enfatizava-se a ruptura com o passado recente:

---

[84] Vale mencionar que quando há mudanças de governo, é usual que os titulares de órgãos públicos (fundações, autarquias, ministérios, etc.), subordinados funcionalmente, peçam exoneração dos cargos que ocupam. Se o novo agente político (Presidente, Governador ou Prefeito), que detém a competência de nomeá-los o fizer, eles poderão, então, ser reconduzidos.

No Brasil, a atuação governamental no estímulo ao desenvolvimento da C&T tem-se dado de forma irregular e incompatível com as necessidades e porte econômico do país [...]. Os grandes projetos de desenvolvimento tecnológico definidos nos anos 70 perderam atualidade. O sistema brasileiro de C&T não foi capaz de formular um novo projeto para o setor. (CARDOSO, 1994, p. 79-80)

É notável a permanência de José Israel Vargas à frente do MCT dura todo o primeiro mandato de Fernando Henrique. Depois, se dá a nomeação de Luiz Carlos Bresser-Pereira, que acumularia, por um curto período, os cargos de Ministro da Ciência e Tecnologia e de Presidente do CNPq. Durante a gestão Israel Vargas, o centro decisório preponderante de reestruturação do setor continuou no CNPq, o que significa que este havia consolidado um papel que o MCT ainda não lhe conseguira arrebatar. Só quando isso ocorreu, com o fortalecimento do Ministério, em 1999, é que puderam ser feitas alterações no próprio CNPq. Antes desta data, as alterações nas unidades de pesquisa do CNPq teriam que ser indiretas e mais negociadas.

Desde a reforma dos seus estatutos, em 1974, o centro decisório do sistema científico e tecnológico nacional havia sido o CNPq. O MCT havia percorrido um caminho tortuoso de institucionalização a partir de 1985, como mostramos no capítulo anterior. Quando houve o esvaziamento das verbas, na passagem da década de 80 para a de 90, o Ministério perdera a sua força de direcionamento. Portanto, para organizar as políticas do setor de ciência e tecnologia, o cargo de Presidente do CNPq era tão estratégico quando o cargo de Ministro da Ciência e Tecnologia (*Jornal da Ciência Hoje*, p. 1, 27 jan. 1995). É a partir desta perspectiva que pode ser compreendida a dupla ocupação de cargos ocorrida em 1999, por exemplo, como indica o quadro abaixo.

QUADRO 10
Titularidade do MCT e Presidência do CNPq (1995-2002)

Período presidencial		MCT	CNPq
1º mandato (1995-1998)		José Israel Vargas	José Galizia Tundisi
2º mandato	1999	Luiz Carlos Bresser-Pereira	
	1999-2001	Ronaldo Mota Sardenberg	Evando Mirra de P. e Silva
	2001-2002		Esper Cavalheiro

Fonte: Formulação própria.

Logo no início do primeiro mandato presidencial, em 1995, alguns analistas sugeriam uma ampla gama de modificações na agenda do setor. Podemos listar seis eixos de propostas, conforme Schwartzman et al. (1995, p. 3-8):

1. Políticas de incentivo à tecnologia e à ciência aplicada;
2. Políticas de incentivo à ciência básica e à educação;
3. Aumento da cooperação internacional;
4. Incremento na disseminação de informações e do conhecimento;
5. Reforma institucional; e
6. Ampliação de projetos dirigidos.

Destas, a maior das irresoluções herdada pelo setor era — e ainda é — a pouca interface efetiva entre o sistema produtivo nacional e a área de ciência e tecnologia (CARDOSO, 1994, p. 80-84), voltada para a inovação tecnológica. O problema da baixa capacidade de inovação tecnológica seria parte de um "desafio óbvio" para todo o setor de ciência e tecnologia do Brasil e, também, dos demais países periféricos, como afirmou o próprio Presidente Fernando Henrique, na solenidade de abertura da 6ª Conferência Geral da Academia de Ciências do Terceiro Mundo, no dia 08 de setembro de 1997, no Rio de Janeiro:

> Há um "desafio óbvio": é a mudança de patamar científico e tecnológico das nossas sociedades [do terceiro mundo]. Só assim seremos capazes de bem aproveitar as oportunidades geradas pela nova situação internacional e enfrentar os desafios que estão à nossa frente. (*Jornal da Ciência*, p. 7, 12 set. 1997)

Dentro desse "desafio óbvio", outros problemas correlatos também eram herdados, como a nossa pequena participação no PIB, comparando-nos com países do nosso nível econômico, bem como a grande desigualdade regional na produção científica e tecnológica, pela concentração da produção e das instituições mais qualificadas no eixo Sul-Sudeste. Esses três problemas, de corte mais transversal em relação aos seis eixos, foram de alguma forma atacados pelo governo. A questão-chave, que desenvolveremos na conclusão, é que estes problemas estão misturados numa problemática mais ampla em relação às universidades e, mais ainda, aos mecanismos e demais questões do Estado brasileiro. O que se poderá dizer é que, de 1995 a 2001, houve tentativas inconclusas de induzir mudanças no setor de ciência e tecnologia, sendo que o centro de proposição das alterações oscilou entre um MCT desarticulado, que vinha se estruturando, e um CNPq sem capacidade efetiva de intervenção. Somente quando o MCT se estabeleceu como o centro difusor das propostas de reorganização, em 2000, com um significativo aumento no aporte de recursos com os Fundos Setoriais, é que tivemos um programa de alterações potencialmente mais articulado de reformulação institucional.

Vimos que, em 1995, foi aprovada a LDB, com o incremento da discussão sobre autonomia universitária. Avaliação era uma das ideias-força dos discursos do novo Ministro da Educação e do Presidente do CNPq, José Galizia Tundisi.[85] Como decorrência, foi apresentada pelo Ministério da Educação, no ano seguinte, uma proposta efetiva de avaliação da educação superior, em nível de graduação, o Exame Nacional de Cursos, conhecido como "Provão". Entre seus primeiros defensores, estava o Presidente da SBPC, Sérgio Ferreira, traçando uma linha de importância entre as avaliações realizadas pela CAPES e a novidade do Instituto Nacional de Estudos e Pesquisas Educacionais (INEP).[86]

No mesmo ano, tentou-se rearticular o centro decisório das políticas de ciência e tecnologia para um novo local, através da reorganização do Conselho Nacional de Ciência e Tecnologia (CCT). No mesmo ano, foi elaborado mais um mecanismo de fomento, com a primeira seleção de projetos do Programa Nacional de Apoio a Núcleos de Excelência (PRONEX). O CCT permaneceu à margem dos debates, sem poder de alocação de verbas, até 2001, quando foi reconcebido. Já o PRONEX foi aprovado e implantado com listas de pesquisadores sendo divulgadas em diversos jornais de grande circulação. Ele foi intensamente criticado por centralizar recursos nas universidades públicas mais desenvolvidas e, assim, agravar as distorções regionais. Ele ainda foi visto com desconfiança pelos pesquisadores, pela falta de garantia futura sobre a regularidade dos repasses; suspeita que, depois, se confirmou embasada. Esses fatos serão mais bem analisados posteriormente.

---

[85] Aliás, sua ênfase no assunto foi tanta que, ao assumir Ronaldo Mota Sardenberg, em 1999, ele foi chamado para presidir uma comissão de avaliação das unidades de pesquisa do CNPq e do MCT que, por sinal, tinham sido reunidas no MCT neste ano, conforme ele havia proposto, em 1995.

[86] Um estudo sobre o Exame Nacional de Cursos, implantado pelo MEC/INEP foi realizado por Edson Nunes (2001). O MEC, por intermédio da CAPES, já tinha tradição, reconhecida pelos pesquisadores e professores universitários, na avaliação dos cursos de pós-graduação brasileiros.

O ano de 1997, no setor, foi marcado pela luta salarial das unidades de pesquisa do MCT, cuja consequência foi a aprovação de uma Gratificação de Desempenho, vinculada ao regime de dedicação exclusiva (DE) para os servidores enquadrados no Plano de Carreiras do setor de ciência e tecnologia (Lei nº 8.691, de 28.07.1993). No ano seguinte foi aprovada a Lei das Organizações Sociais (Lei nº 9.637/98), que suscitou uma série de manifestações. As universidades federais conseguiram ser excluídas do âmbito de incidência possível do novo modelo. Isto brecou boa parte do seu ímpeto de implantação. No mesmo ano, o presidente do CNPq apresentou propostas de profunda reorganização dos institutos de pesquisa daquele órgão.

O ano de 1999 foi de intensificação dos receios quanto ao modelo de Organizações Sociais. O novo Ministro de Ciência e Tecnologia e Presidente do CNPq era Luiz Carlos Bresser-Pereira,[87] que havia sido o Ministro de Administração e de Reforma do Estado (MARE) durante o primeiro mandato de Fernando Henrique (1995-1998). Ele era reconhecidamente o grande mentor dos projetos de reforma da administração pública. Tal fato, somado ao ímpeto reformador, existente no cerne do CNPq e do MCT, serviu para aumentar as preocupações daqueles que não concordavam com o modelo das Organizações Sociais. No seu discurso de posse, em quatro de janeiro de 1999, Bresser-Pereira, ofereceu perspectivas de mudanças:

> Será necessário montar a equipe e reorganizar o Ministério. O Ministro que nos deixa, o ilustre cientista e homem público que é Israel Vargas, realizou um extraordinário trabalho nestes últimos seis anos. Mas, como ele próprio me alertou, há muito por fazer. E nesse muito, o principal é ter um Ministério da Ciência e Tecnologia enxuto e integrado, em que seus órgãos não sejam o simples resultado de adições e incorporações que se realizam através dos anos, mas de um desenho institucional lógico e operacional, em que a formulação de políticas e sua execução estejam separadas, mas perfeitamente integrada. (*Jornal da Ciência*, p. 6, 29 jan. 1999)

---

[87] Nestas mudanças, deve ser lembrado que José Galizia Tundisi era o Presidente do CNPq e foi exonerado para que Bresser acumulasse as pastas. O ex-presidente do CNPq ficou numa posição desconfortável e foi, então, prestigiado com o cargo de assessor especial do Ministro. Entretanto, passado menos de um mês de sua nomeação, ele se exonerou com uma carta pública simpática e elogiosa ao Ministro, na qual listava as realizações de sua gestão no CNPq.

Depois de muitas polêmicas travadas entre Bresser-Pereira e a comunidade científica, o Ministro exonerou-se.[88] Em meados de 1999, o Embaixador Ronaldo Mota Sardenberg, que havia sido titular da Secretaria de Assuntos Estratégicos (SAE) da Presidência da República, assumiu o cargo de Ministro da Ciência e Tecnologia. Na referida Secretaria, o Embaixador já havia tratado de temas correlatos, já que a Comissão Nacional de Energia Nuclear (CNEN), suas empresas e as suas unidades de pesquisa dela faziam parte. A sua gestão marcou um momento peculiar em relação aos períodos anteriores. Nela existiram propostas de mudanças mais densas e lentas, que culminaram, dois anos depois, com a Conferência Nacional de Ciência, Tecnologia e Inovação. No caso das unidades de pesquisas do MCT, ela foi marcada pela confecção de um Relatório de Avaliação Institucional que se encaminhou para consequências mais efetivas.

Em 2000, também, começou o processo de criação dos Fundos Setoriais, que prometiam aumentar exponencialmente os recursos para o setor. Esse foi, aliás, um ano atípico porque o CNPq teve a interrupção de um contingenciamento de verbas que lhe possibilitou o fomento de mais 200 bolsas de produtividade e 500 bolsas de doutorado (*Jornal da Ciência*, p. 1, 25 ago. 2000; *Jornal da Ciência*, p. 4, 08 ago. 2000). Além da transferência das unidades de pesquisa para o MCT, foi criado no CNPq um mecanismo de seleção de Diretores de unidades, não por eleição dos pesquisadores, técnicos e demais servidores, e sim por escolha a partir de uma chamada pública de candidatos e posterior montagem de lista tríplice por notáveis. A decisão final ficava nas mãos do Ministro.

Em 2001, tivemos no âmbito do MCT a divulgação de mais uma avaliação das unidades de pesquisa do Ministério. Esta avaliação ficou conhecida como Relatório "Tundisi", em referência ao Presidente da Comissão, José Galizia Tundisi, nomeado para tal função em 1999. Houve ainda dois eventos de relevo: a realização da Conferência Nacional de Ciência, Tecnologia e Inovação, de 18 a 21 de setembro, e a criação do Centro de Gestão e Estudos Estratégicos (CGEE), como uma nova Organização Social. As avaliações e propostas diretas de

---

[88] Não foram declarados motivos especiais para a saída de Bresser-Pereira, um dos quais pode ser creditado às suas várias polêmicas com a comunidade científica. Mostra disso é o fato de que sua proposta de reformulação do CNPq não foi aprovada em definitivo, mesmo depois de sua saída. Entretanto, José Galizia Tundisi também possuía esta característica e não foi exonerado durante o primeiro governo. De acordo com uma declaração informal de um pesquisador, feita ao autor em 15 ago. 2001, que fez parte do Conselho Deliberativo (CD) do CNPq, "Bresser era muito 'independente' e tinha idéias demais. Logo, não se adaptou".

reformulação das unidades de pesquisa serão vistas de mais perto no próximo capítulo.

Passado este panorama geral, o objetivo específico do presente capítulo é o de explicar os mecanismos de alteração indireta do setor de ciência e tecnologia, que se encontra num momento de transição no seu modo de financiamento e fomento. O ponto posterior será a discussão acerca dos novos espaços para debate e deliberação no setor de ciência e tecnologia. Ao final, poderemos mostrar como eles têm influência na organização institucional das unidades de pesquisa do MCT.

3.2 Fomento à produção de ciência e tecnologia: PRONEX, PADCT e fundos setoriais

Inicialmente, é necessário frisar a distinção entre as formas de fomento à produção de ciência e tecnologia, que são os mecanismos de "edital" e modos de chamamento por meio de "balcão". O processo de fomento por meio do balcão é iniciado pelo demandante, que recorre às agências nos prazos e moldes específicos, com projetos e solicitações. Os recursos lhe são adjudicados de acordo com a disponibilidade do órgão fomentador, que se baseia na análise de seus documentos e projetos. Geralmente, a análise é feita por um consultor *ad hoc* ou por um comitê de área, formados, de acordo com as práticas internacionais, por outros pesquisadores (ou seja, por pares). Já no processo por edital, a iniciativa não é do pesquisador. É a agência, de acordo com seus interesses, que define as linhas ou áreas temáticas, merecedoras de fomento, sobre as quais os projetos deverão versar. A agência divulga sua intenção e lista os requisitos cujo preenchimento será feito pelos pesquisadores. Os últimos, então, elaboram os seus projetos e os submetem àquela agência para julgamento. Como se percebe, no caso do fomento por edital, a possibilidade de direcionamento pelas agências fica mais explícita, o que importa na redução de uma autonomia ampla para a pesquisa. Resta uma autonomia, todavia restringida por diretrizes definidas no sistema de fomento.

Um dos problemas herdados pelo setor de ciência e tecnologia era a ausência de uma política clara e garantida de recursos para a produção. Os investimentos na formação de recursos humanos, nas décadas de 80 e 90, não sofreram um corte tão profundo quanto o fomento de auxílios para execução de projetos de pesquisa. No período de 1998 até 2002, com uma manutenção relativa até o presente, existiram quatro modelos básicos de fomento para o estímulo mais amplo no setor federal. Destes quatro modelos, dois eram anteriores ao governo do Presidente Fernando Henrique Cardoso: o Fundo Nacional para o Desenvolvimento Científico e Tecnológico (FNDCT); e o Programa de Apoio ao Desenvolvimento Científico e Tecnológico (PADCT). O FNDCT estava desarticulado e estertorando, quando o novo governo assumiu. Ele praticamente desapareceu até ser resgatado em 2001. Já o PADCT (com dois editais I e II, nos anos de 1985 e 1991, respectivamente) estava ainda em operação durante o novo governo. Ele continuou a operar, tendo inclusive sido lançado um terceiro edital: PADCT-III. Além do ressurgido FNDCT, em nova versão, temos como novidades: o Programa Nacional de Apoio a Núcleos de Excelência (PRONEX); e os Fundos Setoriais. Entre essas modalidades de financiamento há uma linha de continuidade, sendo que a tendência é a de que o fomento por editais se torne cada vez mais dirigido para áreas definidas pelos órgãos de planejamento do setor.

Faremos um pequeno histórico destas linhas, iniciando com o FNDCT e o PADCT, tratando depois do PRONEX, bem como dos Fundos Setoriais. Ao fim, faremos uma análise deste tópico, examinando as correlações entre essas mudanças, com destaque às reformulações institucionais das unidades de pesquisa do MCT.

3.2.1 O FNDCT e o PADCT

O Fundo Nacional para o Desenvolvimento Científico e Tecnológico (FNDCT) e o Programa de Apoio ao Desenvolvimento Científico e Tecnológico (PADCT) devem ser analisados em conjunto. Apesar de eles serem relacionados com dois momentos históricos diferentes, o PADCT pode ser considerado como um substituto ao FNDCT original.[89]

O FNDCT era um fundo bastante amplo, reunindo recursos de variadas fontes, criado para atender aos fins do Plano Estratégico de Desenvolvimento de 1968. Ele não tinha delimitação de áreas e foi utilizado tanto para a consolidação da estrutura nacional de pós-graduação quanto pelo parque de produção tecnológica. Assim, ele movimentou uma ampla gama de recursos que caracterizou a década de 1970 como a "época de ouro" do fomento para a ciência e tecnologia.

---

[89] As informações sobre o FNDCT se devem aos estudos de Reinaldo Guimarães (1993; 1995), sem os quais não teria sido possível redigir esta seção.

Uma de suas características era o fato de constituir uma modalidade de estímulo institucional e não um meio de fomento direto ao pesquisador, o que serviu para auxiliar no fortalecimento das instituições.

Ao longo dos anos 80, porém, o Fundo apresentou um financiamento declinante. Embora o primeiro MCT, dirigido por Renato Archer no início da Nova República, lhe tenha propiciado uma sobrevida, esse curto renascimento não serviu para colocá-lo no patamar do passado. Em 1993 foi feito um estudo com vistas à sua reabilitação, da autoria do físico Moyses Nussenzveigt (UFRJ), que contribuiria para sua reformulação, cinco anos depois. O motivo pelo qual examinamos conjuntamente o FNDCT e o PADCT é a conclusão de Reinaldo Guimarães, no sentido de que o epílogo do FNDCT está ligado à migração dos recursos para outras fontes, em especial o PADCT:

> Outra dificuldade importante [para o renascimento do FNDCT, em meados da década de 80] estava relacionada com o fato de que, desde 1984, o FNDCT compartilhava o papel de programa de fomento institucional com o Programa de Apoio ao Desenvolvimento Científico e Tecnológico (PADCT), criado através de um contrato com o Banco Mundial e cujo montante previsto na contrapartida brasileira para sua primeira fase (1984-89) beirava os US$400 milhões. Embora o governo brasileiro tivesse assumido o compromisso formal com o Banco Mundial de não compensar a existência do programa como esvaziamento de programas já existentes, o certo é que coincide o aumento do peso financeiro do PADCT com as dificuldades de crescimento do FNDCT. Diferentemente do que pensam habitualmente seus usuários, os diversos programas de um setor são do ponto de vista financeiro, vasos comunicantes [...]. Como se trata de um jogo de soma zero, o aumento de recursos para um programa significa a diminuição para outros. (GUIMARÃES, 1995, p. 277)[90]

Já o PADCT foi criado em 1985 como um programa de renovação dos equipamentos do setor científico e tecnológico.[91] Foi um grande programa de financiamento, consolidado com a parceria do Banco

---

[90] Uma proposta de reestruturação do FNDCT foi feita e o Fundo foi recriado pela Lei nº 8.172, de 18 jan. 1991. Uma das questões interessantes ligadas ao FNDCT é que este Fundo esteve ancorado na FINEP. Com o decréscimo, a FINEP perdeu muito do seu espaço de direção do setor de ciência e tecnologia. Este espaço será recuperado não com a nova edição do FNDCT, mas com a gestão, pela FINEP, dos novos Fundos Setoriais.

[91] Lei nº 2.489/85. A sua segunda edição teve o seu embasamento normativo decorrente da Lei nº 3.269, de 15 fev. 1991.

Mundial (BID), extensivo para todas as rubricas de gastos de um amplo fomento (pessoal, bolsas, equipamentos, material de consumo). O seu diferencial consistia no financiamento de projetos de pesquisa mais longos e na definição das áreas financiáveis por órgãos federais de planejamento do setor.[92] As tradicionais fontes de financiamento estavam organizadas para receber projetos de somente a partir de um ano de pesquisa, comportando dois anos somente em casos excepcionais.[93] Sobre a história do PADCT, Reinaldo Guimarães indica que:

> No início dos anos 80 começou a ser negociado com o Banco Mundial um importante empréstimo para a área de C&T [ciência e tecnologia], cujo contrato foi assinado em 1983 — o PADCT. Apesar de ter-se materializado nos anos 80 e pretendido ser, segundo seus negociadores, a inauguração de uma nova era, acredito que foi uma manifestação tardia — a última — da política dos anos 70. A convicção sustenta-se na observação de que a iniciativa da FINEP em 1986 junto ao BID, com vistas à obtenção de um empréstimo de US$100 milhões (modesto, portanto), foi extremamente dificultosa e os recursos estão sendo liberados apenas nestes dias que correm [1992], seis anos após. (1995, p. 264, nota 10)

As cinco finalidades gerais do PADCT poderiam ser indicadas como: (a) busca da ampliação da quantidade e qualidade de pessoas com formação de pós-graduação; (b) o reforço das áreas prioritárias que haviam sido definidas no III Plano Básico de Desenvolvimento Científico e Tecnológico,[94] bem como complementadas pelo 1º Plano Nacional de Desenvolvimento da Nova República;[95] (c) fortalecimento da infraestrutura de pesquisa e de serviços essenciais ao desempenho das atividades de Ciência e Tecnologia; (d) apoio à construção de meios de interação entre a área acadêmica e o setor produtivo; e, por fim, (e) permitir a organização de diversas ações pontuais em variadas áreas, de modo a facilitar a coordenação e planejamento das políticas de Ciência e Tecnologia pelo MCT (BRASIL. MCT, 1996, p. 45).

---

[92] É relevante notar que existem alguns tipos de projetos de pesquisa que requerem um tempo de execução e trabalho mais dilatados e que, por isso, não poderiam ser atendidos, por exemplo, através das linhas do balcão do CNPq.

[93] Estudo indispensável sobre o PADCT é o Caspar Stemmer (1995). Somos absolutamente tributários deste artigo, nesta seção.

[94] Seriam elas: "Química e Engenharia Química; Geociências e Tecnologia Mineral; Biotecnologia; Tecnologia Industrial Básica; Instrumentação; Educação para a Ciência, Informação em Ciência e Tecnologia; Planejamento e Gestão de Ciência e Tecnologia; Manutenção, Provimento de Insumos Essenciais" (BRASIL. MCT, 1996, p. 45).

[95] Seriam as: "Ciências Ambientais e Novos Materiais" (BRASIL. MCT, 1996, p. 45).

O primeiro PADCT terminou em 1991 e o segundo, em 1996. No primeiro edital foram aplicados US$172 milhões, sendo US$100 milhões de recursos do tesouro e US$72 milhões por meio de um empréstimo do BID. No caso do segundo edital, foram aplicados US$290 milhões, compondo-se de US$150 milhões do tesouro nacional e US$140 milhões emprestados pelo BID (página do MCT, Disponível em: <http://www.mct.gov.br>. Acesso em: 15 mar. 2002).

Além dessas duas edições do PADCT, em 12 de março de 2001, foi aberto um primeiro edital para recebimento de projetos relativos a uma rodada especial do Programa (PADCT-III), que ficou conhecido como Projeto Institutos do Milênio (*Jornal da Ciência*, p. 4, 30 mar. 2001). Essa parte do Programa contemplaria o fomento de cerca de R$90 milhões, acrescidos de cerca de R$15 milhões para bolsas de fixação de pesquisadores (*Jornal da Ciência*, p. 3, 27 abr. 2001). O fomento teria a duração de três anos, com dois editais para idêntico número de grupos de instituições. A seleção seria efetuada em duas etapas (pré-seleção e seleção), sendo que o edital separava os institutos fomentados da seguinte forma:

> No grupo um estão os Institutos com excepcional nível científico e/ou tecnológico, que possam ter papel decisivo para elevar a novos patamares a competência nacional em suas áreas de atuação. Neste, serão financiados até 20 projetos. Entram no grupo dois os Institutos que atuem em áreas estratégicas, definidos segundo as prioridades do MCT. Com quase um terço da verba disponível, eles financiarão até 5 projetos. (*Jornal da Ciência*, p. 3, 27 abr. 2001)

Os recursos totais disponibilizados para os dois grupos do PADCT-III (nomeado de "Institutos do Milênio") seriam divididos da seguinte maneira. Para o grupo 1 — que atingira até 15 institutos de excelência, sem indução de temas — haveria a destinação de recursos básicos na ordem de R$60 milhões, sem a previsão de recursos adicionais. Para o Grupo 2 — formado por até 5 institutos estratégicos em redes temáticas (ou seja, com indução de áreas específicas) — seriam alocados, como recursos básicos, R$30 milhões; além da possível ampliação em até R$15 milhões adicionais (*Jornal da Ciência*, p. 3, 27 abr. 2001). Os temas do segundo grupo deveriam estar na área de Ciências do Mar, Amazônia e semiárido. O objetivo era formar um instituto que, em torno dessa área, unisse em redes temáticas de pesquisa diversos grupos e instituições.

A seleção começou com o primeiro grupo de projetos. A primeira etapa foi uma pré-qualificação: as primeiras propostas deveriam ser entregues até o dia 15 de maio de 2001 (*Jornal da Ciência*, p. 3, 27 abr. 2001).

Foram entregues 206 pré-propostas. Ao cabo da pré-qualificação, foram selecionados 57 projetos (*Jornal da Ciência*, p. 4, 22 jun. 2001). A previsão era de que 20 projetos seriam aprovados. Mas, no final, foram escolhidos apenas 15 projetos:

QUADRO 11
Projetos aprovados no 1º grupo dos Institutos do Milênio

Projeto	Instituição Principal
Instituto Avanço Global e Integrado da Matemática Brasileira	Instituto de Matemática Pura e Aplicada (IMPA)
Instituto Fábrica do Milênio	Universidade de São Paulo (USP), em São Carlos
Instituto Núcleo de Estudos Costeiros	Universidade Federal do Pará
Instituto do Milênio para a Evolução de Estrelas e Galáxias na Era dos Grandes Telescópios	Instituto Astronômico e Geofísico (IAG) da Universidade de São Paulo (USP)
Instituto Integração de Melhoramento Genético, Genoma Funcional e Comparativo de *Citrus*	Centro de Citricultura "Sylvio Moreira", Instituto Agronômico de Campinas (IAC)
Instituto Estratégias Integradas para Estudo e Controle da Tuberculose no Brasil: Novas Drogas e Vacinas, Testes Diagnósticos e Avaliação Clínico-Operacional	Faculdade de Medicina de Ribeirão Preto, Universidade de São Paulo (USP)
Instituto Mudanças de Uso de Solo na Amazônia: Climáticas e na Reciclagem de Carbono	Instituto de Física, Universidade de São Paulo (USP)
Instituto de Informação Quântica	Instituto de Física, Universidade Federal do Rio de Janeiro (UFRJ)
Instituto do Milênio de Materiais Complexos	Instituto de Química, Universidade de Campinas (Unicamp)
Instituto de Nanociências	Instituto de Física, Universidade Federal de Minas Gerais (UFMG)
Instituto Água: uma Visão Mineral	Departamento de Engenharia Metalúrgica e de Materiais, Universidade Federal de Minas Gerais (UFMG)
Instituto Multidisciplinar de Materiais Poliméricos	Instituto de Física de São Carlos, Universidade de São Paulo (USP)
Instituto de Investigação em Imunologia	Universidade de São Paulo (USP)
Instituto Bioengenharia Tecidual: Terapias Celulares para Doenças Crônico-Degenerativas	Centro de Pesquisas "Gonçalo Moniz", Fundação Instituto Oswaldo Cruz (Fiocruz)
Instituto Rede de Pesquisa em Sistema em *Chip*, Microssistemas e Nano eletrônica	Universidade de Campinas (Unicamp)

Fonte: Informações da página eletrônica do MCT (Disponível em: <http://www.mct.gov.br>. Acesso em: 15 mar. 2002).

A seleção do segundo grupo teve a mesma sistemática do primeiro, com a diferença de ser bastante induzido quanto aos temas de pesquisa. Conforme esperado, o número de proponentes foi bem menor. A pré-seleção aceitou propostas até o dia 01 de agosto de 2001.[96] Foram selecionadas apenas duas propostas: "Instituto do Milênio do Semi-Árido: Biodiversidade, Bioprospecção e Conservação de Recursos Naturais",[97] proposto pela Universidade Estadual de Feira de Santana (Bahia); e o "Instituto do Milênio de Oceanografia: Uso e Apropriação de Recursos Costeiros", apresentado pela Fundação Universidade do Rio Grande (Rio Grande do Sul) (MCT. Disponível em: <http://www.mct.gov.br>. Acesso em: 15 mar. 2002).

O orçamento dos projetos aprovados e o cronograma da execução dos recursos foram detalhados em novembro de 2001. Definiram-se, ainda, quem seriam os gestores das verbas, de modo a possibilitar a assinatura dos convênios pelos representantes das variadas instituições (*Jornal da Ciência*, p. 7, 23 nov. 2001).[98] No ponto seguinte, mencionaremos o desenvolvimento do PRONEX. Depois, trataremos dos Fundos Setoriais. Por fim, faremos algumas ponderações sobre as

---

[96] O processo de escolha dos projetos foi realizado por um Comitê Internacional de seleção presidido pelo ex-presidente do CNPq, José Galizia Tundisi (na condição de Presidente do Instituto Internacional de Ecologia, sediado em São Carlos/SP). O Comitê era composto, também, pelos seguintes membros: 1. Jorge Allende (Instituto de Ciências Biomédicas, *Faculdad de Medicina da Universidade de Chile*, Chile); 2. Henry Dumont (*Institut of Animal Ecology, Ghent University*, Bélgica); 3. David Ruelle (*Institut des Hautes Etudes Scientifiques Buressur-Yvette*, França); 4. Chintamani Nagaesa Ramachandra (*Rao Jawaharhal Nehru Centre for Advanced Scientific Research*, Índia); 5. Stefan Bogdan Salej (Federação das Indústrias do Estado de Minas Gerais); Werner Arber (*Division of Molecular Biology, Biozentum, University of Basel*, Suíça, prêmio Nobel de Química); 6. Maria Manuela Carneiro da Cunha (*Department of Antropology, University of Chicago*, Estados Unidos); 7. Cristovam Wanderley Picanço (Universidade Federal do Pará – UFPA); 8. Herman Chaimovich (Universidade de São Paulo – USP); 9. Simon Schwartzman (Instituto AIRBrasil – Pesquisa e Consultoria em Recursos Humanos e Políticas Públicas); 10. Ramayna Gazzinelli (Instituto de Física, Universidade Federal de Minas Gerais – UFMG).

[97] O Programa Institutos do Milênio, parte do PADCT-III, foi objeto de críticas por parte de várias sociedades científicas, reunidas na sede da SBPC em 13 de março de 2001: "As Sociedades científicas, associadas à SBPC avaliaram que, no caso do Brasil, a adoção do programa não faz sentido, pois o país já dispõe de pelo menos 206 grupos com padrão internacional amparados pelo Programa de Apoio a Núcleos de Excelência (PRONEX). O mais produtivo seria corrigir as falhas do PRONEX, entre elas a não fixação de recursos humanos em instituições de pesquisas no país" (*Jornal da Ciência*, p. 5, 30 mar. 2001).

[98] O Programa Institutos do Milênio possui algumas diferenças em relação ao Programa Nacional de Apoio a Núcleos de Excelência (PRONEX). A maior é seu foco na construção de redes temáticas de pesquisa, no grupo dois. Para que não fosse uma ação completamente induzida, o MCT julgou por bem definir estes dois grupos na adjudicação dos projetos. Compreender este mecanismo nos auxilia na função de expor um pouco das transformações que estão operadas no fomento federal.

consequências indiretas destas mudanças nas unidades de pesquisa do MCT.

3.2.2 O Programa Nacional de Apoio a Núcleos de Excelência (PRONEX)

Em 1994 começou a ser discutido o projeto dos Laboratórios Associados, que tinha por fim a montagem de um sistema novo de financiamento por meio de edital. Logo no início do primeiro governo de Fernando Henrique houve um sinal de apoio da Presidência da República para esta ideia que, bastante reformulada, foi posta em prática no final daquele ano de 1995, com um nome diverso: o Programa Nacional de Núcleos de Excelência (PRONEX).[99]

O PRONEX operou na forma de chamadas gerais, por editais, através de projetos de pesquisa interinstitucionais. Foram quatro editais sucessivos a partir de 1995. Os projetos contemplavam todos os campos do conhecimento. Os valores executados pelo PRONEX foram declinantes ao longo do período, como será visualizado nas próximas páginas. Este fato, somado ao atraso no repasse de recursos, foi decisivo para o seu descrédito junto aos cientistas. Aliás, a celeuma sobre este programa antecedeu seu efetivo funcionamento. Ela datava desde os estudos preliminares para sua implantação, sobretudo no que diz respeito ao modo de seleção dos projetos. O Ministério preferia que os objetos de pesquisa fossem pré-estabelecidos (indução), ao passo que o grupo de trabalho preferia o fomento de "núcleos formados com base em grupos e projetos julgados pelos próprios méritos". A SBPC cerrava, assim, posição em defesa da abertura temática:

---

[99] O Programa Nacional de Apoio a Núcleos de Excelência nasceu do projeto dos Laboratórios Associados. Em outubro de 1995 foi formada uma comissão com membros do MCT e representantes da Sociedade Brasileira para o Progresso da Ciência (SBPC) e da Academia Brasileira de Ciências (ABC) para estudar a sua viabilidade e implantação (*Jornal da Ciência Hoje*, p. 1, 20 out. 1995). O relatório tinha previsão de entrega para o dia 20 de dezembro de 1995 (*Jornal da Ciência Hoje*, p. 3, 1º dez. 1995). Acabou sendo entregue ao Ministro, em 1996, no dia 10 de janeiro. Foi examinado pelo Conselho Deliberativo do CNPq em 18 de janeiro e previa o dispêndio de cerca de R$70 milhões (*Jornal da Ciência Hoje*, p. 1, 26 jan. 1996). O Presidente Fernando Henrique Cardoso prometeu ampliar tal valor para cerca de R$100 milhões e o Congresso Nacional somente aprovou, no orçamento, R$58 milhões (*Jornal da Ciência Hoje*, p. 1, 19 abr. 1996). O relatório do grupo de trabalho foi publicado integralmente, pela SBPC (*Jornal da Ciência Hoje*, p. 7, 09 fev. 1996). Entretanto, os critérios de concessão e o edital do Programa somente seriam definidos por Decreto presidencial em 10 de abril de 1996 (*Jornal da Ciência Hoje*, p. 6-7, 03 maio 1996).

Há quem presuma que, no encontro com o Presidente [Fernando Henrique Cardoso], o Ministro tenha conseguido convencê-lo de seu ponto de vista [pré-definição temática], tanto que trouxe o documento de volta para reexame pelo MCT [...]. Dois elementos estranhos, caso viessem a ser introduzidos, descaracterizariam inteiramente o programa [...]. 1) A definição, por quem quer que seja, de "áreas prioritárias", de caráter exclusivo, para o encaminhamento de projetos. 2) O estabelecimento de um mecanismo de editais, reproduzindo com o PADCT. A seleção com base em pareceres de especialistas nacionais e/ou estrangeiros, conforme recomendado no relatório do Grupo de Trabalho, é processo competitivo tradicionalmente adotado em países desenvolvidos. (*Jornal da Ciência Hoje*, p. 1, 08 mar. 1996)

Em parte por conta dessas divergências, o PRONEX amargou um longo período de carência para sua implantação. Ele veio a funcionar apenas no ano de 1997, depois tanto da alteração do projeto inicial (*Jornal da Ciência Hoje*, p. 7, 05 abr. 1996) quanto da nomeação dos 10 membros titulares e quatro suplentes da Comissão de Coordenação do PRONEX,[100] em abril de 1996. Além da não restrição do PRONEX às áreas temáticas previamente definidas, a área científico-tecnológica reivindicava que suas verbas representassem um aumento dos dispêndios globais no setor, tendo a Comissão de Coordenação questionado o Ministro José Israel Vargas nesse sentido. O objetivo era frisar que o PRONEX deveria constituir uma nova modalidade de financiamento, não se alterando, para tanto, o repasse de recursos das outras. O Ministro respondeu enfaticamente:

Face às ainda persistentes e renovadas preocupações com esse tema [o financiamento do PRONEX], o pres. Fernando Henrique Cardoso reafirma, por meu intermédio, o que disse reiteradas vezes: os recursos para o PRONEX estão assegurados e não onerarão os demais instrumentos de fomento à C&T [ciência e tecnologia]. (*Jornal da Ciência Hoje*, p. 1, 09 ago. 1996)

---

[100] A Comissão de Coordenação do PRONEX foi formada por: "1. Lindolpho de Carvalho Dias, Secretário-Executivo do MCT e Presidente da Comissão; 2. José Galizia Tundisi, Presidente do CNPq; 3. Abílio Baeta Neves, Presidente da CAPES; 4. Lourival Mônaco, Presidente da FINEP; 5. José Fernando Perez, representante do MCT; 6. Adalberto Vasquez, representante do MEC; 7. Hersch Moysés Nussenveigt (UFRJ), representante titular da área de ciências exatas e da terra; 8. Alcides N. Sial, suplente de Moysés; 9. Antonio C. Marques Paiva (USP), representante titular da área de ciências da vida; 10. João Lúcio de Azevedo (USP/ESALQ), suplente; 11. Gilberto Velho (Museu Nacional/UFRJ), representante titular da área de ciências humanas e sociais; 12. Leôncio Martins Rodrigues Neto (USP), suplente; 13. Evando Mirra [de] Paula e Silva (UFMG), representante titular da área tecnológica; 14. Renato Carlson (UFSC), suplente" (*Jornal da Ciência Hoje*, p. 1, 31 maio 1996).

A possibilidade de concentração de recursos em poucos grupos e do caráter excessivamente competitivo do nome atribuído ao Programa também foi objeto de descontentamento. O Ministro negou a concentração, pois "claramente evidencia-se que a dotação para o PRONEX é de dinheiro novo, adicional às linhas convencionais de fomento" (*Jornal da Ciência Hoje*, p. 1, 20 set. 1996). Já a competição, não somente não era negada, como estimulada, prometendo "algumas emoções para a última semana deste ano" (*Jornal da Ciência Hoje*, p. 1, 20 set. 1996).

Naquela primeira rodada foram apresentados 449 projetos. Destes, 191 foram qualificados para seleção posterior, dos quais foram selecionados 77. A contratação dos projetos, por meio da FINEP, teria que ser efetivada até 20 de dezembro de 1996.

Após uma reavaliação feita em janeiro de 1997 pelos membros da Comissão de Coordenação do PRONEX, foi lançado um segundo edital, dois meses depois. Suas propostas deveriam ser postadas até maio. Entrementes, haveria reuniões para o esclarecimento de dúvidas dos pesquisadores.[101] Nesta segunda rodada do PRONEX foram entregues 371 projetos para seleção, após a qual restaram 183, sendo 85 selecionados (*Jornal da Ciência*, p. 1, 10 out. 1997). No período da segunda edição do PRONEX, ocorreu um debate interessante, envolvendo os pesquisadores do Instituto de Física da Universidade de Campinas (Unicamp) e a PUC do Rio de Janeiro, de um lado, e, de outro, o pesquisador do Instituto de Física da Universidade Federal do Rio de Janeiro (UFRJ), Moyses Nussenzveigt. O debate se iniciou com um artigo (*Jornal da Ciência*, p. 6, 21 fev. 1997) assinado por Carlos Ourivio Escobar (Instituto de Física da Unicamp), Alberto Santoro (LAFEX-CBPF) e Ronald Shellard (LAFEX-CBPF e PUC-Rio), no qual afirmavam que:

> Integramos o grande número de cientistas decepcionados por não terem tido seus projetos aprovados na rodada do PRONEX 96. Refletíamos sobre os misteriosos critérios usados por sua Comissão de Coordenação e, em particular, para avaliar os projetos de física, quando nossas piores fantasias foram ultrapassadas pelos termos do parecer que nos foi enviado. [...] Uma avaliação científica tem que entrar no mérito científico e na avaliação da capacidade dos proponentes realizarem o projeto. Em momento algum, o autor do parecer entra no mérito científico destes dois projetos. O autor ou é incompetente ou tem grande má-fé. Um parecer desta natureza é falta de respeito com os cientistas que participam no

---

[101] Na primeira delas, em sete de maio de 1997, só compareceram dois pesquisadores, sendo um deles vice-presidente da própria Academia Brasileira de Ciências, em cuja sede a reunião deveria ter lugar (*Jornal da Ciência*, p. 12, 16 maio 1997).

projeto e evidencia parte dos problemas com os mecanismos de avaliação usados no Brasil [...]. A divulgação dos resultados do PRONEX nos deixou a sensação de falta de isenção na avaliação. O parecer que nos foi devolvido não melhorou em nada esta sensação. (OURIVIO; SANTORO; SHELLARD, p. 6, 21 fev. 1997)

A réplica do Professor Moyses Nussenzveigt, representante titular da área das Ciências Exatas e da Terra da Comissão de Coordenação do PRONEX, veio um mês depois (*Jornal da Ciência*, p. 6, 21 mar. 1997). Nela, o pesquisador explicou que as dificuldades técnicas de digitação dos manuscritos pela secretaria da FINEP e o tempo escasso ocasionaram alguns pequenos equívocos formais, sendo que o parecer recebido pelos autores foi uma síntese de um parecer mais denso, feito por uma especialista internacional cujo nome não foi revelado pela formalidade do sistema de avaliação.

Naturalmente, mesmo que os pareceres tivessem sido muito favoráveis, isto de forma alguma garantiria a aprovação do projeto, pois ele estava competindo com quase duas centenas de outros projetos, com os quais tinha que ser comparado. Da mesma forma, não ter sido aprovado não é nenhum demérito: projetos excelentes, de grupos de referência no país em suas áreas, não puderam ser financiados dentro dos recursos limitados disponíveis no 1º Edital, o que a Comissão de Coordenação lamenta profundamente. Além do que, nenhum julgamento é infalível. (*Jornal da Ciência*, p. 6, 21 mar. 1997)

Os autores dos questionamentos redigiram ainda uma tréplica a Nussenzveigt, na edição subsequente do *Jornal da Ciência*, na qual relatavam insatisfação com os esclarecimentos (*Jornal da Ciência*, p. 6, 04 abr. 1997). A opinião deles era de que o segundo parecer, do especialista internacional, não havia sido até então revelado.

Será que a Comissão de Coordenação do PRONEX não percebeu a importância do processo que iniciou? Ungir este ou aquele grupo com o título de excelente requer um processo muito mais cuidadoso do que o adotado nesta primeira fase. (p. 6, 04 abr. 1997)

A rudeza do debate esconde uma das mais pertinentes críticas aos processos em curso no setor de ciência e tecnologia, atinente à junção de elementos não científicos ou técnicos nos procedimentos de disputa entre os pesquisadores. A partir do momento em que o PRONEX foi colocado como uma premiação e um título de qualificação de um grupo de pesquisadores, com valor em todas as áreas do conhecimento, as disputas acirraram-se duramente, como veremos ao fim desta seção.

Na terceira rodada do PRONEX foram aprovados 46 projetos, totalizando uma projeção de dispêndios da ordem de mais de R$32 milhões (*Jornal da Ciência*, p. 5, 23 out. 1998). Havia sido escolhida uma nova Comissão de Coordenação para a tarefa, inclusive. Os dados sobre a execução das três edições do PRONEX são os seguintes: no PRONEX-1 (1997) foram apresentados 449 projetos e aprovados 77; no PRONEX-2 (1998) houve 317 em disputa, com 85 efetivados; e, no PRONEX-3 (1999) foram implantados 46 projetos (formulação própria, com várias edições do *Jornal da Ciência*, 1995-2000). É visível o afunilamento dos projetos ao longo do período. O epílogo em relação ao PRONEX pode ser dado pela opinião externada de um grupo de pesquisadores da Unicamp, coordenadores de núcleos financiados, face aos cortes nos orçamentos do MCT e do CNPq, a pretexto da crise econômica da Rússia:

> A concepção de Núcleos de Excelência baseou-se em planejamento de pesquisa e formação de pessoal científico em longo prazo, envolvendo também investimentos significativos para a criação de uma infra-estrutura condizente com os resultados científicos almejados. No momento, os núcleos enfrentam dificuldades em seus trabalhos, devido ao atraso na liberação dos recursos do programa, assim como incerteza e falta de informação a respeito de sua continuidade. (*Jornal da Ciência*, p. 4, 04 dez. 1998)

Ao longo do período, o PRONEX teve uma queda acentuada nos dispêndios anuais. Na passagem do primeiro para o segundo ano, os valores se estabilizaram em cerca de R$20 milhões por ano.

TABELA 2
Orçamento para o PRONEX (1995-2002)

Ano	Submetido (MCT)	Aprovado pelo Congresso Nacional ou executado
1996	Não disponível	R$19.888.000,00
1997	R$35.642.000,00	R$35.521.000,00
1998	R$39.280.000,00	Não disponível
1999	R$21.696.000,00	Não disponível
2000	R$21.972.000,00	R$21.717.420,00
2001	R$18.657.757,00	R$17.919.247,00
2002	R$15.859.093,00	Não disponível

Nota: Sem correção de valores.
Fonte: Formulação própria a partir de várias edições do *Jornal da Ciência* (1996-2002).

Esse decréscimo não se deveu tanto às previsões orçamentárias, mas aos atrasos e contingenciamentos dos recursos aprovados. Este problema não melhorou muito em 1999 e só teve retorno a uma situação razoável no meio de 2000, como mencionou a vice-presidente do CNPq, Alice Abreu:

> O CNPq já enviou todos os convênios com documentação completa às instituições convenentes para assinatura. Setenta e nove convênios foram devolvidos e assinados pelo CNPq e estão em fase de publicação no *Diário Oficial*, devendo ter seus recursos liberados nos próximos meses. A primeira parcela de 2000 envolve recursos da ordem de R$8,5 milhões, já disponíveis para liberação; o saldo de 1999 foi repassado à FINEP, que deve iniciar os pagamentos esta semana. (*Jornal da Ciência*, p. 1, 06 out. 2000)

Somados os seus três editais, o programa PRONEX apoiou um total de 206 núcleos de pesquisa, até o ano de 2002. Em 2001, a execução do final do PRONEX ficou a cargo do CNPq, tendo sido também nomeada mais uma nova Comissão de Coordenação (Portaria Ministerial nº 6, de 12 jan. 2001).[102] Não houve, posteriormente, previsão para a abertura de novos editais do Programa.

3.2.3 Os Fundos Setoriais

A questão dos Fundos Setoriais se mescla com o papel da FINEP no âmbito do setor da ciência e tecnologia. Com o declínio do FNDCT e a inconstância nos repasses do PRONEX, a FINEP vinha perdendo prestígio. Nem a recriação do FNDCT, nem a terceira rodada do PADCT, renomeada de "Institutos do Milênio" (que teve atrasos), pareciam justificar a sua existência. A mudança ocorreu com a política dos Fundos

---

[102] Os novos membros seriam: Carlos Américo Pacheco (Secretário-Executivo do MCT, Presidente); Evando Mirra de Paula e Silva (Presidente do CNPq); Abílio Afonso Baeta Neves (Presidente da CAPES); Mauro Marcondes Rodrigues (Presidente da FINEP); Lúcia Carvalho Pinto de Melo (representante do MCT); Adalberto Vasquez (representante do MEC); Carlos Alberto Aragão de Carvalho Filho (UFRJ, representante da área de Ciências Exatas e da Terra); Imre Simon (suplente da área de Ciências Exatas e da Terra); Jorge Elias Kalil Filho (INCOR, representante da área de Ciências da Vida); Carlos Eugênio Daudt (UFSM, suplente da área de Ciências da Vida); Carlos Alberto Vogt (Unicamp, representante da área de Ciências Humanas e Sociais); Danilo Marcondes de Souza Filho (PUC-Rio, suplente da área de Ciências Humanas e Sociais); Fernando Luiz Bastian (UFRJ, representante da área tecnológica); Valdemar Cardoso da Rocha Júnior (UFPE, suplente da área tecnológica).

Setoriais, que recolocou o FNDCT no centro do fomento federal ou, no dizer do Presidente, na cerimônia de assinatura dos projetos de lei sobre os fundos: "Isso [os Fundos] vai dar, também, força ao FNDCT, que vai passar a se beneficiar disso" (*Jornal da Ciência*, p. 10, 14 abr. 2000). Os Fundos haviam iniciado suas operações por meio da experiência do CT-Petro, que é o Fundo Setorial da área de petróleo e gás natural. Este Fundo havia sido previsto na Lei da Agência Nacional do Petróleo (Lei nº 9.478/97), entrando em vigor com a sua regulamentação, em novembro de 1998 (Decreto nº 2.851/98, alterado pelo Decreto nº 3.318/99). O principal objetivo dos fundos foi o de criar uma arrecadação de *royalties* e direcioná-la para estudos e projetos nas respectivas áreas. Assim, o setor petrolífero, no caso do CT-Petro, contribuiria com *royalties*, mas também poderia se beneficiar da produção científica e tecnológica a ser estimulada. De acordo com os dados do MCT, foram aplicados R$37 milhões (1999) e R$118 milhões (2000), somente pelo Fundo Setorial do Petróleo e Gás Natural.[103] Os fundos aprovados ao longo dos anos de 2000 e 2001 estão organizados no quadro abaixo.

QUADRO 12
Fundos Setoriais (1997-2001)

(Continua)

Fundos	Instrumentos Legais	Origem dos Recursos
Fundo Setorial do Petróleo e Gás Natural (CT-Petro)	Lei nº 9.478/97, regulamentada pelo Decreto nº 2.851, de 30 nov. 1998, alterado pelo Decreto nº 3.318, de 30 dez. 1999.	Art. 1º. Da parcela do valor dos royalties que exceder a cinco por cento da produção, devidos pelos concessionários de exploração e produção de petróleo e gás natural, nos termos das alíneas "d", inciso I, e "f", inciso II, e dos §§1º e 2º do art. 49 da Lei nº 9.478, de 06 ago. 1997, caberão ao Ministério da Ciência e Tecnologia vinte e cinco por cento, para financiar programas de amparo à pesquisa científica e tecnológico da indústria do petróleo, de interesse das empresas do setor, na forma estabelecida neste Decreto.

---

[103] No Plano Plurianual (PPA) de 2000, a previsão de recursos futuros, no âmbito do FNDCT, segundo Reinaldo Guimarães, era de que "para os quatro anos [do PPA, o FNDCT] está orçado em cerca de R$1 bilhão. Desses, no entanto, R$670 milhões são recursos originários na Agência Nacional do Petróleo (ANP) para pesquisa relacionada a este setor" (09 jun. 2000, p. 4). Ou seja, mais de 60% do Fundo já estava comprometido com indução.

QUADRO 12
Fundos Setoriais (1997-2001)

(Continua)

Fundos	Instrumentos Legais	Origem dos Recursos
Fundo Setorial de Energia (CT-Energ)	Lei nº 9.991, de 24 jul. 2000, regulamentada pelo Decreto nº 3.867, de 16 jul. 2001.	Empresas concessionárias de geração, transmissão e distribuição de energia elétrica, num percentual variável de 0,75% a 1% da receita operacional líquida.
Fundo Setorial de Transportes Terrestres (CT-Transpo)	Lei nº 9.992, de 24 jul. 2000.	10% da receita arrecadada pelo Departamento Nacional de Estradas de Rodagem (DNER) em contratos firmados com operadoras de telefonia, empresas de comunicações e similares, que utilizem a infraestrutura de serviços de transporte terrestre da União.
Fundo Setorial Mineral (CT-Mineral)	Lei nº 9.993, de 24 jul. 2000, regulamentada pelo Decreto nº 3.866, de 16 jul. 2001.	2% da Compensação Financeira do Setor Mineral (CFEM) devida pelas empresas detentoras de direitos minerários.
Fundo Setorial de Recursos Hídricos (CT-Hidro)	Lei nº 9.993, de 24 jul. 2002, regulamentada pelo Decreto nº 3.874, de 19 jul. 2001.	4% da compensação financeira atualmente recolhida pelas empresas geradoras de energia elétrica (equivalente a 6% do valor da produção de geração de energia elétrica).
Fundo Setorial Espacial (CT-Espacial)	Lei nº 9.994, de 24 jul. 2000, regulamentada pelo Decreto nº 3.915, de 12 set. 2001.	Parcela da receita auferida com o lançamento comercial de satélites e foguetes de sondagem, utilização de posições orbitais, comercialização dos meios de rastreamento de foguetes e concessão de licenças e autorizações pela Agência Espacial Brasileira.
Fundo Setorial para o Desenvolvimento Tecnológico das Telecomunicações (FUNTELL)	Lei nº 10.058, de 24 dez. 2000.	Contribuição sobre a receita bruta a ser paga pelas empresas concessionárias, que se somará aos recursos oriundos do Fundo de Fiscalização das Telecomunicações (Fistel).
Fundo Verde Amarelo (CT-Verde e Amarelo, Universidade-Empresa)	Lei nº 10.168, de 29 dez. 2000 e Lei nº 10.332, de 19 dez. 2001, regulamentadas pelo Decreto nº 4.195, de 11 abr. 2002.	Contribuição de intervenção no domínio econômico sobre empresas detentoras de licença de uso ou adquirentes de conhecimento tecnológicos do exterior. As regiões Norte, Nordeste e Centro-Oeste deverão receber, no mínimo, 30% dos recursos arrecadados.

QUADRO 12
Fundos Setoriais (1997-2001)

(Conclusão)

Fundos	Instrumentos Legais	Origem dos Recursos
Fundo Setorial para Tecnologia da Informação (CT-Info)	Lei n° 10.176, de 11 jan. 2001 e Decreto n° 3.800, de 20 abr. 2001.	As empresas de desenvolvimento ou produção de bens e serviços de informática e automação deverão investir, anualmente, em atividades de pesquisa e desenvolvimento em tecnologia da informação a serem realizadas no País, no mínimo cinco por cento de seu faturamento, conforme projeto elaborado pelas próprias empresas.[104]
Fundo Setorial de Infraestrutura (CT-Infra)	Lei n° 10.197, de 14 fev. 2001, regulamentada pelo Decreto n° 3.807, de 26 abr. 2001.	Formado com 20% de todos os recursos destinados aos outros fundos.
Fundo Setorial de Saúde (CT-Saúde)	Lei n° 10.332, de 19 dez. 2001, regulamentada pelo Decreto n° 4.143, de 25 fev. 2002.	17,5% da arrecadação da Contribuição de Intervenção no Domínio Econômico, instituída pela Lei n° 10.168, 29 dez. 2000, com a redação dada pela Lei n° 10.332, de 19 dez. 2001.
Fundo Setorial Aeronáutico (CT-Aeronáutico)	Lei n° 10.332, de 19 dez. 2001, regulamentada pelo Decreto n° 4.179, de 02 abr. 2002.	7,5% da arrecadação da Contribuição de Intervenção no Domínio Econômico, instituída pela Lei n° 10.168, de 29 dez. 2000, com a redação da Lei n° 10.332, de 19 dez. 2001.
Fundo Setorial de Agronegócios (CT-Agronegócio)	Lei n° 10.332, de 19 dez. 2001, regulamentada pelo Decreto n° 4.157, de 12 mar. 2002.	17,5% da arrecadação da Contribuição de Intervenção no Domínio Econômico, instituída pela Lei n° 10.168, de 29 dez. 2000 com a redação da Lei n° 10.332, de 19 dez. 2001.
Fundo Setorial de Biotecnologia (CT-Biotecnologia)	Lei n° 10.332, de 19 dez. 2001, regulamentada pelo Decreto n° 4.154, de 07 mar. 2002.	7,5% da arrecadação da Contribuição de Intervenção no Domínio Econômico, instituída pela Lei n° 10.168, de 29 dez. 2000, com a redação da Lei n° 10.332, de 19 dez. 2001.

Fonte: Formulação própria a partir da página eletrônica do MCT (Disponível em: <http://www.mct.gov.br>. Acesso em: 15 mar. 2002) e várias edições do *Jornal da Ciência* (2001).

---

[104] Dos 5% acima especificados, as empresas deverão depositar trimestralmente 0,5%, sob a forma de recursos financeiros, no Fundo Nacional de Desenvolvimento Científico e Tecnológico (FNDCT), criado pelo Decreto-Lei n° 719, de 31 jul. 1969, restabelecido pela Lei n° 8.172, de 18 jan. 1991.

Todos os Fundos Setoriais trabalham com uma perspectiva de fomento induzido para determinado foco. Isso significa que, mesmo no caso dos Fundos, que não têm área temática, há um foco para fomento, seja nas universidades ou nas unidades de pesquisa e inovação tecnológica. O Fundo de Petróleo (CT-Petro) tem por objetivo incrementar a pesquisa e o desenvolvimento tecnológico voltados para atividades correlatas ao mercado de petróleo e gás natural, ocorrendo o mesmo com outras áreas que tenham agências reguladoras e Fundos Setoriais. Nas palavras do então Presidente Fernando Henrique Cardoso:

> É um modelo parecido que estamos propondo para a Agência Nacional de Águas [ANA]; para a ANEEL [Agência Nacional de Energia Elétrica]; para a questão da energia elétrica; a mesma coisa no que diz respeito à Agência Nacional de Transportes [Terrestres (ANTT)]; a mesma coisa na Agência Aérea. A mesma coisa, [nós] faremos no que diz respeito às agências de saúde. E assim por diante. (*Jornal da Ciência*, p. 9, 14 abr. 2000)

Os dois Fundos Setoriais com uma dinâmica diferente seriam o Fundo Setorial de Infraestrutura (CT-Infra) e o Fundo Verde e Amarelo (CT-Verde-Amarelo, Universidade Empresa). O primeiro foi criado para fomentar as universidades e unidades de pesquisas federais. Já o segundo visou à disponibilização de recursos para integrar os produtores de CT&I com as empresas brasileiras e, assim, induzir à inovação tecnológica:

> Há agora essa inovação que chamei de Fundo Verde e Amarelo, que é o fato que pedimos que o Congresso nos autorizasse a cobrar um diferencial de imposto nos *royalties* que são remetidos ao exterior e que é fruto de utilização aqui, de patentes, enfim, de um conjunto de atividades em *software*, etc., que estarão pagando *royalties*. E é natural que uma parte desse recurso fique aqui para financiar a ciência e a tecnologia do país. Essa inovação [...] nos parece muito importante porque é feita em outros países e é uma resposta que o Brasil precisa dar à sua necessidade de pesquisa e ao fato de que os que fizeram pesquisa estão se beneficiando, dado o investimento, e estão remetendo *royalties*. Não custa nada que passem uma parcela desses recursos para o fomento, para as atividades de pesquisa, de ciência e tecnologia. (*Jornal da Ciência*, p. 10, 14 abr. 2000)

Sobre o funcionamento do outro fundo peculiar, o Fundo Setorial de Infraestrutura (CT-Infra), o então Presidente declarou:

Muito freqüentemente, o sistema de apoio à pesquisa e à tecnologia desconhece que uma parte importante disso é feito nas universidades. E as universidades estão aí penando para ter recursos para pagar a luz, a água, o custeio. E a infra-estrutura básica está esgotada, está cansada [...]. Então, o Ministro da Ciência e Tecnologia e os demais Ministros concordaram em que 20% dos recursos poderão ser utilizados como um fundo, que vai para as universidades federais. É um fundo específico para o sistema do Ministério da Educação utilizar na recomposição das universidades federais, para que possam servir de base para esse conjunto de atividades de pesquisa. *(Jornal da Ciência, p. 10, 14 abr. 2000)*

A aprovação legislativa de doze dos quatorze Fundos Setoriais deveria ocorrer, segundo o planejamento, ao longo de 2000. O MCT já incluía, por exemplo, na proposta de orçamento de 2001, as previsões de dotações para eles *(Jornal da Ciência, p. 1, 11 ago. 2000)*. Afinal, logo no início daquele ano, o *Jornal da Ciência* noticiava que:

Na reunião com os Ministros da C&T [Ronaldo Sardenberg] e da Educação [Paulo Renato Souza], em 14 de janeiro, o Presidente FHC encomendou um plano detalhado sobre os aspectos financeiros e de gestão dos novos Fundos Setoriais (petróleo, telecomunicações, energia e etc.), de onde, espera-se, virão novos recursos para educação e C&T. *(Jornal da Ciência, p. 1, 28 jan. 2000)*

A meta para os Fundos Setoriais, anunciada desde o início, era de que a quantidade de recursos mobilizada por eles chegasse a mais de R$1 bilhão. Quando da remessa dos projetos de Lei dos vários fundos, o então Presidente Fernando Henrique Cardoso defendeu a nova política:

Estamos dizendo: haverá [recursos] e haverá de forma estável. Esses recursos virão sem afetar o tesouro. Portanto não haverá — onde está o Ministro [do Planejamento, Orçamento e Gestão] Martus [Tavares]? — contingenciamentos porque são recursos que vamos criar sob a forma de fundos. E esses fundos serão supridos, como já são, no caso do petróleo, na Agência Nacional do Petróleo e no Fundo do Petróleo, através dos recursos gerados pela iniciativa privada. *(Jornal da Ciência, p. 9-10, 14 abr. 2000)*

Além do Fundo Setorial do Petróleo e Gás Natural, já aprovado, foram aprovados cinco fundos pelo Congresso Nacional. Eram os Fundos Setoriais da Energia Elétrica (CT-Energ), dos Transportes Terrestres (CT-Transpo), dos Recursos Hídricos (CT-Hidro), dos Recursos Minerais (CT-Mineral) e do Setor Espacial (CT-Espacial) *(Jornal da Ciência*, p. 1, 07 jul. 2000) — todos convertidos em lei. Os Fundos Setoriais de Infraestrutura, Verde e Amarelo (Universidade-Empresa) e das Telecomunicações teriam que esperar um pouco mais (*Jornal da Ciência*, p. 1, 06 out. 2000).

Havia propostas, também, de reuniões mais amplas para discutir a regulamentação dos Fundos em setembro e, desta maneira, avançar em relação aos mecanismos do pioneiro, o CT-Petro (*Jornal da Ciência*, p. 1, 25 ago. 2000). Em razão da pressão sobre o Fundo de Infraestrutura, este teve a regulamentação do seu comitê gestor aprovada por portaria conjunta do Ministério da Ciência e Tecnologia e da Educação em 24 de agosto de 2000 (*Jornal da Ciência*, p. 5, 08 set. 2000). Naquele mês, uma comitiva de professores de várias universidades federais foi à Comissão de Ciência e Tecnologia, Comunicação e Informática da Câmara dos Deputados para pedir, em audiência pública, a iniciativa do Legislativo para um Fundo Setorial específico para os agronegócios. O Presidente da Comissão aceitou a proposta e prometeu encaminhá-la (*Jornal da Ciência*, p. 5, 08 set. 2000). De fato, a proposta tramitou e este Fundo foi aprovado, no ano de 2001. As críticas foram, desde o início, uma constante. Quando das primeiras discussões sobre os Fundos Setoriais, o então Presidente da SBPC, Sérgio Ferreira, entendia que:

> A idéia dos Fundos Setoriais é boa, mas o problema básico é se na hora que o dinheiro chegar (como aconteceu com IPMF [Imposto Provisório de Movimentação Financeira]) o Malan passa a mão nele para garantir a banca da jogatina especulativa das Bolsas e as corrupções bancárias. (FERREIRA, p. 5, 28 jan. 2000)

Já em meio ao processo de aprovação legislativa, Reinaldo Guimarães suscitou duas dúvidas acerca da futura execução dos recursos dos Fundos Setoriais. Ele tinha dúvida sobre a capacidade da Financiadora de Estudos e Projetos (FINEP) conseguir realmente financiar a modernização de empresas ou se ela iria apenas "financiar capital de giro de empresas sem qualquer base tecnológica em dificuldades financeiras". Ou, pior, a segunda dúvida seria — dada a internacionalização do parque industrial, se iria "o governo financiar pesquisa tecnológica no exterior" (GUIMARÃES, p. 6, 28 abr. 2000). As duas preocupações procediam. Em relação à primeira dúvida, existe a questão primordial da confusão entre o financiamento e o fomento. O financiamento é um modo de emprestar, em condições especiais, recursos para o desenvolvimento de empresas. Neste caso, espera-se retorno aos cofres do dinheiro de quem empresta. No caso do fomento, não há necessidade do retorno dos recursos porque não se trata de uma operação financeira: é realizado a "fundo perdido".[105] No entender da então Diretoria da FINEP, a antiga gestão havia confundido os dois mecanismos e acabou produzindo uma inadimplência histórica.[106] A segunda dúvida do autor deve ser entendida no contexto da ampla desnacionalização dos setores produtivos brasileiros, em decorrência da qual os recursos arrecadados pelos Fundos Setoriais poderiam se perder dentro da contabilidade dos conglomerados internacionais, financiando os centros de pesquisa e desenvolvimento situados em outros países. A questão então seria:

> De uma ironia sem par. Porque boa parte desses recursos das agências reguladoras advirá da apropriação do imposto de renda sobre a remessa de lucros de empresas privatizadas. Ora, colocar este dinheiro em pesquisa tecnológica nas matrizes (dessas ou de outras empresas) será inaugurar, sem os embuços existentes hoje em dia, a renúncia fiscal para financiar pesquisa tecnológica no exterior (e para o exterior). (GUIMARÃES, p. 6, 28 abr. 2000)

O modelo de condução dos Fundos Setoriais também sofre duas ordens de críticas. A primeira delas concerne ao número de comitês, que seriam tão variados quanto à quantidade de Fundos Setoriais.[107]

---

[105] As atividades de P&D (pesquisa e desenvolvimento) nas empresas devem ser parte do rol de funções empresariais: se realizadas com a combinação de virtude (pessoas competentes) e fortuna (acertos nas pesquisas e produtos), chegam-se às patentes e, se bem transferidas à produção e ao mercado, aos lucros, permitindo o pagamento dos empréstimos feitos. Já as atividades de produção de C&T (ciência e tecnologia) também têm, por certo, um componente de risco, mas essas atividades se diferenciam das atividades de P&D porque seus resultados são públicos e utilizáveis, posteriormente, por toda e qualquer pessoa, natural ou jurídica. Assim, acabam sendo suportados, em todos os países, em grande parte, pelos fundos públicos. A primeira das preocupações de Reinaldo Guimarães é com esta confusão. Se as empresas mascararem atividades de P&D, por vários expedientes como realização de estudos de qualidade ou repassando custos de absorção e adaptação de pacotes tecnológicos estrangeiros, e não gerarem as receitas para retornar os empréstimos, tem-se um efeito perverso de se criar uma importante linha de crédito e não se estar financiando o que se deveria.

[106] O Presidente da FINEP, Mauro Marcondes, foi entrevistado pelo *Jornal da Ciência* falando sobre a inadimplência da empresa pública (dobrou de 10% para 20% dos financiamentos): "Houve grande diversificação na concessão de financiamentos nos anos 90 e acabamos perdendo um pouco do foco" (*Jornal da Ciência*, p. 8, 09 jun. 2000). No jornal se mencionava, ainda, que: "A principal causa de inadimplência foi a febre dos projetos de qualidade total, além dos projetos de modernização e gestão. Até supermercado levou recursos da FINEP" (*Id.*, p. 8).

[107] Ele propôs que os Fundos Setoriais fossem geridos por um Comitê Gestor, principal e unificado, localizado no âmbito do FNDCT. Podemos ver, no QUADRO 13, que realmente existe, ao menos em potência, a dispersão de comitês assinalada pelo analista.

A segunda versava sobre a ausência de mecanismos de consulta às entidades representativas dos pesquisadores para escolha dos representantes e sobre o peso excessivo daqueles pertencentes ao governo. Os representantes da "comunidade científica" seriam escolhidos pelo Executivo sem que houvesse a confecção de listas tríplices ou de qualquer outro sistema (FREIRE-MAIA, p. 6, 12 maio 2000; BARATA, p. 7, 12 maio 2000). Podemos ver a composição dos Fundos no quadro abaixo:

QUADRO 13
Fundos Setoriais (1997-2001), comitês gestores

(Continua)

Fundos	Forma de Composição dos Comitês
Fundo Setorial de Infraestrutura (CT-Infra)	01 (um) representante do MCT (Presidente); 02 (dois) do Ministério da Educação; 01 (um) do CNPq; 01 (um) da FINEP; 01 (um) da CAPES; e 02 (dois) da comunidade científica.
Fundo Setorial de Energia (CT-Energ)	03 (três) representantes do MCT (sendo um da administração central, um do CNPq e o outro da FINEP); 01 (um) do Ministério de Minas e Energia; 01 (um) da Agência Nacional de Energia Elétrica; 02 (dois) da comunidade científica; e 02 (dois) do setor produtivo.
Fundo Setorial de Recursos Hídricos (CT-Hidro)	01 (um) representante do MCT (Presidente); 01 (um) do Ministério do Meio Ambiente; 01 (um) do Ministério de Minas e Energia; 01 (um) da agência federal reguladora dos recursos hídricos; 01 (um) da FINEP; 01 (um) do CNPq; 01 (um) da comunidade científica; e 01 (um) do setor produtivo.
Fundo Setorial de Transportes Terrestres (CT-Transpo)	01 (um) representante do MCT (Presidente); 01 (um) do Ministério dos Transportes; 01 (um) da agência federal reguladora de transporte; 01 (um) da FINEP; 01 (um) do CNPq; 02 (dois) da comunidade científica; e 02 (dois) do setor produtivo.
Fundo Setorial Mineral (CT-Mineral)	01 (um) representante do MCT (Presidente); 01 (um) do Ministério de Minas e Energia; 01 (um) do órgão federal regulador dos recursos minerais; 01 (um) da FINEP; 01 (um) do CNPq; 01 (um) da comunidade científica; e 01 (um) do setor produtivo.
Fundo Verde Amarelo (CT-Verde e Amarelo, Universidade-Empresa)	01 (um) representante do MCT (Presidente); 01 (um) do Ministério do Desenvolvimento, Indústria e Comércio Exterior; 01 (um) da FINEP; 01 (um) do BNDES; 01 (um) do Serviço Brasileiro de Apoio à Pequena e Média Empresa (SEBRAE); 02 (dois) do setor industrial; e 02 (dois) do segmento acadêmico-científico.

QUADRO 13
Fundos Setoriais (1997-2001), comitês gestores
(Conclusão)

Fundo Setorial Espacial (CT-Espacial)	01 (um) representante do MCT (Presidente); 01 (um) do Ministério da Defesa; 01 (um) do Ministério das Comunicações; 01 (um) da Agência Espacial Brasileira; 01 (um) da Empresa Brasileira de Infraestrutura Aeroportuária; 01 (um) do CNPq; 01 (um) da Agência Nacional de Telecomunicações; 01 (um) da comunidade científica; e 01 (um) do setor produtivo.
Fundo Setorial para o Desenvolvimento Tecnológico das Telecomunicações (FUNTELL)	01 (um) representante do Ministério das Comunicações; 01 (um) do MCT; 01 (um) do Ministério do Desenvolvimento, Indústria e Comércio Exterior; 01 (um) da Agência Nacional de Telecomunicações; 01 (um) do BNDES; e 01 (um) da FINEP.
Fundo Setorial para Tecnologia da Informação (CT-Info)	01 (um) representante do MCT (Secretário-Executivo); 01 (um) do Ministério do Desenvolvimento, Indústria e Comércio Exterior; 01 (um) do Ministério das Comunicações; 01 (um) do CNPq; 01 (um) do BNDES; 01 (um) da FINEP; 02 (dois) do setor empresarial; e 02 (dois) da comunidade científica.
Fundo Setorial de Saúde (CT-Saúde)	01 (um) representante do MCT (Presidente); 01 (um) do Ministério da Saúde; 01 (um) da Agência Nacional de Vigilância Sanitária; 01 (um) da Fundação Nacional de Saúde; 01 (um) da FINEP; 01 (um) do CNPq; 02 (dois) do segmento acadêmico-científico; e 02 (dois) do setor industrial.
Fundo Setorial Aeronáutico (CT-Aeronáutico)	01 (um) representante do MCT (Presidente); 01 (um) do Ministério da Defesa; 01 (um) do Comando da Aeronáutica; 01 (um) da FINEP; 01 (um) do CNPq; 02 (dois) do segmento acadêmico-científico; e 02 (dois) do setor industrial.
Fundo Setorial de Agronegócio (CT-Agronegócio)	01 (um) representante do MCT (Presidente); 01 (um) do Ministério da Agricultura, Pecuária e do Abastecimento; 01 (um) do Ministério do Desenvolvimento, Indústria e Comércio Exterior; 01 (um) da FINEP; 01 (um) do CNPq; 02 (dois) do segmento acadêmico-científico; e 02 (dois) do setor industrial.
Fundo Setorial de Biotecnologia (CT-Biotecnologia)	01 (um) representante do MCT (Presidente); 01 (um) do Ministério da Agricultura, Pecuária e do Abastecimento; 01 (um) do Ministério da Saúde; 01 (um) da FINEP; 01 (um) do CNPq; 02 (dois) do segmento acadêmico-científico; e 02 (dois) do setor industrial.

Fonte: Formulação própria a partir da página eletrônica do MCT (Disponível em: <http://www.mct.gov.br>. Acesso em: 15 mar. 2002) e várias edições do *Jornal da Ciência* (2001).

As duas críticas, amalgamadas, foram glosadas pelo próprio Moyses Nussenzveigt, quando da solenidade de posse de novos membros da Academia Brasileira de Ciências (ABC):

> A nova forma proposta para imunização contra cortes e contingenciamentos é representada pelos Fundos Setoriais. E Executivo e o Legislativo merecem os aplausos que vem recebendo da comunidade científica por essa importante iniciativa [...]. Já se mencionou a escassa representação da comunidade científica na composição dos comitês gestores. É essencial corrigi-la pela criação do Conselho Deliberativo do FNDCT, a quem deveria caber a supervisão desses programas, inclusive para compensar flutuações na distribuição temporal, que poderão favorecer em excesso determinados setores, em prejuízo de outros não menos importantes. (*Jornal da Ciência*, p. 8, 23 jun. 2000)

A questão central colocada pelos Fundos Setoriais foi a instituição de uma nova forma de gerir e adjudicar fomento para a ciência e tecnologia brasileira. Embora as consequências dessa transição não estivessem claras no momento de seu estabelecimento, é possível indicar algumas correlações daquela época com o movimento geral de reorganização do setor. Este será o próximo ponto.

3.2.4 O financiamento por edital e as unidades de pesquisa do MCT

A primeira das correlações entre os vários tipos de mecanismos de financiamento da produção científica e tecnológica é entre eles mesmos. Tomemos, por exemplo, o PRONEX e o PADCT.[108] Os Fundos Setoriais e o PADCT têm como característica principal o fato de serem mecanismos nos quais predomina a indução. Já o FNDCT e o PRONEX eram mecanismos de fomento em que a intenção de estabelecer privilégios para as áreas de tecnologia era pequena. Um gráfico exprimiria essas relações da seguinte maneira:

---

[108] O PADCT tinha como característica um perfil mais induzido do que o foi o PRONEX, e visava a fomentar as áreas de desenvolvimento científico e tecnológico determinadas pelo III PBCT. Com a escassez de recursos no setor, cientistas com intenções de trabalhar com pesquisa fundamental tiveram que improvisar para se adequar ao novo modelo de financiamento estabelecido pelo PADCT. Ele levou um pesquisador, Ângelo Machado, a comentar o drama de "fazer pesquisa pura no bicho aplicado" (GUIMARÃES, p. 6, 28 abr. 2000).

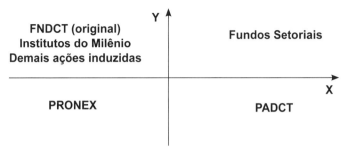

X: Característica de predominância de projetos tecnológicos.
Y: Característica de indução ou de priorização de temas.

FIGURA 3 – Ênfase em projetos tecnológicos e a indução nos vários tipos de Editais
Fonte: Formulação própria.

Dois pontos devem ser sublinhados. O primeiro é o retorno aos aportes financeiros por meio de edital, que se achavam reduzidos, juntamente com as verbas dos auxílios obtidos por meio do sistema de balcão. O segundo, contido no PRONEX, era a introdução, com mais ênfase, da premiação na obtenção dos recursos. Esse aspecto teve continuidade na agenda do Ministério da Ciência e Tecnologia (embora de modo complementar, já que se mesclou com outras perspectivas e instrumentos, como a avaliação institucional e individual das instituições e pesquisadores).

Segundo uma das frases marcantes da gestão de Bresser-Pereira no comando do MCT, "a oferta de pesquisa no Brasil é maior do que a demanda". O que o ministro provavelmente queria dizer é que o setor produtivo demanda muito pouca pesquisa e desenvolvimento tecnológico aos produtores. Entretanto, a frase soou como um sinal de diminuição de verbas ou, no jargão econômico, "adequação da oferta à demanda". A impropriedade dessa assertiva é comprovada pelos dados de 2000, que dão exemplo da superação de pedidos de verbas ao CNPq em dois editais: um deles, de caráter induzido; o outro, sem indução. No Edital CT-Petro, de oferta do CNPq, houve cerca de 500 projetos (com uma demanda de R$26 milhões) submetidos para disputar uma gama de R$10 milhões. No edital do tesouro, com oferta do CNPq de R$15 milhões, houve uma disputa de 7.250 projetos, com uma demanda de R$260 milhões (GUIMARÃES, p. 7, 09 jun. 2000, adaptado).

A primeira constatação de Reinaldo Guimarães é clara: levando-se os dois editais em conta, é fácil ver que a indução contempla, proporcionalmente, a menor parte da demanda geral dos solicitantes:

"apenas 6,5% da demanda total (500/2.750) dirigiu-se ao edital dos recursos da ANP" (09 jun. 2000, p. 7). De acordo com o sentido das análises, que indicam a intenção do aumento na indução dos recursos para ciência e tecnologia, há o perigo de que a reação dos solicitantes seja a de se adequar ao ambiente e, pior, de serem as instituições obrigadas a se modificar de maneira radical. Isso poderia levar à desorganização do sistema de fomento, como um efeito perverso da tentativa de torná-lo mais racional:

> Nenhuma das unidades de pesquisa, historicamente, teve tradição empresarial ou de produção técnica ou inovação tecnológica. Eram institutos de pesquisa no sentido tradicional: produzem *papers*, de forma pessoal, e massa crítica para formação de outros grupos e etc. Nenhum deles desenvolveu técnicas para aplicação direta de tecnologia. O CBPF não tem competência para ingressar num trabalho de solos para a Petrobrás, em petróleo, ainda que tenha equipamentos de que a Petrobrás venha a precisar. Então, na hora que você tira os institutos e os converte nesse modelo, o elemento humano nele não se encaixa. Nesse caso, a saída é simples: reduz-se o quadro. No CBPF foi proposto pelo Relatório de Avaliação de 2001, reduzir-se o quadro para 12 pesquisadores, quando na verdade, a demanda é de aumento de quadro. Mas você conclui o contrário. Reduz-se o quadro e se vive de fundos setoriais. As pessoas não gostam do modelo: você tem que ter um fundamento e desenvolver... Uma vez aplicado, ele leva a uma contradição: o CBPF vai viver, agora, de Fundo Setorial, como o Museu de Astronomia vive com Fundo Setorial da Eletrobrás, da Petrobrás? Só se transformar o Museu de Astronomia num faz-de-conta, em mais um nariz de cera. Faz-se assim uma grande salada mista e finge-se que aquilo irá contribuir. Mas não irá. Então é uma mentira que tem uma duração de dois anos, três anos. Até você fechar o ciclo. Quando você chegar lá adiante, você vai dizer: "espera aí, eu estou sustentando isso, mas o que a Petrobrás ganhou? Nada!". Aí ela vai se questionar sobre a aplicação de Fundos Setoriais. [...]. Dos Fundos Setoriais, tirou o Fundo dos Fundos. Aí, dos Fundo dos Fundos e sei lá de onde, vem o Fundo Verde Amarelo. E você dá nomes... Isso é um marketing... O nome mesmo diz: Fundo Verde Amarelo que é uma coisa meio patriotada. Ou, o Fundo dos Fundos. Então se tem a sensação de que, na verdade, trata-se do fundo do poço [...]. Há um discurso muito demagógico aí. (Entrevista, pesquisador, 10 out. 2001)

O que merece ser destacado dessa declaração é que alguns pesquisadores viam uma dicotomia entre a pesquisa básica, origem e base de algumas unidades, e a pesquisa aplicada. Esses pesquisadores temiam que o aumento dos mecanismos de edital com caráter de indução importasse no abandono sistemático da responsabilidade de fomentar a pesquisa básica. A existência dessa tensão é confirmada por outro pesquisador. Em relação à sua unidade, ele traduz o sentimento de um processo de perda de autonomia de sua instituição, em prol das mudanças propostas pelo Ministério, com a definição de objetivos da instituição:

> A idéia que eles [o MCT] tinham era enxugar a instituição, retirando um número de pessoas e reorganizando mudanças para setores estratégicos. Que quer dizer isso? Quer dizer "vamos pegar uma área que não seja de interesse estratégico para o Estado, sendo que quem vai decidir o que é estratégico são os amigos do rei". Você não pode botar as pessoas dessa área para fora, ou alocá-las em situações desagradáveis porque ainda há o Regime Jurídico Único. Mas pode, tranqüilamente, fazer certas mudanças. (Entrevista, pesquisador, 23 out. 2001)

Outro exemplo dessa tensão foi depreendido da audiência pública da qual participamos, em 15 de agosto de 2001, na Comissão de Ciência e Tecnologia, Comunicação e Informática da Câmara dos Deputados. Nessa reunião, os dois pesquisadores convidados, Alberto Passos Guimarães (CBPF) e Rubem Aldrovandi (UNESP), se preocuparam em defender o fomento para a pesquisa básica:

> É muito positivo que o Ministério da Ciência e Tecnologia, afinal, tente estabelecer uma estratégia. A comunidade científica brasileira sempre se queixou da ausência de estratégias [...]. É muito difícil dizer, *a priori*, o que é estratégico. Vou citar um exemplo: a internet nasceu de um negócio que não parece nada estratégico, ou seja, Física de Alta Energia, Física Nuclear. A necessidade de tratamento de grande quantidade de dados criou a primeira versão da internet. Hoje é difícil imaginar algo que prometa mudar o mundo mais do que ela. Pesquisa fundamental é sempre estratégica. O Centro Brasileiro de Pesquisas Físicas é uma entidade que sempre se dedicou à pesquisa fundamental. No entanto desovou duas instituições, digamos assim: o Laboratório Nacional de Cálculo Científico [o correto é Computação Científica] e o Laboratório Nacional de Luz Síncrotron, muito mais voltados para as teorias aplicadas, mas que dificilmente poderiam ser criados se não fossem as instituições dedicadas à pesquisa fundamental. (BRASIL. Câmara dos Deputados, p. 19, 15 out. 2001)

O que se pode perceber é a significativa reação às tentativas de estabelecimento de controles sobre as agendas de pesquisa, em função das definições realizadas pelos administradores do setor e seus técnicos. Isso nos leva a crer que, com mais mecanismos indiretos de indução, seria mais fácil direcionar as atividades das unidades de pesquisa do MCT.[109] No próximo tópico, trabalharemos com a descrição e a análise das modificações em curso no âmbito dos mecanismos de planejamento e deliberação do setor.

3.3 Planejamento e espaços decisórios

Já mostramos que o MCT teve uma trajetória de institucionalização hesitante. Apesar das instabilidades crônicas do setor, o CNPq conseguiu manter-se razoavelmente estruturado, talvez pelo fato de que seu colegiado principal, o Conselho Deliberativo (CD), era herdeiro do Conselho Científico e Tecnológico (CCT), órgão central do planejamento da ciência e tecnologia nacional. A tentativa de estruturar um espaço alternativo ao CD do CNPq, redirecionando o planejamento e redefinindo os espaços decisórios, está expressa na reorganização do Conselho Nacional de Ciência e Tecnologia, em 1996: ele não se consolidaria antes de 1999 e, isoladamente, não conseguiria tornar-se um local determinante da ciência e tecnologia nacional.

Como se vê, as mudanças de redefinição das concepções de planejamento para o setor de ciência e tecnologia nacional estão relacionadas a outros espaços decisórios. Um deles é a Comissão de Ciência e Tecnologia, Comunicação e Informática da Câmara dos Deputados. O Legislativo vem assumindo maior atuação na maioria das questões relevantes para a área, como a votação e discussão dos Fundos Setoriais e a organização das instituições do setor. Um indício definitivo do reconhecimento de sua importância foi a iniciativa da Sociedade Brasileira para o Progresso da Ciência (SBPC) de alocar uma associada como interlocutora junto ao Congresso Nacional (*Jornal da Ciência*, p. 1, 25 maio 2001),[110] institucionalizando-se, assim, no sistema de lobistas qualificados. Outro derivou da criação, em 2001, do Centro de Gestão e Estudos Estratégicos, vinculado ao MCT, organização social que tem como fim exclusivo trabalhar com perspectivas prospectivas e de análise do setor de ciência e tecnologia. Ele vem atuando como órgão auxiliar na definição das alocações de verbas dos Fundos Setoriais.[111]

---

[109] A questão do aumento dos controles indiretos, que postula mudanças efetivas nas unidades, será tratada no final deste capítulo.

[110] Foi Ingrid Piera de Anderson Sarti, do Instituto de Filosofia e Ciências Sociais (IFCS), da Universidade Federal do Rio de Janeiro (UFRJ).

[111] Mostraremos o processo de formação do CGEE nesta seção.

No último ponto desta seção, estruturaremos os três pontos analisados em uma pequena síntese que se preste de conclusão sobre o papel do planejamento e da avaliação nos processos contemporâneos do MCT. A utilização de determinados mecanismos de avaliação esconde algumas questões que devem ser discutidas com mais clareza, a fim de que os processos de planejamento não sejam imbuídos de viés.

3.3.1 O Conselho Nacional de Ciência e Tecnologia (CCT)

Em 09 de janeiro de 1996 foi criado o Conselho Nacional de Ciência e Tecnologia (CCT – Lei nº 9.257), presidido pelo Presidente da República e que tem, como sua secretaria técnica, o Ministério da Ciência e Tecnologia (MCT). Além do chefe de governo, compõem o referido conselho sete ministros[112] e mais sete representantes de produtores e usuários de ciência e tecnologia[113] (*Jornal da Ciência Hoje*, p. 1, 26 jan. 1996). A primeira sessão do novo CCT foi realizada em 09 de agosto de 1996. Uma das deliberações foi a montagem de um comitê permanente dentro do Conselho, formado pelos Ministros da Educação, da Ciência e Tecnologia e do Planejamento. Nesta ocasião o então Presidente da República declarou que:

> Enganam-se os que imaginam que apenas formando elites é possível enfrentar o desafio do mundo contemporâneo. Ou o conhecimento está enraizado na sociedade, com toda a sociedade tendo um preparo maior para enfrentar as contingências novas, ou é ilusório. Não se trata simplesmente de apoiar pessoas, embora isso seja importante. Nem sequer é suficiente apoiar núcleos de excelência. É preciso uma revolução branca no processo educacional geral. (*Jornal da Ciência Hoje*, p. 1, 23 ago. 1996)

---

[112] Os Ministérios com assento no novo CCT eram: Ministério da Ciência e Tecnologia; Ministério da Educação; Ministério da Fazenda; Ministério do Planejamento; Ministério das Relações Exteriores; Secretaria de Assuntos Estratégicos (que tinha, na época, *status* de Ministério); e Estado-Maior das Forças Armadas (que foi sucedido por um Ministério da Defesa, congregando as três armas, ou seja, Exército, Marinha e Aeronáutica, sendo o seu primeiro Ministro, Geraldo Magela Quintão, um civil) (*Jornal da Ciência Hoje*, p. 1, 31 maio 1996).

[113] Os primeiros representantes dos produtores e dos usuários de ciência e tecnologia foram designados por um Decreto do Presidente da República em 24 de maio de 1996. Eles eram: Eduardo Krieger (Presidente da ABC); Sérgio Ferreira (Presidente da SBPC); José Ephin Mindlin (empresário); Maurício Matos Peixoto (cientista); Luciano Martins de Almeida (cientista); Paulo Haddad (economista e outrora Ministro de Estado); e Fernando Bezerra (deputado federal) (*Jornal da Ciência Hoje*, p. 1, 09 ago. 1996).

Uma análise sobre o funcionamento do novo CCT nos é descrita por Hélio Barros, assessor especial do MCT:

> Na prática, a criação desse novo CCT correspondeu à reedição modificada de duas experiências anteriores vividas, de 75 a 85, no CNPq e, de 85 a 96, no, então, recém-criado Ministério da C&T (MCT). (BARROS, p. 8, 17 dez. 1999)

Esse novo colegiado possui o grande desafio de se tornar o espaço efetivo de construção de políticas e estratégias para a ciência e tecnologia nacional. Quando da descrição do setor, vimos que a produção científica e tecnológica é extremamente dispersa por diversos ministérios federais e tem impacto em áreas tão diversas quanto à produção industrial e o atendimento médico-hospitalar. Concatenar minimamente esse grande ramo de atividades é tarefa que perpassa as responsabilidades de diversos setores estatais, e a constituição de um colegiado como o CCT é uma tentativa de ordenar essa atuação. O reconhecimento da importância deste órgão se dá exatamente no momento em que o MCT empreende esforços para organizar o setor em bases mais racionais, definindo objetivos para suas unidades de pesquisa e induzindo a produção para determinada estratégia. Este quadro é complementar às modificações dos mecanismos de financiamento, porque trata da definição das prioridades nos investimentos entre os ministérios.

Essa reorganização no modo de definir prioridades era buscada por meio de dois elementos. O primeiro era uma atuação mais próxima do MCT com o Legislativo, em especial a Comissão de Ciência, Tecnologia, Comunicação e Informática da Câmara dos Deputados. O segundo era a formação de um órgão, dentro da administração central, especialmente preparado para definir tecnicamente prioridades: o Centro de Gestão e Estudos Estratégicos (CGEE).

3.3.2 O Papel da Comissão de Ciência e Tecnologia, Comunicação e Informática da Câmara dos Deputados[114]

Antes da indicação de um representante da SBPC junto ao Congresso, a entidade articulou duas frentes parlamentares em defesa do

---

[114] Foi proposta a formação de Comissão de Ciência e Tecnologia, no âmbito do Senado Federal, pelo senador Roberto Freire (PPS-PE). Ela acabou não sendo aprovada. De acordo o *Jornal da Ciência Hoje*, esta Comissão, no Senado Federal, existiu desde 1985, durante pouco mais de dois anos. Com uma reformulação do regimento do Senado, suas atribuições foram concentradas na Comissão de Educação (*Jornal da Ciência Hoje*, p. 4, 30 jun. 1995).

orçamento do setor de ciência e tecnologia. A primeira foi lançada na 49ª Reunião Anual da SBPC, em 1997, na cidade de Belo Horizonte (*Jornal da Ciência*, p. 1, 1º ago. 1997), com a presença de várias autoridades federais. Ela foi fruto de conversas com parlamentares na tentativa de fortalecer a temática no âmbito da Comissão de Ciência e Tecnologia, Comunicação e Informática da Câmara dos Deputados. O então Presidente da SBPC, Sérgio Ferreira, na abertura da Reunião Anual de 1997, afirmava:

> A Câmara federal deu passo pioneiro com a instituição de uma frente parlamentar suprapartidária em defesa da ciência e do desenvolvimento industrial. Cabe a nós, cidadãos comuns ou cientistas, a tarefa de estender essa idéia para as assembléias estaduais, câmaras de vereadores e municípios. Essas frentes poderão constituir-se naturalmente em um braço político da comunidade científica e tecnológica brasileira. (*Jornal da Ciência*, p. 7, 1º ago. 1997)

A segunda frente parlamentar ocorreu em 2000. Sua cerimônia de instalação teve lugar ao fim de um seminário intitulado "A Indústria de *Software* no Brasil: Presente e Futuro", no dia 12 de setembro, iniciando seus trabalhos com a adesão de cerca de 80 deputados federais (*Jornal da Ciência*, p. 1, 22 set. 2000). Ela tinha a mesma característica da primeira frente, ou seja, servir como um "braço político" para as entidades representativas do setor.

Este processo de organizar frentes parlamentares e construir canais de interlocução com o Legislativo federal demonstra um amadurecimento que ultrapassa o padrão básico da luta por verbas, consolidando-se a ideia de que os parlamentares devem ser esclarecidos sobre os meandros do setor. Mostra disso é a opinião de Marcelo Gleiser, físico brasileiro, radicado desde 1983 nos Estados Unidos:

> Infelizmente, o cientista moderno não pode se dissociar do processo político. Galileu já sabia disso muito bem. Pesquisa custa caro e o orçamento dessa pesquisa vem, em última instância do governo e da indústria. Portanto, o cientista tem que se aproximar dos políticos, justificando a importância de sua pesquisa, seja ela aplicada ou básica. Mais ainda, acho que o cientista deve essa participação ao público em geral. Ciência afeta a sociedade tanto positivamente quanto negativamente, e o cientista tem o dever de apresentar as conseqüências de suas pesquisas da forma mais aberta possível. Essa apresentação tem um caráter de divulgação de idéias, mas também tem um caráter político, na medida em que certas decisões políticas dependem diretamente do impacto que a ciência tem para a sociedade. Veja os exemplos da energia nuclear e da pesquisa em engenharia genética. (*Jornal da Ciência*, p. 6-7, 28 jan. 2000)

A necessidade de o Legislativo se inteirar das discussões da área da ciência e tecnologia foi exposta por um editorial de um jornal de grande circulação, a *Folha de S.Paulo*, em 31 de janeiro de 2000.

> Sem esse insumo hoje fundamental da vida política, o Congresso — ou a parte dele que se bate em primeiro lugar pelo bem público — deve temer pela própria capacidade de manter controle democrático sobre a ação dos *lobbies* econômicos e setoriais. Mais que imperioso, é inevitável que a instituição se aparelhe para sediar os grandes debates do século XXI. (*Jornal da Ciência*, p. 5, 11 fev. 2000)

A possibilidade de maior interlocução com o Congresso Nacional poderia aumentar com a criação de uma subcomissão apenas de ciência, tecnologia e informática. O atual modelo existente sobrecarregaria a Comissão. Logo, o trato dos temas da ciência e tecnologia e da informática, separados da matéria de comunicação social, poderia fornecer maior especialização à subcomissão. Quando dessa proposta de desmembramento, em 1997, foi criado, na Câmara dos Deputados, um Conselho de Altos Estudos e Avaliação Tecnológica, bem como a primeira das frentes parlamentares mencionadas (*Jornal da Ciência*, p. 1, 18 abr. 1997).[115] Tentavam-se estabelecer novos canais de diálogo, não somente com a classe política, mas com a indústria e o setor produtivo. Com este último, ao tempo em que Luiz Carlos Bresser-Pereira era — ao mesmo tempo — o Ministro da Ciência e Tecnologia e Presidente do CNPq, houve uma tentativa especialmente mal-sucedida: os Painéis Setoriais (*Jornal da Ciência*, p. 1, 16 abr. 1999). Um Diretor de unidade mencionou que:

> Na minha área não deu [certo]. Fizeram uma reunião na FIESP [Federação das Indústrias do Estado de São Paulo], em plena Avenida Paulista para vender essa idéia de que as empresas utilizem os serviços de computação de alto desempenho, deste SINAPAD que são seis centros de computação de alto desempenho que existem no país e são financiados pela FINEP. Expediram uns mil convites para empresas e foram lá trinta ou quarenta. Não aconteceu nada [...]. Os dados sobre esse sistema [hoje] são os seguintes: 98% da utilização são de universidades públicas e institutos de pesquisa, etc.; 2% de empresas privadas. (Entrevista, Diretor de unidade, 26 set. 2001)

---

[115] A iniciativa de sediar um interlocutor junto ao Congresso Nacional teve ainda outro antecedente, que foi o esforço de oferecer-lhe consultoria técnica qualificada por meio da SBPC, o que não chegou a se consumar.

Se o diálogo com as indústrias e o resto do setor produtivo não foi muito profícuo, no caso do Legislativo, as demandas foram atendidas sempre que feitas conjuntamente pelas entidades representativas e o Executivo. Quando houve a necessidade da remessa urgente ao Congresso Nacional dos vários projetos de lei sobre os Fundos Setoriais, em 03 de abril de 2000, disse o então Presidente da República:

> Não há passo a ser dado na democracia sem que o Congresso Nacional esteja acompanhando, corrigindo, avançando e permitindo que as modificações ocorram, para que possamos levar adiante as modificações na política de ciência e tecnologia. Devo até dizer que o Congresso Nacional aprovou muita coisa importante. Já fez leis de incentivo fiscal para pesquisa e desenvolvimento. Fez a legislação de biosegurança. Na área nuclear, também, atuou bastante em vários mecanismos regulatórios de pesquisa. Fez a legislação de propriedade intelectual. Aprovou o fundo como esse CT-Petro [Fundo Setorial do Petróleo e Gás Natural], que já foi aprovado lá e já está sendo operacionalizado. Mas vamos precisar mais e mais do Congresso Nacional para a aprovação dessas medidas que aqui mencionei [os vários Fundos Setoriais]. (*Jornal da Ciência*, p. 10, 14 abr. 2000)

De fato, em entrevista, um dirigente do sistema, ao ser perguntado sobre a importância da Comissão nos debates da ciência e tecnologia nacional, mencionou:

> É uma boa Comissão. Embora ela pudesse discutir mais, todas as grandes questões são lá debatidas [...]. Por exemplo, passaram por lá a criação dos Fundos, a questão da base de Alcântara, os papéis da FINEP e do Centro de Gestão e Estudos Estratégicos, havendo inclusive audiência pública. Agora é a regulamentação do FNDCT que passa por lá. É claro que você pode melhorá-la, sem dúvida, mas ela cumpre essa função significativa de se ocupar das grandes questões. Essa é mesmo a sua tendência, porque ciência, tecnologia e inovação ganham importância no cenário político: uma coisa leva à outra. (Entrevista, 19 nov. 2001)

Das tentativas contínuas dos pesquisadores de estabelecer interlocução no Congresso Nacional, o que se depreende é a impossibilidade atual de se buscar recursos e objetivos para o setor, sem o envolvimento em questões políticas, ou seja, apenas com um discurso técnico ou acadêmico. Prova disso é que o investimento na ampliação da atuação junto ao Legislativo foi feito, não somente pelas entidades representativas, mas pela própria equipe do Ministério da Ciência e Tecnologia, cada vez mais presente junto à Comissão. Esses esforços tenderiam à obtenção de maior liberdade para a reordenação do setor e de seus mecanismos de definição de prioridades, em conjunto com a atuação do CCT e um órgão técnico, representado pelo CGEE.

3.3.3 O Centro de Gestão e Estudos Estratégicos (CGEE) do MCT

O Centro de Gestão e Estudos Estratégicos (CGEE) era defendido como parte da necessária reformulação do setor, atuando junto às decisões de investimento e fomento dos Fundos Setoriais. Segundo o Secretário-Executivo do MCT, Carlos Américo Pacheco, o CGEE teria três grandes finalidades: (a) servir como secretaria técnica dos Fundos Setoriais – oferecendo estrutura de suporte técnico, com uma equipe permanente; (b) realizar prospecção tecnológica – envolvendo os setores específicos, com a definição de redes de colaboradores que englobem as empresas e a área acadêmica; e (c) efetuar o acompanhamento e avaliação das políticas – além do sistema de avaliação por pares, deve-se expandir a metodologia para avaliação de grandes projetos, com mecanismos diferenciados (*Jornal da Ciência*, p. 14, 16 mar. 2001).

Feita essa proposta inicial, vieram os temores de que o CGEE ocupasse o espaço da FINEP na gestão dos recursos dos fundos. Tanto alguns parlamentares quanto a SBPC expressaram preocupação com a tendência de esvaziamento daquela fundação. Para a Presidente da SBPC, o CGEE deveria ser mais bem discutido com os cientistas, devendo ser criado somente depois de aprovado pelo Conselho Nacional de Ciência e Tecnologia (CCT). O senador Roberto Saturnino Braga (então PSB-RJ) faria o seguinte pronunciamento na tribuna do Senado Federal, em 21 fev. 2001:

> Criar uma nova agência e deixar ao abandono aquela que lá está (FINEP), com todo o patrimônio de pessoal muito bem formado, com experiência e tradição, é alguma coisa não-razoável, que contraria o espírito, por exemplo, da Lei de Responsabilidade Fiscal, porque vai constituir-se num prejuízo [...]. Nesse momento, criam-se os Fundos e o governo propõe a criação de nova agência, que, ao que se diz, vai contratar com um órgão das Nações Unidas, o PNUD, a assessoria dessa gestão, e, por meio do PNUD, contratar técnicos que não estarão submetidos às exigências de concursos públicos, nem às limitações da Lei de Responsabilidade Fiscal. (*Jornal da Ciência*, p. 14, 16 mar. 2001)

O Secretário-Executivo do MCT, Carlos Américo Pacheco, respondeu por meio de nota ao *Jornal da Ciência*:

> Este Centro [CGEE] deverá se configurar como um órgão de assessoramento aos comitês gestores dos Fundos, por meio de atividades de prospecção, avaliação e acompanhamento. Tal modelo pressupõe uma operação conjunta dos Fundos [Setoriais], envolvendo a FINEP e o CNPq, conforme a vocação de cada um. (p. 14, 16 mar. 2001)

O debate continuou em diversas outras fontes. Os funcionários da FINEP ficaram temerosos, por exemplo, com a possibilidade de aquela empresa pública perder importância com seu contínuo descrédito (*Jornal da Ciência*, p. 6, 13 abr. 2001). A sua própria diretoria de então replicou que o número de contratações de projetos vinha aumentando e não se reduzindo. A redução ocasional teria sido provocada por uma reformulação nos procedimentos de financiamento, não representando nenhum desmonte da empresa (*Jornal da Ciência*, p. 10, 11 maio 2001). O tema da criação do CGEE foi retomado depois, publicamente, com uma declaração do Ministro Ronaldo Sardenberg no sentido de que ele seria formalizado em breve:

> Trabalhamos, agora, na criação do Centro de Gestão e Estudos Estratégicos. Com ele, ingressamos numa nova forma de gestão da C&T, na qual a ação governamental se caracterizará tanto por ser eficiente quanto pela necessária transparência. Planejamos para o Centro estrutura reduzida, mas com atuação forte e funções estratégicas, e com responsabilidades sobre a prospecção tecnológica, estudos e diagnósticos e imprescindíveis exercícios de acompanhamento e avaliação. Nos próximos 30 dias estará sendo organizada para tais fins uma Organização Social, no âmbito do MCT. (*Jornal da Ciência*, p. 6, 08 jun. 2001)

O então Presidente do CNPq, posteriormente, anunciou que o CGEE seria lançado antes da Conferência Nacional de Ciência, Tecnologia e Inovação, realizada em Brasília, em setembro de 2001. Dali para frente começou a ser frisado que o CGEE não teria funções de deliberação. Somente de prospecção e planejamento. O CGEE, ainda segundo Mirra, teria como meio de sustentação os recursos arrecadados, na ordem de 3%, de todos os Fundos Setoriais (*Jornal da Ciência*, p. 1, 17 ago. 2001). A discussão era agravada pelo fato de que a proposta do CGEE não o apresentava como novo órgão do Estado, mas como Organização Social, absorvendo assim as intensas polêmicas que cercavam esse novo modelo de gestão. Todos esses empecilhos, porém, foram sendo superados ao final da Conferência Nacional de Ciência, Tecnologia e Inovação. O CGEE não só foi realmente fundado, como amplamente aplaudido:[116]

> Bastaram dois dias de debates e conversas durante a Conferência para se fundar, em assembléia geral, o Centro de Gestão e Estudos Estratégicos, definido pelo MCT como "a conferência permanente". Organização Social dotada de estrutura administrativa comprometida a ser leve, ágil, flexível e eficiente, o novo Centro está destinado a trabalhar com a cabeça que os Fundos Setoriais não se tornem feudos setoriais e para que o governo, no caso o MCT, tenha uma base sólida de informação e pesquisa para estabelecer políticas públicas sérias e consistentes a serem implementadas com os novos recursos [...]. Mas o Centro não poderia ter nascido melhor. A proposta superou algumas restrições de peso a princípio levantadas na própria Conferência. Acabou aprovada sem reservas, pelo menos explícitas. Quem a apoiava aplaudiu mais forte. Quem tinha críticas decidiu dar um voto de confiança e pagar para ver. (*Jornal da Ciência*, p. 1, 28 set. 2001)

Conforme mencionamos, a perspectiva era de que o CGEE auxiliasse o MCT na organização de um novo centro decisório e de planejamento para a ciência e tecnologia.

> [Com a Lei nº 6.129/1974 e o Decreto nº 75.241, de 16.01.1975, que reorganizou o antigo CNPq, tornando-o o centro do sistema de ciência e tecnologia, ele] assumiu o que já fazia, nos anos 70. Já fazia isso. Não era um Conselho Nacional de Pesquisas. Era um Conselho que refletia... Tinha gente muito boa lá dentro. Isso se desarticulou nos anos 80. A partir do final dos anos 80, acabou. Acabou aqui [na FINEP], acabou lá. E agora, está se rearmando isso. O Centro de Gestão [e Estudos Estratégicos] é mais uma peça nisso. (Entrevista, dirigente, 19 nov. 2001)

---

[116] A Assembleia Geral de fundação foi presidida pelo então Presidente da VARIG, Osiris Lopes Silva. Além deste órgão, a associação civil, que seria qualificada como Organização Social, teria uma Diretoria, um Conselho Administrativo, um Conselho Consultivo e um Conselho Fiscal. Foram escolhidos como Presidente e Secretário-Executivo, interinos, Evandro Mirra de Paula e Silva e Márcio Miranda, respectivamente. O passo posterior, então, seria formar um Conselho Administrativo. De acordo com os seus estatutos, o CGEE teria nove membros natos neste Conselho (*Jornal da Ciência*, p. 1, 12 out. 2001). Além desses, teria também mais seis Diretores indicados. O CGEE se instalou no local onde funcionava a repartição do MCT, Centro de Estudos Estratégico (CEE), que lhe antecedeu (*Jornal da Ciência*, p. 1, 12 out. 2001).

O que se percebe é que, nessa tríade, o CGEE seria uma plataforma técnica para priorizar os investimentos do setor, de sorte que, quando o comitê de um dos Fundos Setoriais estabelecesse que projetos devessem ser definidos como prioritários, tal decisão seria legitimada por pareceres técnicos emitidos por uma Organização Social. Note-se que isso não seria realizado por uma comissão de pares, como ocorria até então. Um pesquisador exprimiu sua contrariedade:

> Isso vai ser uma burocratização do jeito que eles [os administradores do setor] sabem fazer [...]. Aliás, é um absurdo! A única solução que eles têm para alguma coisa é criar uma Unidade de Gestão, não é? [...] Na verdade, o problema é que eles misturam [as questões] [...]. Isso aqui se trata de uma atividade administrativa... Concorda? [...]. Então, eles misturam a atividade administrativa científica com a ciência que as pessoas fazem... Uma pessoa que é competente numa área científica pode ser um desastre na administração. Aliás, em geral, é. Então, na verdade, a legitimidade que você está dizendo... O pior é que, para todos os cientistas, eles são legítimos... Porque essa mistura faz parte do jogo científico. Isso é que é desagradável. Uma pessoa que é muito competente na sua área, ganha uma legitimidade para fazer uma loucura dessas. E as sociedades científicas, porque elas estão, na verdade, mergulhadas [nisto]. Porque essas pessoas também têm seus laços. São orientadores de tese daquele que é presidente da sociedade e tal. São professores... Entendeu? Então, são laços. Como se fossem laços familiares. Então fica uma situação, em que você nem sabe como desatar esse nó. Porque, inclusive, eles até consideram estranho. Se você começar como você fez, você está de fora. Eu conheço a carreira dessas pessoas. E sei como, em dado momento, foi importante para a atividade alheia. Então, há um sistema brasileiro de famílias. Como se fosse um patriarcado. Como se fosse uma rede. (Entrevista, pesquisador, 23 out. 2001)

A controvérsia aqui versava sobre os critérios mais adequados para a resolução de controvérsias e a definição de objetivos do setor. O sistema de julgamento por pares já foi bastante criticado, por permitir beneficiamento de alguns, via mecanismos relacionais; no entanto, ele se mantém como uma das únicas formas legítimas de se pôr fim a disputas tecnicamente complexas. A introdução de mecanismos de adoção de prioridades por legitimação técnica no setor, se sobrepondo ao julgamento de pares, traz consigo o risco potencial de desorganização.

3.4 A reorganização indireta das unidades de pesquisa do MCT

Concluindo este capítulo, nosso objetivo é o de relacionar os dois conjuntos de modificações gerais que marcam o setor de ciência e tecnologia, com os receios e perspectivas de alterações nas unidades de pesquisa do MCT. De fato, a postura do Ministério em relação às suas unidades foi a de defini-las como instituições complementares, de bem definidas missões. No entender do MCT, elas deveriam atuar de forma a potencializar os objetivos de indução nas áreas visualizadas como estratégicas. Para tanto, o MCT postulava reforçar os meios de controle dessas instituições e dos pesquisadores. Em especial, daqueles pesquisadores relacionados com a pesquisa básica ou fundamental. Estes tinham receio de que semelhante definição de metas induzidas não fosse de possível realização e, pior, que as suas instituições corressem assim o risco de extinção. A própria priorização de indução já faz com que as instituições, por si, se adaptassem, sem necessidade de providências ulteriores. O CBPF, instituição de pesquisa fundamental na área de Física, nos foi descrito da seguinte forma por seu Diretor-Interino, João dos Anjos:

> O CBPF precisa mudar e se reorientar, focalizar, ter áreas mais definidas e atuar em setores estratégicos, aumentando o intercâmbio científico e se tornar um centro nacional. Houve aqui uma grande mudança nos anos 90: o CBPF não faz mais, hoje, só pesquisa fundamental; ele está conectado com muita pesquisa aplicada. A gente está fazendo parcerias com a COPPE e outras instituições, que participam da parte mais tecnológica. Então, o CBPF faz a parte fundamental e as aplicações vão para os institutos. Na semana que vem virá uma equipe de empresários do grupo Embraco, que faz motores. Acho que é a terceira ou quarta fábrica mundial de motores de geladeira, de compressores, etc. Por que eles estão vindo? Porque há pesquisas aqui que indicam a possibilidade de ganhos de *performance*, neste tipo de atividade. Estamos estudando novos materiais supercondutores e aplicações de materiais supercondutores; fazendo filmes finos e aplicações de filmes finos. É claro que, por estarmos vendendo detectores para Israel e para o Canadá, não vamos virar uma fábrica de detectores. No entanto, isso mostra que a tecnologia aqui é competitiva, interessando gente que não vai comprar coisa ultrapassada. Se você pegar a revista de divulgação científica do CBPF, poderá ver a quantidade de coisas aplicadas que a gente tem. Assim, essa visão do CBPF como estritamente acadêmico não faz mais sentido. Se houve uma grande mudança no CBPF nos últimos dez anos, foi a perda desse perfil, engajando-se numa colaboração estreita com atividades tecnológicas e multidisciplinares. (Entrevista, s.d.)

No próximo capítulo veremos que essas modificações das unidades de pesquisa do MCT não tendiam a se deter apenas nos aspectos adaptativos e indiretos, já que o Ministério vinha mantendo, ao longo do período aqui estudado, uma agenda contínua de tentativas de alterações, por meio de avaliações, prêmios e punições. O modelo das Organizações Sociais se estabeleceu justamente como ponto central das tentativas diretas e imediatas de reordenação daquelas unidades de pesquisa.

CAPÍTULO 4

AS TENTATIVAS DE REORGANIZAÇÃO DIRETA DAS UNIDADES DE PESQUISA DO MCT

Neste capítulo, trataremos das propostas de reformulação direta das unidades de pesquisa que estavam inseridas no âmbito do Conselho Nacional de Desenvolvimento Científico e Tecnológico (CNPq) e do Ministério da Ciência e Tecnologia. Na primeira parte, faremos uma análise do recente histórico de reformulações institucionais entre as agências do setor de ciência e tecnologia, tratando das propostas de reordenação das competências dentro da esfera superior: a administração da produção. Na segunda parte, teceremos uma análise das propostas diretas de reformulação das unidades de pesquisa do MCT. Mais especificamente, será feita uma recapitulação das tentativas de reorganizar estas instituições ocorridas nos dois governos do Presidente Fernando Henrique (1995-2002). Por fim, concluiremos que estas intenções de reformulação trazem um risco de desorganizar, ao invés de organizar as unidades, visto que o modo como as propostas vêm sendo absorvidas acabam por priorizar raciocínios de curto prazo de imprevisíveis consequências. A ilustração, aqui, ficará a cargo do modelo das Organizações Sociais, tal como absorvido pela área de ciência e tecnologia. O grande desafio, hoje, é saber como lidar com a estrutura herdada e reformá-la, sem desorganizá-la.[117]

---

[117] A fusão de vários órgãos do setor foi aventada ao fim do primeiro governo de Fernando Henrique Cardoso (1995-1998). A ideia era fundir tanto o Ministério da Ciência e Tecnologia com o Ministério da Educação, quanto a CAPES com o CNPq.

4.1 A reordenação de competências e funções entre o CNPq, a CAPES e o MCT

O que nos interessa aqui é compreender as tentativas de reestruturação das relações entre as agências federais do setor, a partir de 1995. Já então, por exemplo, Tundisi detectara a sobreposição de funções entre o CNPq e a FINEP:

> É impossível colocar barreiras e dizer que o CNPq vai até aqui e a partir dali vai a FINEP. Mas é evidente que o CNPq, historicamente e por necessidade e tradição, tem a missão clara de fomento à pesquisa e à formação de recursos humanos. Quando falo em pesquisa, falo em pesquisa básica, mas também da pesquisa com interesse para a área tecnológica. A FINEP tem o apoio à tecnologia, é também banco que empresta dinheiro. Há áreas relativamente bem definidas, mas claro que há certa sobreposição, até salutar. Mas estamos procurando dentro dessas atividades do CNPq delimitar claramente as funções do órgão, que tradicionalmente seriam fomento e formação de recursos humanos. (*Jornal da Ciência Hoje*, p. 7, 24 fev. 1995)

Tundisi propusera, inicialmente, que coubesse ao CNPq incentivar o desenvolvimento científico e tecnológico, sem imiscuir-se em atividades de produção (*Jornal da Ciência Hoje*, p. 1, 21 abr. 1995). Havia então uma política que visava a estruturar um CNPq mais focalizado em algumas de suas funções, de molde a torná-lo, no setor, o centro federal de distribuição da formação de recursos humanos. Em contrapartida, a CAPES especializar-se-ia como agência de avaliação, passando suas bolsas paulatinamente à competência do CNPq. Explicava então Abílio Baeta Neves,[118] Presidente da CAPES:

> Não [há choque entre a CAPES e o CNPq]. O CNPq tem função muito clara de apoio direto à atividade de pesquisa. A CAPES faz fundamentalmente formação de recursos humanos, qualificação institucional com as universidades. Na área de bolsas há convergência de

---

Ter-se-ia, com a efetivação de tal proposta, um superministério para coordenar e fiscalizar as universidades, para organizar a produção científica e tecnológica, avaliar a pós-graduação, financiar a formação de pessoal e a produção de ciência e tecnologia. Esta proposta é um exemplo de como a reorganização institucional do setor por vezes ignora a história das instituições que pretende reformar e não se preocupa com a diversidade de culturas institucionais.

[118] O fato de Abílio Baeta Neves ter ocupado a titularidade da Secretaria de Ensino Superior (SESu) do MEC não demonstra uma predisposição para trabalhar nos órgãos do âmbito do MCT. Deve ser lembrado que a CAPES é uma fundação vinculada ao MEC e não ao MCT, apesar de financiar, também, a pesquisa científica e tecnológica.

objetivos, mas acho que é algo saudável. As agências operam na mesma faixa, mas com objetivos distintos, o que não impede que, já a partir de 96, as duas unifiquem seus programas para concessão de bolsas de mestrado e doutorado, inclusive com a unificação de critérios. (*Jornal da Ciência Hoje*, p. 6-7, 05 maio 1995)

A discussão sobre reordenação dessas agências (CAPES, FINEP e CNPq) acabou em segundo plano, talvez por conta das reações contrárias. O reformismo voltou à carga em 1996, com a consolidação do Plano Diretor da Reforma do Aparelho do Estado (BRASIL. Presidente, 1995) — ano, também, do quadragésimo — quinto aniversário do CNPq. O Presidente Tundisi, na cerimônia de comemoração da data, listava como objetivos que deveriam ser alcançados até o final do primeiro mandato do Presidente Fernando Henrique Cardoso, em 1998:

> (1) Reformular e racionalizar o sistema operativo do CNPq, sobretudo com respeito ao apoio à pesquisa e à preparação de recursos humanos mais qualificados; (2) Fortalecer os institutos [unidades de pesquisa] do CNPq; (3) Desenvolver sistemas de transferência para o setor produtivo e o de serviços; (4) Desenvolver um sistema permanente de acompanhamento, de avaliação e de indicadores; (5) Adequar à missão os recursos humanos e a infra-estrutura; (6) Revitalizar o sistema de planejamento e de avaliação. (*Jornal da Ciência Hoje*, p. 1, 22 mar. 1996)

Como se percebe, a proposta de Tundisi para a reordenação das unidades de pesquisa já havia sido arquivada. Entretanto, a perspectiva positiva era a possibilidade de se ter uma nova fonte recursos para fomento para os produtores de ciência e tecnologia. O PRONEX representaria a materialização de um desejo de estabilidade e um prazo mais alongado para o desenvolvimento dos projetos. Na opinião de Tundisi:

> O PRONEX claramente não vai esvaziar o CNPq. Em 95, vi uma anotação feita a lápis pelo próprio Presidente FHC, com assinatura, escrito: reservar R$100 milhões para o PRONEX [!]. Esses R$100 milhões viraram R$50 milhões, que depois foram tirados pela área econômica e viraram R$37 milhões depois que passaram pelo Congresso. Desde o início ficou claro e o Ministro de C&T fez questão de frisar: o PRONEX só seria iniciado se tivesse recursos adicionais. Isso explica a demora na implantação do programa. Os cortes que ocorreram no CNPq foram decorrentes da decisão do Congresso que retirou R$22 milhões das bolsas em 95. Houve cortes no fomento do CNPq e da FINEP por contingenciamento feito em maio. Parte desse dinheiro está sendo recuperada. (*Jornal da Ciência Hoje*, p. 6, 18 out. 1996)

No ano de 1997, continuavam os problemas de diferença entre os vencimentos dos pesquisadores e tecnologistas (do novo Plano de Carreiras da Ciência e Tecnologia, Lei nº 8.691, de 28.07.1993) e dos professores das redes de universidades federais (*Jornal da Ciência*, p. 1, 31 jan. 1997). A formação do Plano de Carreiras era uma parte importante na tentativa de ordenar os caóticos enquadramentos funcionais dos profissionais das unidades de pesquisas. Muitas críticas sucederam à aprovação da Lei que instituiu o Plano, desde pesquisadores e suas entidades até colunistas políticos, como o jornalista Elio Gaspari, da *Folha de S.Paulo*, bem como de *O Globo* (21 maio 1995, republicado em *Jornal da Ciência Hoje*, 02 jun. 1995). A solução adotada foi aprovar um regime de dedicação exclusiva para pesquisadores e tecnologistas (*Jornal da Ciência*, p. 1, 18 abr. 1997), o que se deu em 31 de outubro daquele ano. Na oportunidade, houve polêmica sobre o modo pelo qual o pessoal das unidades de pesquisa seria incluído no rol das carreiras gratificadas por produtividade (*Jornal da Ciência*, p. 1, 07 nov. 1997), o que somente se resolveu no ano seguinte (*Jornal da Ciência*, p. 3, 29 maio 1998).

Ao mesmo tempo, voltou-se a discutir acerca dos formatos institucionais a serem adotados pelas unidades de pesquisa. Assim, o *Jornal da Ciência*, da SBPC, mencionava a opinião do físico Alberto Passos Guimarães, do CBPF:

> As instituições de pesquisa, entre elas os institutos do CNPq, necessitam encontrar uma forma jurídica que as caracterize como órgãos públicos com uma função estratégica na sociedade atual, em molde semelhante ao que vem sendo discutido no âmbito do MEC [Ministério da Educação] para as universidades federais. Atualmente estas instituições são juridicamente estáveis, o que assegura sua continuidade. Com as Organizações Sociais (OS), o contrário é verdadeiro. Cada OS teria que apresentar, ao fim de um prazo determinado, uma justificativa para continuar a existir. (*Jornal da Ciência*, p. 1, 31 jan. 1997)

Essa opinião repercutiria no final do ano, quando a Associação Nacional dos Pesquisadores do CNPq (Anpesq) votou duas moções em assembleia geral da entidade, segundo as quais:

> Primeira moção. A Assembléia da Anpesq considera inaceitável a maneira restritiva, superficial e acomodada pela qual a presidência do CNPq colocou em pauta a questão da modificação na inserção institucional de seus institutos [unidades], consideradas as imperfeições e problemas da situação atual. Com efeito, embora se apresentem vários cenários possíveis para o aperfeiçoamento dessas instituições, a única

alternativa que nos é apresentada é a transformação dos institutos em Organizações Sociais.

Segunda moção. A Assembléia da Anpesq considera que a fórmula de estruturação dos institutos do CNPq como Organizações Sociais, retirando-os da estrutura do Estado, apresenta sérios riscos para a continuidade necessária ao trabalho de pesquisa, riscos estes desnecessários e inconvenientes ao interesse da sociedade brasileira. A assembléia considera, ainda, que é fundamental a existência de instituições permanentes no Estado, dedicadas primordialmente à pesquisa. (*Jornal da Ciência*, p. 4, 21 nov. 1997)

Estes receios aumentaram com a aprovação da Medida Provisória nº 1.591, de 09 de outubro de 1997, que criara o modelo das Organizações Sociais, e a pronta adesão a ele, por parte do Laboratório Nacional de Luz Síncrotron (*Jornal da Ciência*, p. 6, 05 dez. 1997).

Em meados do segundo semestre de 1997, o Presidente do CNPq fez uma palestra no Instituto de Estudos Avançados (IEA) da USP para explicar sua proposta de reformulação completa do sistema de fomento da agência (*Jornal da Ciência*, p. 1, 10 out. 1997). Os comitês assessores deixariam de ser fixos (com cerca de 150 pesquisadores) para terem seus processos relatados por consultores *ad hoc* retirados de um banco de 400 nomes. Essa consultoria seria supervisionada por um grupo de cerca de 20 pesquisadores fixos, escolhidos pelo Conselho Deliberativo (CD) do CNPq (*Jornal da Ciência*, p. 1, 24 out. 1997). Embora as alterações tenham sido criticadas principalmente pelo CD do CNPq, por não terem sido discutidas previamente com as sociedades científicas, elas logo começaram a ser implantadas. Tundisi explicou:

> Não vamos acabar com os comitês assessores, com a avaliação por pares. Ao contrário, vamos é ampliar esse processo que hoje está restrito a apenas algumas áreas do CNPq. A distribuição de bolsas de doutorado, que era por cotas, agora é por projetos. No sistema antigo, a responsabilidade ficava para um único Diretor, que distribuía US$200 milhões para mestrado e doutorado. Agora com os programas e os projetos de doutorado, teremos três níveis de avaliação, a exemplo de agências internacionais. O primeiro é o sistema *ad hoc*, que tem de funcionar, é parte fundamental do sistema. Em segundo lugar, o comitê de assessores será escolhido, como tem sido, pelo Conselho Deliberativo e pela Presidência, devendo apenas ser ampliados. O terceiro plano de avaliação será por um comitê, apontado pelo Conselho Deliberativo, por cientistas do mais alto nível, que irá fazer os ajustes necessários no sistema. Queremos reduzir os índices de pedidos de reconsideração, hoje em grande número. Não enviaremos os projetos em reconsideração para

os mesmos pareceristas. É aqui que entra um comitê de reajuste atuando como regulador do sistema. É preciso ter coragem para fazer isso e nós vamos fazer. Vamos também reduzir os mandatos dos assessores para evitar os casos de comitês onde o processo se torna corporativo — e é preciso dizer que isso existe. (*Jornal da Ciência*, p. 7, 07 nov. 1997)

Na verdade, os detalhes encobriam o intento mais amplo de qualificar o CNPq como Agência Executiva, outro modelo administrativo oriundo da Reforma de 1995. No final do primeiro mandato de Fernando Henrique, estava já para ser ensaiada uma tentativa de se estruturar, senão o modelo das Organizações Sociais, ao menos os contratos de gestão das universidades federais. O Ministro José Israel Vargas, na cerimônia de assinatura do contrato do LNLS, mencionou:

O convênio que estamos assinando hoje, com a presença honrosa do Ministro (da Administração) Bresser Pereira, representa uma importante inovação na gestão de uma entidade de pesquisa e desenvolvimento científico. A legislação que rege atualmente a administração pública brasileira tem sido incompatível com a gestão das instituições científicas [...]. Essa nova forma de gestão é válida não somente para as instituições científicas, mas também para as nossas universidades. Na verdade, a legislação que rege a administração tem sido uma "camisa de força" que agora começa a ser "desvestida", com a proposta de Reforma Administrativa do governo do Presidente Fernando Henrique Cardoso [...]. Dessa forma, o LNLS não só terá ganhado com essa nova ordenação, mas também servirá como vitrine para o futuro. (*Jornal da Ciência*, p. 9, 13 fev. 1998)

As mudanças propostas por Tundisi foram aprovadas pelo Conselho Deliberativo da agência em 12 de março de 1998. Além do novo mecanismo de formação dos Comitês Assessores, a nota evidenciava que:

O CD [Conselho Deliberativo] aprovou o projeto que dá ao CNPq o *status* de Agência Executiva do governo. Pelo projeto, os institutos [unidades] do CNPq poderão se quiserem, se tornar Organizações Sociais. (*Jornal da Ciência*, p. 5, 20 mar. 1998)

A questão não mencionada era a de que, se o CNPq virasse uma agência executiva de missões institucionais definidas, não haveria espaço para a gestão direta da produção científica nas unidades de pesquisa. Elas deveriam ser realocadas alhures, tal como constava dos projetos iniciais de Tundisi. A reformulação interna do CNPq acabou sendo efetivada, com alterações, pelo CD, em 30 de abril de 1998, com a aceitação de boa parte dos pesquisadores. O sistema ficou assim:

> Criam-se o Comitê Multidisciplinar de Articulação (CMA), como colegiado de assessoramento da Diretoria Executiva do CNPq, e um banco de assessores, com pelo menos 180 assessores para áreas do conhecimento e 120 para projetos temáticos multidisciplinares. Os Comitês de Assessoramento (CAs) ajudam na avaliação de projetos e programas, na formulação de políticas em assuntos de sua área de competência e na apreciação de pedidos de apoio à pesquisa e à formação de recursos humanos. (*Jornal da Ciência*, p. 1, 15 maio 1998)

Naquele momento, várias instituições tiveram discussões internas sobre a possibilidade de serem transformadas em Agências Executivas. O então Presidente da Fiocruz, Eloi Garcia, afirmava precisar "de uma gestão fortemente orientada para os resultados e para o cidadão, com novas definições de indicadores de desempenho" (*Jornal da Ciência*, p. 1, 14 ago. 1998). A Fundação Instituto Brasileiro de Geografia e Estatística (IBGE) também passou por debates internos neste sentido. A questão que desestimulou estas instituições a assumirem tal modelo foi que:

> O modelo Agência Executiva, em si, não caminhou por alguns entraves. Ele não tinha tantas flexibilidades como os demais. E não se caminhou ao longo desse tempo em aumentar estas flexibilidades, melhorar, para tornar a gestão mais ágil, de fato. Mas a gente está cuidando disto para que o ideal do modelo [não se perca]. Não como ideal de modelo, mas como funcionalidade técnica mesmo. Ela [a agência executiva] é muito interessante. Só que para ficar igual à Administração Direta, tanto faz. Ninguém vai ter o trabalho, vai gastar recursos, tempo, paciência, essa coisa toda. (Entrevista, servidor do MPOG, 16 ago. 2001)

O modelo das Agências Executivas era inicialmente visto como um meio-termo entre as Organizações Sociais, que assustavam os servidores e dirigentes, e o modelo geral da administração pública, oriundo da Constituição de 1988. Quando se percebeu que o modelo não garantiria as liberdades que os dirigentes ansiavam (ou seja, não licitar e nem concursar), o debate arrefeceu. O ano terminou com cortes no orçamento do setor, motivados pela crise da Rússia, ao que reagiu o *Jornal da Ciência* em sua manchete: "1º mandato do governo FHC é reprovado em C&T" (*Jornal da Ciência*, p. 1, 18 dez. 1998).

O novo mandato de Fernando Henrique começou com sensíveis mudanças. O novo Ministro da Ciência e Tecnologia era Luiz Carlos Bresser-Pereira. Sua remoção do Ministério da Administração e Reforma do Estado para o MCT só fez aumentar o temor dos pesquisadores acerca das propostas de reorganização do setor e, principalmente, com o modelo das Organizações Sociais. O novo Ministro, que acumulava a presidência do CNPq, propunha estruturar tanto o CNPq quanto o MCT, tendo os interlocutores para esta proposta sido nomeados por meio de uma comissão assessora. Embora uma nota do MCT afirmasse que a essa escolha seria feita por critério de notabilidade, e não de representatividade institucional, alguns dos nomes escolhidos eram representantes de instituições tradicionais:

> José Galizia Tundisi [ex-presidente do CNPq], Cristóvão Picanço [reitor da UFPA], Cylon Eudóxio Tricot da Silva [Diretor do LNLS], Eduardo Krieger [Presidente da Academia Brasileira de Ciências], Elisa Maria da Conceição Pereira Reis, Evando Mirra [de Paula e Silva], Flávio Grynspan [Presidente da Motorola do Brasil e membro do CD do CNPq], Francisco Sá Barreto [reitor da UFMG], Jerson Lima da Silva, José Fernando Perez [Diretor científico da FAPESP], Luiz Suplicy Raffers [Sociedade Rural Brasileira], Maria Hermínia Tavares [de Almeida] e Sergio Rezende [ex-presidente da SBF]. (*Jornal da Ciência*, p. 3, 29 jan. 1999)

As reclamações então se centravam mais no modo centralizador como as propostas estavam sendo encaminhadas do que em seu respectivo conteúdo. No que toca a este último, o medo era o de que se fundissem os diversos órgãos (CNPq, FINEP, CAPES) numa superagência subordinada ao MCT. Um manifesto de várias sociedades científicas, em conjunto com a SBPC, foi aprovado em 18 de janeiro de 1999:

> É óbvia a necessidade de sinergia entre as várias agências do MCT. Todavia, a simples remodelação de suas secretarias e as do CNPq não nos parece suficiente para atingir os objetivos desejados [...]. Deve ser mantida a pluralidade de instituições nacionais de financiamento à pesquisa científica e ao desenvolvimento tecnológico. (*Jornal da Ciência*, p. 5, 29 jan. 1999)

As alterações tomariam corpo definitivo numa reforma do estatuto do CNPq. O novo modelo traria como inovação a existência de três vice-presidências, no órgão, exercidas por três representantes das grandes áreas.[119] A presidência seria rotativamente exercida por eles. A inexistência de previsão de uma Secretaria para as unidades de pesquisa sinalizava a transição delas para outra vinculação, ou seja, ao MCT. Foi exatamente o que acabou por acontecer. A proposta criou tanta discórdia e despendeu tamanha energia que paralisou o setor por quatro meses.

Tal não impediu, todavia, que o seu sentido geral fosse levado adiante, inclusive depois da substituição de Bresser-Pereira por Ronaldo Mota Sardenberg. Parte da equipe de Bresser, como Carlos Américo Pacheco, continuou com o novo ministro e, com ela, as perspectivas de centralização e reordenação no setor. Um pesquisador de uma das unidades de pesquisa do MCT nos afirmava que:

> É muito difícil você fazer uma análise no momento destas transformações. E concordo que há uma tendência a superestimar as pessoas. Eu acho que o complicador existente, hoje, é que você tem pessoas que não aparecem e que são atores importantes... E que só vão aparecer muito mais adiante nessa história. Por que eles vão aparecer? Porque, bom, quando você começa a fazer um trabalho de escarafunchar a coisa, você vai ver que o discurso estava presente. A única dessas pessoas que eu acho que não está sendo superestimada e tem um papel importante é o [Carlos Américo] Pacheco, que participa da segunda campanha do Fernando Henrique [Cardoso]. É um dos formuladores da política. Ele entra no Ministério da Ciência e Tecnologia, até para segurar um pouco o Bresser [Pereira], que era um Ministro que tinha ficado sem Ministério e não podia. Porque o Bresser, todo mundo sabia, era uma pessoa muito polêmica. E que polemizou muito mais rapidamente do que se esperava. O Bresser incorpora um discurso que sempre foi identificado como um modelo de gestão "Bresser", mas o que está se mostrando que não é um modelo de gestão "Bresser". É um modelo formulado anteriormente. Talvez, não sei, só pelo Pacheco [...]. E que o Bresser se incorpora a este modelo, se queima nesse modelo. Passa para um Ministro com um perfil totalmente diverso. O [Ronaldo] Sardenberg é outro perfil, que tem o mesmo modelo [...]. O Bresser caiu e entrou o Sardenberg. Quem é que manteve aquele ideal de fazer essas avaliações? De fazer essas contagens super econômicas? Econômicas no sentido de econométricas, tecnocráticas. (Entrevista, pesquisador, 10 out. 2001)

---

[119] Por grandes áreas se divide a atividade científico-tecnológica. No caso do CNPq, elas são: Ciências Exatas e da Terra, Ciências Humanas, Ciências Sociais Aplicadas e Ciências Biomédicas.

Um dirigente de sindicato de servidores do setor não destoou:

> E na verdade tem, não é? [a ver com a Reforma Administrativa de 1995] As mudanças que eles têm... Basicamente, o Pacheco é quem dá a linha dentro do Ministério. E o Pacheco, num primeiro momento, a idéia era dar uma mexida geral. Como ele sentiu certa resistência, principalmente no pessoal de pesquisa, ele não conseguiu avançar [...]. Então, o Pacheco é o cara que toca isso aí. O Pacheco e o Edmundo. O Edmundo [titular da Subsecretaria de Planejamento, Orçamento e Administração do MCT], não sei se você conhece, ele veio da Eletronorte e foi um dos caras... Um dos braços do Bresser, colocado na área de Ciência e Tecnologia. Ele, a princípio, veio como assessor do Tundisi, quando o Tundisi foi Presidente do CNPq e foi um dos caras destacados pelo Bresser inclusive ir à França, para conhecer o modelo francês de reforma do Estado. Foi à Inglaterra, junto com a equipe do Bresser e tal. E foi o cara que fez todo um trabalho de convencimento ao pessoal do CNPq de que era importante o CNPq se transformar numa agência executiva e os institutos em Organização Social. Tanto isso teve um efeito, que na saída dos institutos do âmbito do CNPq [para o MCT], você não vê uma linha sequer escrita por qualquer pessoa dentro do CNPq contrária a isto. Houve assim uma, tenho o costume de dizer, uma conivência explícita das cabeças pensantes do CNPq com relação à saída dos institutos. (Entrevista, servidor, 29 nov. 2001)

Por conseguinte, as críticas continuaram ferrenhas, questionando-se continuamente como o governo propunha impor modificações num setor que, alvo de contínuos cortes orçamentários, perdia a capacidade de formular política, comprometendo o estabelecimento de políticas de longo prazo. Um dirigente do sistema nos relatou, após a aprovação dos Fundos Setoriais, em 2001:

> Agora, hoje, há recursos no sistema. Recursos em uma quantidade bastante apreciável. Dá para melhorar? Dá [...]. Como eles não são abundantes, no sentido de que eu posso ser perdulário e não ter política. Eles também não são tão escassos a que eu não consiga fazer política. Eles estão no meio-termo. Eu tenho, obrigatoriamente, que fazer política com eles. Por quê? Eu não posso ser perdulário porque não é ainda um volume de recursos como é o norte-americano, por exemplo, que você gastar mais na mesma coisa. Mas eu não posso me furtar por isso, então. Senão eu vou desperdiçar esses recursos. E eu tenho uma chance de fazer política. Eu saio de 40 milhões no FNDCT para um bilhão. Certo? Um crescimento gigantesco. Então, agora eu posso. Se eu quiser desenvolver alguma coisa, eu sento e defino uma política. Eu tenho dinheiro para isso. "Eu", que eu digo, é o sistema. O governo. A política pública pode

fazer isso junto com o empresariado, o setor privado. Essa possibilidade está hoje bem colocada. Precisa saber aproveitar isso. O problema é esse. O sistema se desarticulou como formulador de política ao longo dos últimos — sei lá — vinte anos. E, de repente, entra dinheiro de novo. E ele é instado, de novo, a fazer política. Só que ele está desarticulado para isso. E agora começa a se rearticular. O drama é esse: é correr contra o tempo. (Entrevista, dirigente, 19 nov. 2001)

O novo Ministro, diplomata oriundo da Secretaria de Assuntos Estratégicos da Presidência da República, resolveu não repetir a experiência anterior de cumular o exercício do cargo com a presidência do CNPq, nomeando para este Evando Mirra de Paula e Silva (*Jornal da Ciência*, p. 1, 24 set. 1999). Na solenidade de posse, em julho de 1999, o novo Ministro não fez referências sobre mudanças institucionais, reformulações ou alterações de organogramas, centrando-se na necessidade de estabelecer sinergias para o desenvolvimento do setor (*Jornal da Ciência*, p. 6-8, 30 jul. 1999). A recepção ao nome de Sardenberg foi boa e o novo titular soube capitalizar essa boa recepção numa melhora do relacionamento entre a administração e os produtores de ciência e tecnologia.

A impressão de alguns pesquisadores sobre o CNPq era a de que a instituição havia passado, no ministério anterior, por um esvaziamento, cuja solução estaria na designação de um nome respeitável para a presidência do órgão. Com a nomeação de Mirra como presidente autônomo do CNPq, a propostas de três Vice-Presidências e do rodízio na Presidência foi posta de lado, tendo a nova administração optado por um formato mais tradicional: além da Presidência, uma única Vice-Presidência e três Diretores, sendo dois de fomento e um administrativo (*Jornal da Ciência*, p. 1, 22 out. 1999). Os escolhidos foram, respectivamente, Alice Rangel de Paiva Abreu; Celso Pinto de Mello; Almiro Blumenschein e o Diretor de Administração, Gerson Galvão (*Jornal da Ciência*, p. 1, 22 out. 1999).[120]

---

[120] Os boatos davam conta de que Evando Mirra de Paula e Silva, membro do Conselho Deliberativo da agência, no cargo de diretor/vice-presidente, assumiria (*Jornal da Ciência*, p. 1, 27 ago. 1999). O atraso, segundo o MCT, seria dado por dois fatores: "A nomeação do Presidente do CNPq ainda não saiu, porque o Ministro Ronaldo Sardenberg decidiu que ela só sairá depois de concluída a reforma estrutural do MCT/CNPq, iniciada na gestão do ex-ministro Bresser-Pereira. Ou seja, assim que a reforma for sancionada, será designado o novo Presidente do CNPq. E o nome de Evando Mirra, absolutamente, não está descartado, embora, neste meio tempo, tenha surgido o nome de Denis Rosenfield, que, como Evando, também é hoje Diretor do CNPq — ou vice-presidente, pela reforma ainda não sancionada" (*Jornal da Ciência*, p. 1, 10 set. 1999).

Neste início da gestão de Sardenberg e de Mirra, começaram a ser discutidos os Fundos Setoriais, tendo o Ministro se comprometido a estruturar com mais força o Conselho Nacional de Ciência e Tecnologia (CCT).[121] Ao longo de 2000 foram aprovados vários dos Fundos Setoriais e cresceu entre os pesquisadores o otimismo, haja vista o aumento substancial das verbas destinadas ao seu setor. Na virada do ano, o Instituto de Matemática Pura e Aplicada se preparou para ser qualificado como Organização Social, tendo sido realizada uma avaliação das unidades de pesquisa. No ano de 2001, assistimos à radicalização das discussões sobre a adoção do modelo de Organizações Sociais e da reformulação das unidades de pesquisa do MCT, por conta dos relatórios de avaliação e do acúmulo das reformulações mais gerais, que desembocaram em propostas mais efetivas de alteração.

4.2 Tipologias organizacionais e reestruturação

Como mostramos no capítulo 3, a produção científica e tecnológica brasileira está, nas suas origens, muito ligada à história das unidades de pesquisa e dos institutos federais e, também, do Estado de São Paulo. Instituições federais como o Centro Brasileiro de Pesquisas Físicas (CBPF), o Instituto de Matemática Pura e Aplicada (IMPA) e demais unidades hoje no MCT, somadas à Fundação Instituto Oswaldo Cruz (Fiocruz) e os institutos paulistas de pesquisa, marcaram o desenvolvimento do sistema de ciência e tecnologia nacional. Como um todo, as universidades estavam então despreparadas para desenvolver a produção científica e tecnológica. Num segundo momento, a produção científica começou a tomar corpo nas universidades, com especial destaque para o sistema do Estado de São Paulo, embora essa atividade ainda se ressentisse de um projeto definido. Atualmente, as unidades de pesquisa do MCT representam uma pequena parcela da produção científica e tecnológica, que desempenham um papel importante nas suas áreas de competência. A preocupação de reordenação do setor,

---

[121] A palavra de ordem para Evando Mirra de Paula e Silva era pagar as parcelas devidas, desde 1997, de vários projetos (incluindo o PRONEX) e, então, liberar o CNPq das dívidas com os pesquisadores. Em 11 de novembro, houve um debate com o novo Presidente do CNPq, no Fórum de Ciência e Cultura da UFRJ. Nesta ocasião, o então Presidente prometia que o setor, seguindo uma estratégia mencionada por Jacob Palis Jr., Diretor do Instituto de Matemática Pura e Aplicada (IMPA), iria ter uma inversão no fomento em 1999 (*Jornal da Ciência*, p. 6-7, 19 nov. 1999). O Diretor do IMPA havia mencionado que os novos Fundos Setoriais poderiam "carrear para a C&T [ciência e tecnologia] nos próximos dois anos nada menos que R$900 milhões" (*Jornal da Ciência*, p. 1, 19 nov. 1999).

refletida nestas unidades, é o de articulá-las com as universidades, de modo a potencializar a produção.

Na busca de adequação institucional, sempre foi tentada a formação de tipologias que sistematizassem a profunda diversidade que marca esta pequena parcela do setor. De modo comparativo, podemos dizer que, embora as universidades estatais também sejam distintas entre si, não se construíram para elas propostas de reordenação baseadas em tipologias tão rígidas quanto para as unidades.

O debate sobre o modo de organização das unidades de pesquisa é caracterizado pela busca de novos modelos para a gestão da área de ciência e tecnologia, onde confluem duas agendas específicas. A primeira concerne à agenda da reforma administrativa, ou seja, à reestruturação do Estado brasileiro em geral. A segunda, levada a termo pelo MCT, toca às reformas focalizadas na produção científica e tecnológica, ou seja, sobre o que e como deve ser produzido. No âmbito desta última, produziu-se um Relatório de Avaliação pelo MCT, em 2001, conhecido como Relatório Tundisi:

> A Comissão sugere a adoção de cinco arquétipos, sem que isso esgote, no futuro, a adoção de outros modelos institucionais que mais possam condizer com as atuais UPs [unidades de pesquisas] ou com aquelas que vierem a ser criadas:
>
> Institutos Nacionais: são organizações verticalizadas, executoras de políticas específicas de interesse nacional;
>
> Laboratórios Nacionais: organizações, prioritariamente, provedoras de infra-estrutura laboratorial sofisticada para a comunidade científica e/ou tecnológica desenvolver suas atividades de pesquisa. A equipe de pesquisadores do Laboratório concentra-se no aperfeiçoamento da infra-estrutura e das metodologias/ferramentas de uso das mesmas;
>
> Laboratórios Associados: são unidades funcionais de instituições públicas ou privadas, convidadas a associarem-se ao sistema de UPs do MCT, para disponibilizar sua sofisticada infra-estrutura laboratorial e funcional à comunidade científica e tecnológica, para permitir a realização de suas atividades de pesquisa e desenvolvimento. A cooperação envolve um suporte financeiro de parte do MCT, vinculado à existência de uma demanda e à qualidade do suporte oferecido;
>
> Centros de Competência e Referência: são organizações instituídas pelo MCT ou instituições públicas/privadas associadas ao sistema de UPs para cumprirem uma missão específica de caráter estratégico e temporário. Na qualidade de Centro de Competência a organização assume uma missão científica/tecnológica pioneira ou de papel de Estado. Na qualidade de Centro de Referência a organização assume uma atividade de cunho estratégico, cujo modelo/conhecimento deseja-se replicar, eficientemente, em outras instituições e/ou empresas;

Rede Temáticas de Pesquisa: são organizações virtuais, formadas pela cooperação de três ou mais Unidades de Pesquisa de Universidades e de Centros de Pesquisa públicos/privados, bem como, eventualmente, Empresas de Base Tecnológica, visando, em determinado período, à realização integrada de um programa de desenvolvimento científico/tecnológico de impacto. (MCT, 2001, p. 41-42)

O primeiro passo dessa avaliação foi a montagem de uma tipologia abstrata, após o que tratou-se de nelas encaixar as unidades de pesquisa. As avaliações posteriores, como veremos, seguiram a mesma lógica. O procedimento não seria criticável, se tais tipologias cuidassem apenas de descrever o modo de organização e de produção dessas instituições. Entretanto, essas classificações são usualmente elaboradas para melhor ordenar a produção das unidades, subsidiando decisões sobre contínuas propostas de reorganização das unidades e do setor. É neste ponto que se juntam as agendas e residem os conflitos.

Embora as tipologias para classificação das unidades de pesquisa do CNPq e do MCT tenham variado bastante no tempo, há certas continuidades. Assim, em 1991, o Plano Plurianual do CNPq (1991-1995) classificava cinco tipos de unidades, sem nomeá-las (BRASIL. SCT-PR, CNPq, 1991, p. 11):

QUADRO 14
Tipologia de 1991 (Plano Plurianual, 1991-1995)

Tipo	Características
Centros de Excelência	De onde emanam contribuições originais e relevantes para as respectivas áreas do conhecimento
Laboratórios Nacionais	Operando grandes equipamentos a serem postos à disposição dos pesquisadores interessados
Prestadores de Serviços Especializados	[Prestação de serviços peculiares] nas respectivas áreas de atuação
Formadores de Recursos Humanos de Alto Nível	[Formação de pessoal] para as universidades, instituições de pesquisa e empresas nacionais
Centros de Informação Científica e Tecnológica de Vanguarda	Pela manutenção de bibliotecas, bancos de dados e publicações especializadas

Fonte: Adaptado de Brasil. SCT-PR, CNPq (1991, p. 11).

Classificações como esta conduzem a medidas de determinação de funções e objetivos para as unidades de pesquisa, proporcionando aos administradores da produção científica elementos para definição de variados mecanismos de controles das instituições.

4.2.1 A primeira avaliação (1994)

Em 1994, foi formada uma Comissão de Supervisão de Avaliação para os Institutos de Pesquisa do MCT. Esta comissão foi presidida por Luiz Bevilácqua, então professor da UFRJ e secretariada por Lindolpho de Carvalho Dias, então Presidente do CNPq. Fizeram parte da comissão Carmine Taralli (Associação Nacional de Pesquisa e Desenvolvimento em Empresas Industriais – ANPEI), Eduardo Krieger (Instituto Nacional do Coração – INCOR), Evando Mirra de Paula e Silva (UFMG), Jacques Marcovich (USP), José Pelúcio Ferreira (Academia Brasileira de Ciências – ABC), Joyce Joppert Leal (Federação das Indústrias de São Paulo – FIESP) e Moyses Nussenzveigt (UFRJ). Foram então avaliados quatorze unidades de pesquisa das futuras vinte e duas unidades reunidas no MCT, em 1999. O Relatório Bevilácqua foi publicado na revista *Ciência Hoje*, da SBPC (1995). Assim, neste relatório da Comissão de Supervisão de Avaliação (ou Comissão Bevilácqua), as unidades foram classificadas em três tipos básicos:

QUADRO 15
Tipologia de 1994 (Relatório Bevilácqua)

Tipos de Unidades	Características
Laboratórios de Pesquisa Básica	Associados a um instrumento de grande porte. Exemplos: Laboratório Nacional de Astrofísica (LNA) e Laboratório Nacional de Luz Síncrotron (LNLS).
Instituto Nacional de Pesquisa Básica	Centro de referência no país, promovendo grande atividade de intercâmbio e exercendo um papel de catalisador. Exemplos: Instituto Nacional de Matemática Pura e Aplicada (IMPA) (referido como "exemplar") e Museu Paraense Emilio Goeldi (MPEG).
Laboratório Nacional de Pesquisa Aplicada e Desenvolvimento	Grande interação e colaboração com os setores públicos e privados relacionados. Exemplo: Instituto Nacional de Tecnologia (INT)

Fonte: *Jornal da Ciência*, p. 52-64, mar. 1995, adaptado.

São perceptíveis, neste Relatório de 1994, alguns problemas que se repetirão em todas as tipologias apresentadas. O primeiro concerne à dificuldade de se encaixarem as unidades que possuem características diferentes das listadas ou que não cumprem inteiramente nenhum dos papéis definidos nos três tipos. O Museu de Astronomia e Ciências Afins, por exemplo, é localizado como uma unidade incipiente; se fossem criados os estímulos e investimentos nesta qualidade, ele poderia cumprir a função de um centro de referência em História da Ciência. O segundo problema é reduzir a grande complexidade de algumas instituições, de caráter multifuncional, em um tipo classificatório como este, que se fixa apenas numa característica principal. Torna-se assim problemático enquadrar unidades como o Laboratório Nacional de Computação Científica (LNCC) e Instituto Nacional de Pesquisas Espaciais (INPE) que produzem tanto pesquisa básica como pesquisa aplicada. Aquele Relatório também buscava a separação das unidades por conta de um eixo mais transversal, que seria a existência de uma função geral comum. As unidades relacionadas à Astronomia (ON, LNA e INPE), por exemplo, foram aglutinadas em uma recomendação de maior interação. No mesmo sentido, as unidades da Amazônia (INPA e MPEG) tiveram um tratamento próximo.

As recomendações gerais seguiam a junção de agendas; ao mesmo tempo, se faziam recomendações gerais e pontuais. As pontuais buscavam maior definição técnico-científica, como: "uma visão possível para o INT, como instituto nacional, seria a de coordenar e supervisionar a atuação dos institutos de tecnologia do país" (SBPC, p. 62, mar. 1995). As recomendações gerais se caracterizavam por queixas sobre os problemas do setor de ciência e tecnologia como um todo, mencionadas como as "necessidades especiais da pesquisa" (SBPC, p. 54, mar. 1995), e por questões típicas de gestão das unidades de pesquisas, como a assinatura de contratos de gestão, a necessidade de autonomia e flexibilidade para a direção das unidades e a formação de conselhos com forte participação de membros externos (SBPC, p. 55-56, mar. 1995).

4.2.2 A primeira proposta de mudanças (1995)

O Relatório da Comissão Bevilácqua foi entregue ao Ministro José Israel Vargas em 24 de dezembro de 1994, que havia sido reconduzido ao cargo pelo novo Presidente da República. Parte das recomendações foi absorvida numa proposta de reformulação das unidades de pesquisa, em 1995.[122] Havia então duas medidas gerais propostas. A primeira retiraria a função de produção de pesquisa do CNPq e o transferiria ao MCT, não passando de uma mudança de vinculação que tivesse em vista "purificar" o perfil daquela primeira instituição.[123] A segunda reestruturaria as unidades do MCT e do CNPq a partir do seu agrupamento em quatro grandes fundações, que concentrariam várias unidades em grupos mais transversais (Amazônia, por exemplo). Esta proposta buscava reorganizar as unidades e não apenas eliminar problemas no âmbito do CNPq, como a primeira.[124] Elas ficariam organizadas da seguinte forma:

QUADRO 16
Agregação das unidades, como proposta em 1995

Fundação	Unidades agregadas e submetidas
Fundação Nacional de Pesquisa Equatorial	Instituto de Pesquisas da Amazônia (INPA), Museu Paraense Emilio Goeldi (MPEG), Estação (Projeto) Mamirauá.
Fundação Nacional de Pesquisa Espacial	Instituto Nacional de Pesquisas Espaciais (INPE) e Centro de Previsão do Tempo e Estudos do Clima (CPTEC).
Fundação Nacional de Pesquisa Científica	Centro Brasileiro de Pesquisas Físicas (CBPF), Laboratório Nacional de Computação Científica (LNCC), Observatório Nacional (ON), Instituto de Matemática Pura e Aplicada (IMPA) e Laboratório Nacional de Luz Síncrotron (LNLS).
Fundação Nacional de Pesquisa e Desenvolvimento Tecnológico	Fundação Centro Tecnológico para Informática, depois Centro de Pesquisa Renato Archer (CENPRA) e Centro de Tecnologia Mineral (CETEM).

Fonte: Adaptado de *Jornal da Ciência Hoje* (p. 7, 21 abr. 1995).

---

[122] A questão dos modelos de gestão para as unidades de pesquisa já era percebida como crucial, sendo que o contrato de gestão, cuja referência era o de Rede de Hospitais Sarah Kubitschek, estava cotado como mecanismo prioritário de controle (*Jornal da Ciência Hoje*, p. 7, 10 fev. 1995).

[123] Esta seria uma preocupação específica de José Galizia Tundisi, ou seja, a de focalizar as funções de sua agência, o CNPq, não se preocupando com as unidades. Perguntado se as unidades de pesquisa do CNPq poderiam sair de sua estrutura, ele respondeu que elas "poderiam, mas essa é ainda uma discussão muito preliminar" (*Jornal da Ciência Hoje*, p. 5, 24 fev. 1995). Esta proposta só foi efetivada em 1999, já no segundo governo do Presidente Fernando Henrique Cardoso.

[124] Com isto, o Ministro José Israel Vargas pretendia, no mesmo sentido que o novo Presidente Tundisi, que "o CNPq deixe de desempenhar o duplo papel de fomento e execução" (*Jornal da Ciência Hoje*, p. 7, 21 abr. 1995), mas ampliava sua preocupação para trabalhar com as unidades.

O Ministro José Israel Vargas apresentou essa segunda proposta ao Presidente da República em 10 de março de 1995. Para ele, era interessante que se aglutinassem as unidades:

> Em fundações em que administrações simplificadas e autônomas, conforme contrato de gestão, que as livre das peias burocráticas, inconvenientes em áreas de preservação, elaboração e transmissão de saber. (*Jornal da Ciência Hoje*, p. 7, 21 abr. 1995)

A proposta foi mal recebida pelos pesquisadores e demais servidores, tendo sido abandonada. O Ministro modificou sua proposta inicial, fazendo uma nova divisão, dessa vez em cinco fundações, nelas incluída o CNPq. Tal proposta foi anunciada na Comissão de Ciência, Tecnologia, Informática e Comunicação da Câmara dos Deputados, em 03 de maio de 1995:

> [O Ministro José Israel] Vargas argumentou que a criação de fundações não altera o quadro funcional, mas é um passo para a futura aprovação, pelo Congresso Nacional, de um sistema administrativo baseado no contrato de gestão. (19 maio 1995, p. 4)

Logo em seguida foi lançado o Plano Diretor para a Reforma do Aparelho do Estado. A solução preconizada, tanto para as unidades quanto para as universidades, foi o modelo das Organizações Sociais. O *Jornal da Ciência Hoje* lançou um anexo com o início desta discussão feita pela ANDIFES (08 set. 1995, suplemento especial). As repercussões variaram. O que se percebe é que a agenda das unidades de pesquisa foi absorvida pela questão da Reforma Administrativa de 1995. A estratégia do governo para vencer seus adversários foi a de atacar a burocracia, conforme se viu anteriormente. Exemplo disso foi a declaração do Presidente do CNPq, José Galizia Tundisi, na solenidade de 45 anos da instituição: "precisamos é de mais eficiência e menos burocracia..." (*Jornal da Ciência Hoje*, p. 1, 22 mar. 1996). O relatório de gestão do MCT de 1997 identificava as unidades em dois grandes grupos:

QUADRO 17
Tipologia de 1997 (Relatório de Gestão)

Tipos de Unidades	Nome das Unidades
"Institutos de natureza polivalente, com vocação tanto para a pesquisa científica como para a tecnológica".	Instituto Nacional de Pesquisas Espaciais (INPE), Instituto Nacional de Pesquisas da Amazônia (INPA), Instituto Nacional de Tecnologia (INT), Centro Tecnológico para Informática (CTI) e Centro de Tecnologia Mineral (CETEM).
"Institutos voltados, preponderantemente, para a pesquisa básica, a formação de recursos humanos altamente qualificados e a difusão de informação técnico-científica".	Centro Brasileiro de Pesquisas Físicas (CBPF), Instituto de Matemática Pura e Aplicada (IMPA), Laboratório Nacional de Astrofísica (LNA), Laboratório Nacional de Computação Científica (LNCC), Laboratório Nacional de Luz Síncrotron (LNLS), Observatório Nacional (ON), Museu Paraense Emilio Goeldi (MPEG) e Instituto Brasileiro de Informação em Ciência e Tecnologia (IBICT).

Fonte: Adaptado de Brasil. MCT (1997).

4.2.3 A segunda proposta de mudanças (1999)

O ano de 1999 marca uma mudança significativa. O Presidente já havia considerado que a função de Bresser-Pereira no MARE estava cumprida, tendo-o transferido, como vimos, para o MCT e para o CNPq, o que fez crescer o temor quanto a uma imposição generalizada do modelo das Organizações Sociais. Por conta da acumulação dos cargos, várias sociedades científicas e a SBPC se manifestaram no início de 1999 contra fusões de competências que pudessem transformar o MCT numa superagência.

> Julgamos necessários estabelecer um novo estatuto para os institutos [unidades] de pesquisa do CNPq e do MCT, definindo seu papel, fortalecendo suas atividades-fim e seu sistema de gerência e acompanhamento, bem como lhes preservando a diversidade de objetivos. Assim, a existência de uma agência responsável pela avaliação de desempenho e orçamento nos institutos nos parece adequada. (*Jornal da Ciência*, p. 5, 29 jan. 1999)

A consequência, neste caso, seria a reunião de todas as unidades de pesquisa numa mesma Secretaria do Ministério da Ciência e Tecnologia, a de Acompanhamento e Avaliação (SECAV). Este órgão não tinha por objetivo apenas cuidar das unidades, mas de acompanhar e avaliar os vários projetos do Ministério. As unidades foram posteriormente reunidas numa Secretaria específica, chefiada por João Evangelista Steiner, pesquisador da USP e ex-Diretor do LNA. O Museu Paraense Emilio Goeldi divulgou uma nota apoiando esta mudança:

> Diante das perspectivas de mudança nesta política [científica nacional], anunciadas recentemente pelo Ministério de C&T [ciência e tecnologia], faz-se necessário estabelecer o papel institucional do Museu [...] A vinculação do Museu ao Ministério da C&T permite a autonomia institucional necessária ao cumprimento de nossa vocação para a pesquisa básica, cujos indicadores de produtividade [...] devem ser avaliados dentro da política científica consubstanciada em uma relação dinâmica com um CNPq renovado. (*Jornal da Ciência*, p. 9, 05 mar. 1999)

A perspectiva era a de estimular a conversão geral para o modelo das Organizações Sociais:

> Deslocados para o MCT, Bresser [Pereira] disse que vai estimulá-los a se converterem, voluntariamente, em Organizações Sociais. Citou o Lab. Nac. de Astrofísica (LNA), que já mostrou interesse nesse sentido. Relatou o caso do Centro Tecnológico de Informática, o único instituto [unidade] que já é fundação, incentivado agora a se tornar Organização Social, integrado com empresas de Campinas. (*Jornal da Ciência*, p. 1, 19 mar. 1999)

Em carta remetida, em 30 de março de 1999, para o então Ministro e Presidente do CNPq, Bresser-Pereira, os pesquisadores do CBPF se manifestavam receosos com os acontecimentos:

> Preocupados com a reforma do CNPq e do futuro dos seus institutos [unidades] de pesquisa, conforme Decreto Presidencial nº 2.925, publicado no *DOU* [*Diário Oficial da União*] de 07.01.99, definindo diretrizes para o processo de reorganização do CNPq a ser desenvolvido pelo MCT, constitui-se uma comissão escolhida por pesquisadores do Centro Brasileiro de Pesquisas Físicas. Fomos assim incumbidos, pelos referidos colegas, de redigir um abaixo-assinado anexo e fazê-lo chegar às mãos de Vossa Exa., bem como divulgá-lo na imprensa.

O Centro Brasileiro de Pesquisas Físicas, um dos institutos pioneiros de Física na América Latina, está completando 50 anos. Tal data, que constitui para todos nós um motivo de orgulho e alegria é, no entanto, ensombrecida pela crítica situação por que está passando esse Centro e a ciência brasileira como um todo. A própria ordem institucional do CBPF, bem como a dos demais institutos que se encontravam na órbita do CNPq, não está ainda definida. Ademais, não temos garantia de preservação de nosso patrimônio científico, acumulado neste meio século de existência, e do qual o governo deveria ser o principal mantenedor. (*Jornal da Ciência*, p. 5, 16 abr. 1999)

Com o aumento explícito da força da proposta de qualificação das unidades de pesquisa no modelo de Organização Social, alguns Diretores foram questionados, pelo *Jornal da Ciência*. O então Diretor do Museu de Astronomia e Ciências Afins (MAST), já no âmbito do MCT, replicou:

Inverto a pergunta: o projeto de Organizações Sociais está preparado? Ou seja, já está definido pelo governo o que é o conceito de organização social aplicado aos institutos de pesquisa do MCT? Parece que não. Parece que não há projeto por parte do governo. Em particular não temos garantia da liberação de recursos, uma vez assinados os contratos com as OS [Organizações Sociais]. Enquanto a proposta não estiver bem estruturada, será difícil para qualquer Diretor de instituto ter uma opinião a respeito. É comum na trajetória dos institutos haver um histórico semelhante à idéia de Organização Social. Mas isso não apavora ninguém. O que apavora é não haver garantia de com quem fica o patrimônio do instituto. Além disso, o contrato em si não garante qualquer tipo de continuidade. Por exemplo: se fecho um contrato de dois anos, após esse período tenho que ter garantia de que o contrato será renovado. (*Jornal da Ciência*, p. 2, 11 jun. 1999)

Para a mesma pergunta, Amós Troper, então Diretor do Centro Brasileiro de Pesquisas Físicas (CBPF) respondeu:

O CBPF não está preparado para se tornar uma Organização Social. Mas nosso centro não está alheio a essa possibilidade. Discussões a respeito estão sendo realizadas internamente em seus comitês científicos. Como se trata de decisão muito importante, o CBPF entrará em contato com as autoridades pertinentes para intensificar as discussões sobre esta forma de gestão pública. (*Jornal da Ciência*, p. 2, 11 jun. 1999)

Também foi questionado o Diretor do Instituto Nacional de Pesquisas da Amazônia (INPA), Ozório José de Menezes. Disse ele que:

> Este assunto foi discutido aqui de forma ampla e profunda, embora a transformação do INPA em Organização Social tenha sido indicada em 94, no denominado Relatório Bevilácqua. Pessoalmente, fui obrigado a refletir sobre o assunto, em função da nomeação para o cargo de Diretor, em março de 95. As reflexões e a experiência adquirida em muitos anos de trabalho no INPA e em outras instituições públicas de pesquisa e ensino me convenceram da necessidade de ser ter um modelo gerencial capaz de situar a pesquisa em algum ponto razoavelmente distante das normas do serviço público, do regime jurídico único (RJU) e das limitações orçamentárias [...]. Isso além de trazer flexibilidade e autonomia, ainda ajudaria a solucionar o grave problema da quase incompatibilidade entre atividade científica e legalidade. Todavia, creio que para implementar uma nova estrutura é preciso promover amplo debate que inclua a sociedade, os tomadores de decisão, os responsáveis pelas políticas de desenvolvimento regional e, claro, os pesquisadores e cientistas. Para o INPA, particularmente, eu incluiria duas premissas básicas para nortear o debate: 1) O papel estratégico desempenhado pelo Instituto tanto para a região quanto para o país; 2) O fato de o Instituto ser a instituição brasileira com maior quantidade de informação qualificada sobre a biota e os ecossistemas amazônicos [...]. Finalmente, penso que é preciso ter muito cuidado para a relação direta entre captação de recursos e ciência que está inserida no modelo das Organizações Sociais. Como essa relação, a meu juízo, cria muitas facilidades para o atendimento da demanda direcionada para o desenvolvimento regional, penso que é preciso buscar um ponto de equilíbrio para essa distorção, consolidando mecanismos de financiamentos nos projetos de pesquisa básica ou fundamental. (*Jornal da Ciência*, p. 2, 11 jun. 1999)

Outra opinião foi a Marcos Raupp, Diretor do LNCC:

> O LNCC faz pesquisa com competência em várias áreas das ciências aplicadas, desenvolve tecnologias (materializadas em *software*) e presta serviços (redes de comunicação de dados e computação de alto desempenho). Tem grande potencial para interagir com segmentos do setor produtivo e da sociedade, obtendo em contrapartida, mais apoio e investimentos extra governamental para seus projetos de pesquisa, que lastreiam e qualificam toda a sua atividade. Hoje, operamos esta interação com ajuda de fundações de apoio. Ganhando um pouco mais de experiência de gestão deste processo, certamente nos habilitaremos a operar como Organização Social. Mas, é claro, é decisão que depende de perspectiva estratégica e condições negociais. (*Jornal da Ciência*, p. 6, 25 jun. 1999)

O Diretor do Museu Paraense Emilio Goeldi (MPEG), Peter Mann de Toledo, mencionou que:

> No Museu Paraense Emilio Goeldi, o tema Organização Social ainda é uma expectativa. Este modelo institucional proposto pelo governo federal para a gestão das atividades não-exclusivas do Estado, nas quais se incluiu a pesquisa, embora apresente vantagens claras para o melhoramento da gestão, tendo em vista não sujeitar-se às normas do modelo burocrático atual, ainda não se tem certeza de sua viabilidade para um instituto de pesquisa com as características do Museu Goeldi, que atua na produção e difusão da pesquisa básica. Além disso, ainda existe o fato de grande parte do patrimônio institucional (base física e coleções científicas) pertencer ao governo do Estado do Pará, o qual se mantém sob responsabilidade do CNPq amparado por um convênio celebrado em 1954. Tudo isso depende de uma perfeita compreensão do assunto e, principalmente, ser avaliado com a participação conjunta da comunidade científica. Para iniciar o processo de discussão interna, o Ministério da C&T [ciência e tecnologia], por intermédio da Secretaria de Avaliação e Acompanhamento, se comprometeu a promover, ainda neste semestre, uma palestra seguida de um debate envolvendo, se possível, todos os servidores da casa, para que o assunto seja de vez esclarecido e, a partir daí, haja uma definição da pertinência, ou não, do Museu Goeldi vir a candidatar-se à Organização Social. (*Jornal da Ciência*, p. 6, 25 jun. 1999)

Como se percebe, os cinco Diretores admitiram a possibilidade de aceitar o modelo, mas sempre de forma cautelosa. A condição era a insistência reiterada do próprio MCT; a forma, uma cuidadosa negociação. O primeiro passo seria negociar um bom contrato de gestão, ou seja, mais verbas e condições de trabalho:

> Se eu não tiver um bom contrato de gestão, não me aventuro. Por que eu vou assumir compromissos maiores do que nós temos sem ter meios adequados? Não. Então, para nós o elemento-chave de decisão, aqui, é a negociação do contrato de gestão. Além da avaliação (aquela que eu te falei, inicialmente, que é uma coisa mais básica) de oportunidades... Tem que ter receitas próprias e tudo isso. Mas quando você negocia e reafirma responsabilidades de atuar com o governo, novas missões. Antes de qualquer coisa, você tem que ter uma negociação de um contrato. Então essa é a minha visão. (Entrevista, Diretor de unidade, 26 set. 2001)

O que se percebe é que, visto que todos receavam sua instabilidade, ninguém embarcaria no novo modelo de gestão sem muitas garantias. Um dirigente, por exemplo, falou dos riscos políticos do contrato de gestão:

> Porque a Organização Social trabalha com contrato de gestão. Então se você promete e não faz, é punido. Promete e faz, é premiado. Desde que não entre nenhum maluco no governo que olhe para você e diga: "não, você não me interessa mais, tchau!". Esse é o risco. O risco político é o maior da Organização Social. (Entrevista, dirigente, 19 nov. 2001)

Outro Diretor de unidade, também, nos expressou essa preocupação:

> Então, [hipoteticamente], por exemplo, [temos] um contrato de gestão [e estamos] no governo Collor, chega na hora de renovar, o Presidente pode dizer "não, nós não estamos interessados nesse tipo de coisa. Organização Social... Isso é tudo furada. Fecha!". Dá certa instabilidade. Num país que tem muita instabilidade política como é que essas Organizações Sociais [...]. Essa desconfiança é baseada, também, em fatos reais. No que aconteceu nos últimos anos e que indica que o modelo de Organização Social pode estar sujeito a estas turbulências de governo (como diferenças de visão) e não de Estado. E isto pode comprometer essa visão que foi elaborada em 1995. Essencialmente é isto. (Entrevista, Diretor de unidade 14 set. 2001)

Em janeiro de 2001, o Instituto de Matemática Pura e Aplicada qualificou-se como Organização Social,[125] tendo sido a primeira a incluir uma cláusula de retorno no seu contrato de gestão: se o contrato fosse denunciado, a instituição voltaria a ser absorvida pela União. A notícia desta solução correu rápido pelas unidades de pesquisa e os ânimos se pacificaram um pouco.

Com a saída de Luiz Carlos Bresser-Pereira e a entrada de Sardenberg, foi aprovado para o CNPq um novo organograma funcional bem diferente daquele inicialmente ideado. No caso do MCT, foi criada uma Secretaria de Coordenação de Unidades de Pesquisa, para a qual foi designado o astrofísico João Evangelista Steiner, Diretor do Laboratório Nacional de Astrofísica (*Jornal da Ciência*, p. 1, 19 nov. 1999). Ao ser empossado, Steiner ouviu do Ministro que suas diretrizes seriam:

---

[125] Diversas outras unidades de pesquisa, como o Instituto de Pesquisas Jardim Botânico, parte da Fundação Jardim Botânico, vinculado ao Ministério do Meio Ambiente, também estaria estudando a possibilidade de ser convertido em Organização Social (*Jornal da Ciência*, p. 2, 23 fev. 2001).

Definir a política, as metas e os objetivos do ministério com relação a seus institutos científicos e tecnológicos [unidades], bem como a integração dos institutos aos programas prioritários do MCT;

Dar "seguimento à ampla avaliação a que os institutos foram submetidos em 94, além de sua conclusão quantos aos desdobramentos práticos e à adequação aos interesses do MCT;

Promover 'a modernização administrativa dos institutos', tendo em vista as melhores práticas das instituições de pesquisa em outros países;

Realizar ampla reflexão acerca do quadro de infra-estrutura de laboratórios de que o país necessita nos próximos dez anos;

Inserir a capacidade de cooperação internacional na pauta de suas atividades, de forma a permitir que nossos institutos de pesquisa qualifiquem-se cada vez mais para responder aos desafios do futuro". (*Jornal da Ciência*, p. 6, 03 dez. 1999)

4.2.4 A segunda avaliação (2000-2001)

Com essas missões, a Secretaria de Coordenação de Unidades de Pesquisa iniciaria a construção da tipologia do Relatório Tundisi, mencionada no início deste ponto. Para cumprir a tarefa de prospecção e avaliação das unidades, o Ministro Sardenberg nomeou uma comissão presidida pelo ex-presidente do CNPq, José Galizia Tundisi, composta por Carlos Alberto Schnaider (Centro de Referência em Tecnologia Inovadora, Fundação CERTI); Celso Pinto de Melo (Diretor do CNPq); Eduardo Krieger (Presidente da Academia Brasileira de Ciências); Eloi Garcia (Presidente da Fiocruz); Fernando Galembeck (Unicamp); José Fernando Perez (Diretor científico da FAPESP); José Otávio Armani Paschoal (IPEN); Ruy Caldas (Embrapa); e Vilma Figueiredo (vice-presidente da SBPC, conselheira do Conselho Nacional de Educação). Suas funções eram:

> A comissão tem dois objetivos: 1) "identificar as necessidades estratégicas de infra-estrutura, laboratórios e institutos nacionais em ciência e tecnologia para o Brasil no próximos dez anos" e 2) "propor a adequação institucional das unidades de pesquisa [...] tendo em vista o trabalho prospectivo mencionado e a conformidade com as prioridades científicas e tecnológicas do país". A comissão tem 6 meses para apresentar o resultado de seu trabalho [...]. "O relatório de avaliação e prospecção da infra-estrutura de pesquisa do MCT deverá ser conclusivo e (I) indicar as necessidades estratégicas do país em termos de laboratórios e institutos de âmbito nacional; (II) conter uma avaliação da relevância científica e tecnológica das unidades de pesquisa

[...]; (III) apresentar proposta de adequação das unidades de pesquisa em consideração às necessidades estratégicas do país; (IV) recolher informações quantitativas de recursos humanos e custos da estruturação e adequação dos laboratórios e institutos de âmbito nacional". (*Jornal da Ciência*, p. 5, 12 maio 2000)

As novas missões dessa Secretaria não se resumiriam à construção de mais uma tipologia com vistas a modificações nas unidades. Ela alterou os mecanismos de escolha dos Diretores delas, estabelecendo, por meio da Instrução Normativa de 12 de maio de 2000, o sistema de comitês de busca. Encerrou-se assim o ciclo de eleições para chefias das unidades de pesquisa (*Jornal da Ciência*, p. 6, 26 maio 2000). No novo modelo, o comitê de busca, nomeado pelo MCT, receberia as propostas mais variadas para o recebimento de candidaturas, após o que, num prazo pré-fixado, seriam escolhidos os três candidatos reputados os mais aptos. Uma lista tríplice contendo o nome dos três candidatos seria encaminhada pelo comitê ao Ministro, que por fim escolheria o novo Diretor.

Em uma nota, na edição de 07 de julho de 2000 do *Jornal da Ciência*, divulgou-se que a ABTLuS nomeou um comitê de seleção para busca de candidatos ao cargo de Diretor-Geral daquela Organização Social. Na mesma nota, informava-se que o IBICT também estava com um comitê de busca, nomeado pelo MCT, para tarefa similar (*Jornal da Ciência*, p. 4, 07 jul. 2000). O INPE, ainda, teve um Comitê de busca, nomeado em 08 de março de 2001 (*Jornal da Ciência*, p. 4, 16 mar. 2001). Esse mesmo mecanismo foi recomendado, inclusive, para o Instituto de Pesquisas Tecnológicas (IPT) de São Paulo:

> A Presidente da SBPC, Glaci Zancan, enviou carta, em 29/01, ao governador em exercício de SP, Geraldo Alckmin, propondo o uso de Comitê de Busca para a escolha do Diretor superintendente do Instituto de Pesquisas Tecnológicas (IPT/SP). Na visão da SBPC, esse é o sistema mais adequado para institutos de pesquisa públicos com missão dirigida, como o IPT. (*Jornal da Ciência*, p. 1, 09 fev. 2001)

A despeito da pertinência de algumas críticas, o mecanismo de montagem de comitês de busca se consolidou como uma solução. A Associação dos Pesquisadores do CNPq (Anpesq) formulou algumas recomendações para que os comitês não incorressem em equívocos. Para a Anpesq, as fraquezas do sistema seriam,

1) O fato de que a autoridade que nomeia o Diretor em questão (o Ministro de C&T) seja quem, direta ou indiretamente (por delegação), constitui o comitê de busca; 2) O fato de o comitê de busca poder realizar seu trabalho sem que a comunidade interessada [os pesquisadores e técnicos das unidades de pesquisa] saiba quais foram os nomes considerados e em que bases foram selecionados aqueles incluídos na lista tríplice; 3) O fato de não necessariamente se ter conhecimento da composição da lista e a não-obrigatoriedade do Ministro de nomear ao final alguém da mesma. (*Jornal da Ciência*, p. 9, 26 jan. 2001)

A primeira recomendação foi:

I) Constituição do comitê de busca: Esta comissão deve ser constituída por nome de grande expressão na comunidade científica e tecnológica, capazes de tratar a instituição em questão de forma isenta e impessoal. Esses nomes seriam indicados por: Ministro da C&T; Academia Brasileira de Ciências e SBPC; Sociedades científica e/ou técnicas de expressão nacional, ligadas à área ou às áreas relacionadas à instituição em questão; Quadros de pesquisa do instituto em questão; e a composição do comitê de busca deve refletir as principais áreas de pesquisa da instituição em pauta. (*Jornal da Ciência*, p. 9, 26 jan. 2001)

Segundo a segunda recomendação da Anpesq, os comitês de busca deveriam ter maior interação com o pessoal lotado nas unidades de pesquisa, fornecendo informações de maneira mais aberta e constante. Por fim, o Ministro deveria forçosamente escolher um dos nomes fornecidos pelo comitê.

Ainda em 2000 foi constituída uma nova Comissão para a avaliação das unidades de pesquisa, já reunidas no MCT: a Comissão Tundisi. Além da participação dos Diretores das unidades, em reuniões, houve visitas de subcomissões para avaliação na sede das unidades (*Jornal da Ciência*, p. 3, 06 nov. 2000). Foram cinco meses de trabalhos e vários outros de definição final. O Relatório final foi divulgado no final de setembro de 2001, disponível na página eletrônica do Ministério (*Jornal da Ciência*, p. 6, 28 set. 2001). Ao final, as unidades foram dispersas em cinco tipos:

QUADRO 18
Tipologia de 2001 (Relatório Tundisi)

Tipos de Unidades	Características
Institutos Nacionais	Organizações verticalizadas, executoras de políticas específicas de interesse nacional.
Laboratórios Nacionais	Organizações prioritariamente provedoras de infraestrutura laboratorial sofisticada para a comunidade científico e/ou tecnológica desenvolver suas atividades de pesquisa. A equipe de pesquisadores do Laboratório concentra-se no aperfeiçoamento da infraestrutura e das metodologias/ferramentas de uso das mesmas.
Laboratórios Associados	Unidades funcionais de instituições públicas ou privadas, convidadas a se associarem ao sistema de UPs [unidades de pesquisas] do MCT, para disponibilizar sua sofisticada infraestrutura laboratorial e funcional à comunidade científica e tecnológica, para permitir a realização de suas atividades de pesquisa e desenvolvimento. A cooperação envolve um suporte financeiro de parte do MCT, vinculado à existência de uma demanda e à qualidade do suporte oferecido.
Centros de Competência e Referência	Organizações instituídas pelo MCT ou instituições públicas, bem como privadas, associadas ao sistema de UPs [unidades de pesquisas] para cumprirem uma missão específica de caráter estratégico e temporário. Na qualidade de Centro de Competência a organização assume uma missão científica ou tecnológica pioneira ou de papel de Estado. Na qualidade de Centro de Referência a organização assume uma atividade de cunho estratégico, cujo modelo/conhecimento deseja-se replicar, eficientemente, em outras instituições e/ou empresas.
Redes Temáticas de Pesquisa	Organizações virtuais, formadas pela cooperação de três ou mais unidades de pesquisa de universidades e de centros de pesquisa públicos, privados, bem como, eventualmente, empresas de base tecnológica, visando, em determinado período, à realização integrada de um programa de desenvolvimento científico/tecnológico de impacto.

Fonte: Adaptado de Brasil. MCT (2001, p. 41-42).

Esta tipologia possui algumas características interessantes por sua perspectiva integradora. O objetivo era o de listar tipos ideais de unidades que poderiam se organizar em um sistema de mútua dependência e operação. Esta nova possibilidade seria mencionada no tópico subsequente do Relatório como a "promoção da sinergia e cooperação interinstitucional":

As soluções de problemas, especialmente os de maior porte, envolvem essencialmente conhecimentos multidisciplinares. As unidades de pesquisa do MCT já constituem e terão ampliados seus espectros de competências, devendo, ainda, ser engajadas, mais intensivamente, em trabalhos cooperativos. (BRASIL. MCT, 2001, p. 42)

Eis o modelo que agregaria os cinco tipos de unidades em elementos gerenciados pelo MCT:

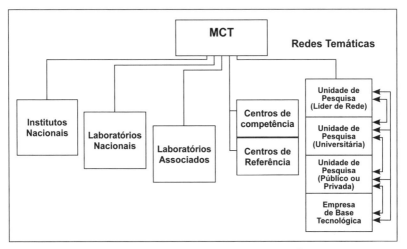

FIGURA 4 – Formatos institucionais, na proposta de 2001 (Relatório Tundisi)
Fonte: Brasil. MCT (2001, p. 42).

Algumas unidades se posicionaram contra duas de suas recomendações: a de que algumas delas não mais se dedicassem a programas de pós-graduação no nível de mestrado e doutorado, e a de que fossem reformulados seus vínculos, organogramas e funções. A primeira recomendação se baseava numa concepção de que a formação de recursos humanos deve ser feita, primordialmente, nas universidades. Por conseguinte, as unidades de pesquisa devem se concentrar na oferta de cursos rápidos (extensão, formação continuada e treinamento avançado) e de pós-graduação em sentido lato (especialização). Além disso, devem oferecer um conjunto de oportunidades para iniciação científica, doutorado-sanduíche e pós-doutorado para atrair pessoal qualificado, no futuro (BRASIL. MCT, 2001, p. 53-54). Apenas excepcionalmente deveria haver programas de pós-graduação em sentido estrito:

Cursos específicos de Pós-Graduação *stricto sensu* são naturalmente atividades universitárias. O envolvimento das unidades de pesquisa do MCT nessas atividades de pós-graduação deve considerar a integração com as universidades e seus programas, pelo estabelecimento de convênios e o reconhecimento de pesquisadores como orientadores oficiais. Aqui há uma ampla possibilidade de se oferecerem *bench-spaces* [?] nas unidades para o desenvolvimento de teses e projetos de pós-graduação, em co-orientação com os professores das universidades. A Pós-Graduação só deverá ser oferecida pelas unidades de pesquisa do MCT quando as condições de localização geográfica, especialidade, necessidade estratégica e outros atributos, a ser discutido, caso a caso, estimularem essa atuação. (BRASIL. MCT, 2001, p. 53)

Ainda no caso da primeira recomendação, sobre o fim da pós-graduação em algumas unidades de pesquisas, o objetivo da Comissão era o de que a maior parte das instituições modificasse os seus programas. Assim, poderiam transferi-los para as universidades federais da sua área, ou realizá-los, em convênio, com as universidades, que expediriam os diplomas. As unidades incluídas na recomendação de término das atividades de ensino, em curto prazo eram: 1. Centro Brasileiro de Pesquisas Físicas (Mestrado e Doutorado em Física); 2. Instituto Nacional de Pesquisas Espaciais (Mestrado e Doutorado em seis áreas: Engenharia e Tecnologia Espacial, Geofísica Espacial, Sensoriamento Remoto, Meteorologia, Computação Aplicada e Astrofísica); e 3. Observatório Nacional (Mestrado e Doutorado em duas áreas: Geofísica e Astronomia). Todas teriam que realizar modificações rapidamente, no entender da Comissão (BRASIL. MCT, 2001, p. 15). Todavia, a maior parte das unidades com programas de pós-graduação tiveram recomendação para articulá-los com as universidades. Foi o caso do Programa de Modelagem Computacional do Laboratório Nacional de Computação Científica (LNCC) e das várias unidades da Comissão Nacional de Energia Nuclear. Outros tipos de unidades que possuem programas de pós-graduação não sofreram problemas: o primeiro tipo era formado pelas unidades que já realizavam as suas atividades de pós-graduação em convênio com as universidades federais, como o Museu Paraense Emílio Goeldi (convênio com a Universidade Federal do Pará para o seu programa de Mestrado e Doutorado em Zoologia) e o Instituto Brasileiro de Informação em Ciência e Tecnologia (convênio com a Universidade Federal do Rio de Janeiro para o seu programa de Mestrado e Doutorado em Ciência da Informação) (BRASIL. MCT, 2001, p. 15; sítio eletrônico da CAPES. Disponível em: <http://www.capes.gov.br>. Acesso em: 15 mar. 2002).

Neste caso, só o IBICT teve motivos de desconforto. Como o seu Programa e, também, o seu Departamento de Ensino e Pesquisa, se localizam no Rio de Janeiro, enquanto a unidade tem sede em Brasília, a recomendação foi no sentido de que o Departamento fosse transferido para uma universidade federal no Rio de Janeiro.[126] O MCT deveria, inclusive, continuar pagando os salários dos servidores e contribuindo com a manutenção do Departamento, até o seu fim, que seria definido junto com a universidade (BRASIL. MCT, 2001, p. 80).

O segundo tipo de unidades que não tiveram problemas foram aquelas que não puderam se enquadrar na regra geral, por conta de excepcionalidades, como localização geográfica, especialidade, necessidade estratégica ou outras. Foi o caso do Instituto Nacional de Pesquisas da Amazônia (INPA), com os seus programas de pós-graduação (Mestrado e Doutorado) em Ecologia, Entomologia, Botânica, Biologia de Água Doce e Pesca Interior, assim como Mestrado em Ciências de Florestas Tropicais. Também foi o caso do Instituto Nacional de Matemática Pura e Aplicada, com o seu Mestrado e Doutorado em Matemática (BRASIL. MCT, 2001, p. 15)

No caso do INPA, se indicou que as atividades por ele exercidas possuiriam natureza estratégica, assim como que ele ofereceria programas de pós-graduação numa região carente destas atividades. Já o programa do Instituto Nacional de Matemática Pura e Aplicada (IMPA) teria sido protegido por conta de sua especialidade excepcional e sua excelência, já que ele teria uma nota 07 na avaliação da CAPES, o grau máximo. A excelência, porém, não poderia ser critério absoluto, porque o Programa em Geofísica Espacial do INPE não foi protegido, a despeito de sua nota 07, também. Um pesquisador resumiu esta "proteção" ao IMPA da seguinte maneira:

> Em 2001, o IMPA assinou, com o MCT, o seu primeiro contrato de gestão na qualidade de recém-constituída Organização Social com o objetivo de elevar o nível do ensino e pesquisa da Matemática Pura e Aplicada, no Brasil, a um novo patamar de excelência, de tal forma que estas áreas prestem um serviço à Sociedade e o Instituto se torne no principal órgão de articulação nacional nessa área de competência. As diretrizes da missão do IMPA: "1) atuar na área da Matemática Pura, de forma a manter a pesquisa brasileira, nesse campo, em níveis comparados aos melhores padrões internacionais; 2) atuar em Matemática Aplicada com o objetivo de pesquisar novas áreas de aplicação que sejam de interesse do setor privado ou de problemas estratégicos do governo; 3) atuar como

---

[126] A opção pela UFRJ seria óbvia, visto que o Programa já é realizado em convênio com ela.

articulador nacional do estímulo e da excelência em Matemática de sorte a maximizar o impacto sobre o sistema brasileiro de educação, ciência e tecnologia; 4) incentivar a criação de novos grupos de excelência no país, bem como o aumento significativo de teses de doutorado, com especial atenção às regiões de maior carência; 5) fortalecer a cooperação e o intercâmbio com instituições do exterior com estaque para os países da América do Sul". Bom, e vai por aí... Essas são as missões. Depois tem as recomendações... O que ocorre no Relatório Tundisi? Primeiro, uma leitura da Matemática extremamente positivista. A leitura de que a Matemática é a linguagem do mundo. Então, a sociedade tem que primeiro saber matemática, depois ela tem que saber Física, depois ela tem que saber Geologia, uma vez que o Observatório Nacional no Relatório Tundisi não faria mais Astronomia... Astronomia está fora... Então, está seguindo a seqüência positivista de Comte. Matemática, Física, Geofísica, Geologia, depois teria Biologia... Mas a Biologia está fora... E, por último, as Ciências Sociais... E, por último, o Museu de Astronomia que estaria fora do sistema porque parou ali, o corte foi ali. O que você tem é isso. Você tem, no Instituto de Matemática todo o rigor que foi adotado nos demais institutos não foi adotado no IMPA. Por razões puramente políticas de atuação dos [antigos e atual] Diretores. Dos vários diretores envolvidos, não só do diretor do IMPA. Dos Diretores do CNPq, do Ministro. Toda uma articulação... Que é essa imagem de que você tem aqui o filé *mignon* de tudo. Você tem a perfeição e ela está no IMPA. Isso é um *lobby* político. Isso vai durar enquanto algumas pessoas estiverem em alguns lugares. Na hora que essas pessoas saírem, vai se entender que existem tensões, mesmo na Matemática. Competências de pessoas que não estão podendo aparecer. Por mais que façam, não vão poder aparecer. Porque na hora que você coloca na diretriz de uma Organização Social, a responsabilidade pelo aumento da produção e da capacidade da Matemática [como um todo], já é esquisito. (Entrevista, pesquisador, 10 out. 2001)

No lado das unidades desautorizadas, um caso expressivo era o do Museu de Astronomia e Ciências Afins e de seu Programa de Pós-Graduação em História da Ciência, em convênio com a Casa de Oswaldo Cruz (unidade de pesquisas na área de História, da Fundação homônima). O Programa já havia sido aprovado pela CAPES, entretanto tendo sido desautorizado pelo Secretário-Executivo do MCT:

> Impedir o surgimento da pós-graduação aqui no MAST, que foi aprovado pela CAPES. O [Carlos Américo] Pacheco [Secretário-Executivo do MCT] mandou suspender e o [João Evangelista] Steiner [Secretário de Coordenação das Unidades de Pesquisa do MCT] mandou suspender qualquer negociação. Como? Com um ofício endereçado à Direção do MAST com cópia a CAPES, ao Baeta Neves. Então você mata. Porque se ele mandasse um ofício para cá, você podia tentar um contato com a

CAPES. Olha, está acontecendo isso, vamos negociar. Não. Na hora que sai do Ministério à Diretora do MAST com cópia a CAPES, a Diretora do MAST não tem mais o que fazer. Porque ela não pode ligar para o Abílio, que o Abílio vai dizer: "Olha, Miriam [ex-Diretora do MAST], não posso fazer nada. Recebi aqui". Essa prática é autoritária, arbitrária, não ética, desonesta. É uma prática do não-diálogo. É uma prática da imposição. (Entrevista, pesquisador, 25 out. 2001)

Esse não foi um caso isolado. O IRD da CNEN também estava com um programa aprovado e foi igualmente desautorizado pela Comissão. Aliás, todas as unidades da CNEN tiveram avaliações no sentido de, em médio prazo, acabar com as suas atividades de pós-graduação em sentido estrito (BRASIL. MCT, 2001, p. 71-75).[127] O que é incrível, considerando a necessidade contínua de formação de recursos humanos no país. O caso do MAST, porém, era o mais grave de todos, porque nele se localizava o segundo tipo de recomendação do relatório Tundisi: a mudança de vínculos institucionais. O futuro da instituição tornou-se imprevisível. Ele poderia vir a ser vinculado ao Observatório Nacional, a uma universidade federal, ao município do Rio de Janeiro, ao INPE ou ao governo do Estado do Rio de Janeiro. Para resolver o problema do MAST foi montada uma comissão, presidida pelo Diretor do Observatório Nacional. A função desta comissão foi a de recomendar ao Ministério uma solução cabível. No final de 2001, com o Grupo de Trabalho já formado e presidido por Luiz Bevilácqua, as soluções foram:

Então, sobram três possibilidades [para o MAST]: essa história da absorção que tem esses problemas, mas é possível ser feito;[128] a criação de um Museu Nacional de História da Ciência e Tecnologia, que eu acho bastante interessante. E isso eu acho que o Museu tem condições de ir fazendo devagar. Ir se estruturando, treinando equipes. Seria bem interessante. Com o tempo o seu corpo científico, acervo, essa coisa toda. E tem uma [outra] possibilidade que já é uma alucinação de alguns membros da Comissão, inclusive do [Luiz] Bevilácqua... Que é você ter um "Orlando Science" ou sei lá o nome. O cara entra no corpo humano e roda lá dentro... (Entrevista, servidor, 29 nov. 2001)

---

[127] O IPEN possui três programas de pós-graduação (Tecnologia Nuclear, Laseres em Odontologia e Projeto e Operação de Sistemas Nucleares). Todos, inclusive o de Tecnologia Nuclear, avaliado pela CAPES com nota seis, tiveram recomendação de, em médio prazo, serem descontinuados (BRASIL. MCT, 2001, p. 75).
[128] Como nenhuma universidade federal, no Rio de Janeiro, aceitou ou pediu para absorver o MAST, e tanto o governo do Estado quanto o município não aceitou o Museu, assim, só havia sobrado o ON para absorvê-lo, de novo.

Antes de tudo isso, no biênio 2000/2001, à medida que informações esparsas acerca do Relatório eram ouvidas, as reclamações sobre as possíveis recomendações nele contidas já resultavam em diversos atos e ofensivas por parte dos pesquisadores. Foi assim que eles conseguiram, por intermédio do Deputado Jorge Bittar (PT-RJ), uma audiência pública na Comissão de Ciência e Tecnologia, Comunicação e Informática da Câmara dos Deputados (*Jornal da Ciência*, p. 5, 13 abr. 2001), realizada em 06 de junho de 2001 (*Jornal da Ciência*, p. 1, 25 maio 2001).

Com a divulgação oficial do Relatório, em setembro de 2001, um grande ato de defesa das unidades ocorreu na sede do CBPF, em 01 de outubro de 2001 (*Jornal da Ciência*, p. 4, 12 out. 2001). O ponto de honra era a manutenção das atividades de pós-graduação nas unidades de pesquisas. Foi o caso do INPE, cujo primeiro Diretor, Fernando de Mendonça, saiu em defesa de seus programas de pós-graduação (*Jornal da Ciência*, p. 1, 26 out. 2001). Um dos fundadores do CBPF, Roberto Salmeron, também defendeu então a manutenção da pós-graduação daquele Centro (SALMERON, p. 7, 26 out. 2001). Algumas sociedades científicas, como a Sociedade Astronômica Brasileira, a Sociedade Brasileira de História da Ciência e a Sociedade Brasileira de Física, também ponderaram ao Ministro que fosse cauteloso com as recomendações do Relatório Tundisi (*Jornal da Ciência*, p. 7, 23 nov. 2001). O tópico das atividades de pós-graduação acabou sendo incluído como parte da pauta de negociação que envolveria as unidades de pesquisa e o MCT. Houve uma reunião, nos dias 20 e 21 de dezembro de 2001, entre Diretores e a administração central, quando a questão foi tratada da seguinte forma:

> Alguns participantes do encontro interpretaram a observação de [João Evangelista] Steiner [Secretário de unidades de pesquisa] como flexibilização da recomendação do relatório sobre a transferência dos cursos de pós-graduação dos institutos de pesquisa para universidades. Ou seja, a indicação não deve ser levada ao pé da letra e pode ser tema de negociação entre o MCT e os institutos que desejam manter seus cursos. (*Jornal da Ciência*, p. 7, 07 dez. 2001)

O ponto final às controvérsias geradas pelo Relatório Tundisi sobre as unidades de pesquisa passou pela formação de mais Comissões destinadas a estudar a viabilidade de execução das recomendações. Uma delas, para o caso específico do CBPF, incluiu o seu Diretor-Interino:

O MCT está identificando, em conjunto com lideranças do setor, áreas de ponta em pesquisa que sejam de interesse estratégico para o desenvolvimento da Física brasileira ou de programas do governo. Para isso, o Ministro Ronaldo Sardenberg criou uma comissão de alto nível que desde janeiro está trabalhando no assunto e, no dia 14 deste mês [maio de 2002] se reunirá pela última vez para concluir seu relatório. A comissão de alto nível é composta por Carlos Henrique Brito Cruz, reitor da Unicamp e Presidente da FAPESP; pelo Diretor do CBPF, João dos Anjos, e pelos professores Sérgio Machado Rezende (UFPE); Sylvio Canuto (USP); Roberto Salmeron (École Polythecnique de Paris); Alaor Silvério Chaves (UFMG) [Presidente da Comissão]; Luiz Davidovich (UFRJ); José Roberto Leite (USP) e João Alziro Herz da Jornada (Inmetro). A Comissão [...] tem como objetivo, entre outros, identificar missões e prioridades para a atuação dos institutos do MCT, indicar estratégias para o aprimoramento da formação de recursos humanos na área da Física, identificar eventuais lacunas no perfil da Física brasileira e propor estratégias para sua superação [...]. (*Jornal da Ciência E-mail*, 10 maio 2002)

As controvérsias encontraram seu fim com a assinatura de um Termo de Compromisso de Gestão, que começou a ser discutido em novembro de 2001, entre os Diretores de todas as unidades de pesquisa e o MCT (*Jornal da Ciência*, p. 7, 07 dez. 2001). O processo encaminhar-se-ia, naturalmente, para a futura elaboração de contratos de gestão para todas as unidades, mesmo para aquelas que ainda não estivessem qualificadas, até então, como Organizações Sociais.

4.3 Reorganização e desorganização institucional

Podemos concluir que a tensão existente entre o estabelecimento de prioridades por parte do MCT e a manutenção de liberdade de pesquisa, nas instituições por ele diretamente gerenciadas, decorre das tentativas de ordenação do setor de ciência e tecnologia. No cômputo geral, as mudanças propostas e executadas geraram grandes temores nos pesquisadores. As opiniões contrárias foram bem expressas por uma manifestação da Associação Brasileira das Instituições de Pesquisa Tecnológica (ABIPIT), em 05 de dezembro de 1998:

> Como tem sido anunciado pela imprensa, o governo federal cogita racionalizar sua máquina administrativa mediante fusão de órgãos e ministérios, com o objetivo de reduzir custos. Os ministérios da C&T (MCT) e da Educação podem dar origem a um novo e único ministério no segundo mandato do Presidente FHC. Ou ainda o ensino superior deixaria de ser responsabilidade do MEC e passaria para a tutela

do MCT [...]. Enquanto nos países desenvolvidos as instituições se modificam para adaptar-se às novas realidades, no Brasil costumam ser simplesmente eliminadas [...] Enquanto as organizações modernas descentralizam e horizontalizam suas ações, o governo federal decide formar super ministérios e super agências piorando os serviços públicos pelo aumento da burocracia, além de aumentar os custos finais para a sociedade. Caso esta idéia persista, a história será impassível com as autoridades responsáveis por estes erros. (*Jornal da Ciência*, p. 4, 18 dez. 1998)

O medo principal era o de que o estabelecimento de superagências provocasse o fim do pluralismo que marcaria o setor, entendendo-se pela positividade dos dissensos e das possibilidades de fomento, fora de um único eixo. Os eixos prioritários deveriam existir, porém não podendo ser únicos e inescapáveis. Adão Villaverde, Secretário de Ciência e Tecnologia do Estado do Rio Grande do Sul, afirmou:

O Ministro Bresser Pereira ao propor a "Reestruturação do Sistema Federal de C&T" suscitou amplo debate na comunidade científica e na sociedade. As opiniões acerca do tema são de várias matizes, indo desde a percepção que entende estar ocorrendo um desmantelamento do CNPq até o reforço da instituição. Há pouco, Rogério Cerqueira Leite (*Folha de S.Paulo*, 16.2.99) elevou o tom, afirmando que, se o governo não enfrentar o problema da reestruturação, deverá "conviver com o conflito" entre e "burocracia" e os "cientistas". Apesar da relevância do debate sobre a estrutura do sistema, ele não toca no aspecto considerado central da questão: que conteúdo terá a C&T desenvolvidas no país e de qual modelo de política de C&T precisamos? [...] Ou a política de C&T se coloca do ponto de vista dos interesses da maioria da sociedade, com a comunidade científica e o governo sentando à mesa com todos os atores sociais para construí-la, ou permanecerá presa na armadilha montada pela "burocracia" e os "cientistas". Assim, terá razão Cerqueira Leite: que fique o "CNPq para os cientistas e o MCT para o Ministro". Nesse caso, o debate sobre a estrutura do sistema de C&T servirá apenas para o diletantismo do ministério e da academia. E a política de C&T que o país tanto precisa terá sua adoção mais uma vez adiada. (VILLAVERDE, p. 10, 30 abr. 1999)

A consequência das propostas de ordenação do setor e as unidades de pesquisa do MCT é que, para colocar em marcha as propostas de definição de prioridades, no setor, as unidades sofreram intensas tentativas de ajustes. O símbolo dessas tentativas de controle e direcionamento foi a apresentação do modelo das Organizações Sociais como prêmio. O surgimento do Relatório Tundisi, em 2001, gerou um crescimento generalizado de controle das instituições por parte da administração da produção científica que, se vinha de um período interior, foi então sobremodo intensificada. A questão implícita era a de que as vantagens competitivas das unidades seriam distribuídas de acordo com as avaliações de seus desempenhos, realizadas pelo MCT. Entretanto, os novos mecanismos de controle (os termos de compromisso e contratos de gestão) seriam generalizados para todas as unidades, ao passo que os prêmios (mais recursos e adoção de um modelo de gestão que gozava de prestígio no MCT, as OS), seriam para poucos escolhidos.[129] O Diretor do IMPA, Jacob Palis Jr., defendeu as vantagens de sua instituição ser uma Organização Social:

> O Diretor do IMPA, Jacob Palis Jr., disse que, com o novo modelo, a "responsabilidade aumentou", mas que, em contrapartida "temos liberdade para contratar profissionais (pela CLT), tabela salarial adequada e podemos efetuar compras sem burocracia excessiva. Foi um ano auspicioso para o IMPA", festejou. (*Jornal da Ciência*, p. 9, 07 dez. 2001)

O sentimento foi compartilhado por diversos Diretores e pesquisadores das unidades de pesquisa do MCT. Se antes eles se expressavam receosos em relação ao modelo das Organizações Sociais, o crescimento dos mecanismos de controle tornou-a uma rota de fuga para os problemas de avaliação:

> Então, de repente aparece do outro lado uma promessa. Se você ingressar na Organização Social... Veja, isso foi dito com todas as letras! Se você ingressar na Organização Social a gente aumenta o orçamento de vocês, a gente dá mais dinheiro para vocês. Vocês vão ser muito bem vistos.

---

[129] As universidades rejeitaram expressamente este mecanismo de controle. Sobre a proposta de contrato de gestão para as universidades, Carlos Lessa, professor titular da UFRJ, então Decano do Centro de Ciências Jurídicas e Econômicas daquela instituição, declarou que "[A questão dos problemas da universidade] vai ser enfrentada como? Pelo governo, se desonerando, estabelecendo contrato de gestão? Esse contrato vai ser administrado a partir de critérios? Critérios quantitativos de desempenho? Critérios qualitativos formados à imagem e semelhança dos atuais critérios da CAPES e do CNPq? É isso? É esse o contrato de gestão? A área de serviço social vai ser julgada pela relação aluno-professor que ela tem, e não pela qualidade da reflexão a que ela conseguir chegar sobre serviço social [...] A Academia Brasileira de Ciências (ABC) não permite nenhum cientista de serviço social fazer parte dela. A duras penas são admitidos os engenheiros, não é? As ciências sociais não têm assento na ABC. Sou completamente contrário à idéia de contrato de gestão. Isso é uma empulhação. Tudo isso é para diminuir a universidade" (*Jornal da Ciência*, p. 6-7, 09 jul. 1999). No entanto, no caso da universidade, não existem avaliações desfavoráveis, nem dificuldades para realizar atividades junto com as Fundações de apoio.

Vão ficar a menina dos olhos do Ministério. Vocês querem? Se vocês não entrarem na Organização Social, vocês vão comer o pão que o diabo amassou. Agora, você escolhe. Agora, é o seguinte. Você, sozinho. Porque o Diretor de uma unidade de pesquisa não tem autonomia para contratar, para despedir, para promover. Não é o Diretor de unidade de pesquisa que faz. Ele é, no fundo, dentro de uma estrutura hierárquica, o sargento da tropa. Que leva a tropa. As orientações maiores vêm de fora. Chega para o sargento da tropa e pergunta o seguinte: "você quer manter sua tropa em inanição, sem armamento, indo para frente?". Ou você prefere: "dar comida boa, sair da linha de frente, folga e descanso?". Que você prefere? Você é o responsável pela tropa. Você que vai estar ali, no dia seguinte, com o soldado. E tem muita gente... Daí depende dessa oportunidade... Muitas pessoas que vão dizer: "Eu prefiro sair da linha de frente, eu prefiro ganhar essas benesses, me aliar a esta força que está sendo imposta do que ficar lutando contra ela". (Entrevista, pesquisador, 10 out. 2001)

Para alguns, as unidades de pesquisa teriam sido, inclusive, "persuadidas" com promessas, que iriam desde a complementação salarial, às facilidades institucionais por conta de avaliações favoráveis:

Então, isso vem acontecendo, não é? Devagar, tranqüilo. E surpreendentemente, instituições como o próprio MAST, hoje, o pessoal da pesquisa diz que, de repente, se transformar numa OS [Organização Social] é uma saída. Seria melhor do que ir para o Estado, o município, como diz a Comissão ou ir para a universidade e tudo o mais. As pessoas já começam a aceitar essa possibilidade. E aí tem outro componente, que é um negócio extremamente perigoso, que é a [cooptação]. As pessoas estão sendo, em alguns institutos... As pessoas estão sendo cooptadas a um projeto que elas não conhecem, mas elas estão sendo cooptadas em cima de promessas de ganhos pecuniários. Esse é um problema sério. A gente está vivendo isso, agora, e isso vai explodir. [...] Até me convidaram para ir à reunião. Eu falei: "não posso ir a uma reunião dessas, porque se eu for lá, eu vou levantar. Minha obrigação é levantar e dizer 'olha, isso aqui é ilegal'; e vocês vão me dar bordoada porque vão dizer que eu estou tirando a possibilidade dos caras receberem setecentas pratas". Só que vocês têm... Eu tenho dito, individualmente para as pessoas: "vocês têm que ter consciência de que isso aí é uma coisa ilegal". Vocês podem ganhar e um dia alguém dizer que vocês vão ter que devolver. Não é? Isso vai explodir. Porque a coisa tomou um vulto muito grande com a possibilidade de se botar a mão em grana de Fundos. Esse negócio está se alastrando, entendeu? E está incontrolável. E aí o projeto de modernização [Organização Social] vem e se encaixa direitinho. Porque ele exatamente oficializa isso tudo. (Entrevista, servidor, 29 nov. 2001)

Vimos que, para a confecção de diversos relatórios e propostas, foram montados diversos tipos ideais de unidades de pesquisas. Mas as tipologias somente são úteis quando, cuidadosas, pretendem servir para a compreensão de uma dada realidade. Quando usadas como justificativa de mudanças, desacompanhadas de maior detalhamento, perdem o caráter de tipo e servem apenas para reforçar lugares-comuns. O estranhamento no tratamento das tipologias sobre as unidades de pesquisa do MCT pode ser entendido a partir da opinião de um Diretor de uma destas unidades:

> Botaram o [nosso instituto] [no Relatório Tundisi] lá nessa categoria de Laboratórios Nacionais. Apesar de estar lá que o [instituto] faz pesquisa, também, em [várias áreas] e não sei mais o que; e pode fazer estudos sob encomenda, de interesse público e privado e "te-té-té". Aqui tem pesquisa, então eles têm que dar caminho às pesquisas. Mas eles enfatizaram muito o lado de Laboratório Nacional, de *facilities* [infra-estrutura] disponível aqui para todo mundo, para poder botar naquela categoria. Então, eles forçaram muito isso, porque [ele] não é exatamente igual ao LNA [Laboratório Nacional de Astrofísica] porque tem essa outra capacidade [...]. De um modo geral, eles forçaram muito essa categorização. Por exemplo, institutos voltados para a tecnologia (tem lá outra classificação): botaram o INPE [Instituto Nacional de Pesquisas Espaciais]. Tem tecnologia no INPE. Mas tecnologia no INPE é vinte e cinco por cento. Tem outros setenta e cinco por cento que é negócio de aplicações espaciais e usos de dados de satélites e, também, a parte de pesquisa básica em ciência espacial. O INPE tem uma tradição. Tem um curso de pós-graduação lá, em ciência espacial, que é grau 7 da CAPES. É o maior. É um negócio de qualidade. Aonde surgiu o INPE? O INPE surgiu na pesquisa espacial: Instituto de Pesquisas Espaciais. A tecnologia surgiu depois. Agregou-se ao INPE. Então, o INPE não é uma instituição exclusivamente tecnológica ou prioritariamente voltada para tecnologia, como eles estão falando. Então, eles forçaram muito naquela classificação para poder até facilitar a análise. Mas aí você perde... (Entrevista, 26 set. 2001)

Na conclusão deste trabalho, cuidaremos da conjugação de uma agenda geral de reformulação que, tentando reordenar o setor, incrementa a burocratização das instituições com as propostas desburocratizantes que, seguidas sem os devidos cuidados, cria o risco de gerar mais entropia do que ordenação.

CONSIDERAÇÕES FINAIS

O que podemos dimensionar ao longo do presente trabalho é que a área de ciência e tecnologia passou por grandes transformações, durante estes dois governos do Presidente Fernando Henrique Cardoso (1995-2002). O nosso objetivo inicial era demonstrar que o setor se organizou, historicamente, como uma burocracia estatal e que as mudanças atuais tornam este fato mais aparente. Realmente, não restam dúvidas de que a formação de vários grupos, espalhados em diversas instituições, já significaria isto. Mas, principalmente, há a formação de um arcabouço institucional que permite que tenhamos pesquisadores e cientistas que se dediquem, em tempo integral, à produção científica e tecnológica. Estas pessoas possuem a possibilidade, objetiva (condições materiais) e subjetiva, de produzir que, mesclada com as instituições, marca a formação de uma burocracia dedicada no setor.

A expansão das burocracias também é parte de um processo social. Sendo assim, ela tem como dinâmica introduzir ordenações, pretensamente racionais, no cerne das instituições. Podemos dizer que, no setor de ciência e tecnologia brasileiro, temos dois elementos verificáveis desta dinâmica de burocratização. O primeiro é a tendência de construir mecanismos decisórios mais centralizados e o segundo é a padronização das rotinas e procedimentos.

A partir desta conclusão, podemos ter em mente que o setor estava passando por um processo de maior burocratização por conta destas propostas cotidianas de reordenação. Todo processo de reestruturação exige a formação de regras de transição e sistemas formais — bem como informais — de relação. Assim, mesmo as mudanças pretensamente simplificadoras induzem um aumento da complexidade na sua implantação. Desta maneira, cremos que a consequência da realização deste objetivo foi demonstrar, portanto, que o setor de ciência e tecnologia passou pelos mesmos dilemas de aumento da sua complexidade organizacional que a sociedade e, também, que a administração pública como um todo.

Contra esta burocratização percebida pelos administradores, temos a apresentação de sucessivas reformas institucionais que buscam resolvê-la. A solução, então, seria caminhar para o fim das burocracias. Para tanto, seria dada ênfase em modelos de gestão mais flexíveis e adaptáveis, como o modelo das Organizações Sociais. Ora, esta proposta de um "novo modelo universal" adaptável poderia ser a mais evidente demonstração da absorção da agenda da Reforma Administrativa de 1995. Em síntese, ele seria a exposição perfeita deste gênero de propostas para resolução da burocratização. Mas vejamos que estas propostas estão ligadas a um aumento de controle, chamados de "finalísticos", que se contrapõem aos controles ditos procedimentais. Podemos mencionar que a nova regulamentação e os novos controles, decorrentes de contratos de gestão ou de leis, são igualmente regras. Não havia uma real diminuição no conjunto destas regras — detalhadas, complicadas, etc., no dizer dos críticos. Havia somente a proposta de mudança no formato delas. Se as práticas de gestão seriam melhores do que antes, só o tempo poderia dizer.

Uma pequena pausa.

O modelo das Organizações Sociais não foi operacionalizado em âmbito federal em nenhum setor, a não ser na área de ciência e tecnologia. O caso da ACERP — indicado pelo discurso de dirigentes da alta administração — era claro: uma má exceção que seria melhor não ter existido. Aliás, foi desconstituída depois, com o advento da Empresa Brasil de Comunicação, já no governo do Presidente Lula.

Entretanto, naquele período, não eram apenas estas mudanças de gestão que estavam em discussão. Havia uma profunda divergência acerca do que devia ser produzido em matéria de ciência e tecnologia e como isto deve ser produzido. Defendendo transformações, que têm como característica principal buscar uma maior racionalidade na operação do que é qualificado por dirigentes como "um sistema de ciência e tecnologia", estava uma cúpula dirigente que se propunha a realizar avaliações e adaptar os modelos administrativos. O reflexo mais direto destas propostas estava na expansão da lógica contratual para as relações entre as instituições de produção da ciência e tecnologia e de administração do setor. Fosse isto realizado por meio de contratos de gestão ou por termos de compromisso, o centro se desloca da autonomia constitucional para a restrição contratual. A condição diferenciada dos "contratantes" era certamente o centro deste problema. Quem poderia dizer que a alta comissão estava errada e que os indicadores haviam sido satisfeitos, contra sua opinião? Desta noção de organização do sistema podem ser vistos os esforços por integrar a produção científica e tecnológica, além de diminuir os desperdícios de recursos e potencializar as interações com os elementos externos como o sistema produtivo nacional. Como fazer com que a comunidade realize isso, se ela é dotada de uma autonomia constitucional? Melhor restringi-la por meio de contratos e termos.

Para efetivar estas tarefas enormes, se esbarravam em múltiplas questões. Estes problemas iam desde mecanismos regulares de financiamento até a organização interna das instituições produtoraes de ciência e tecnologia e de sua condição para o estabelecimento de relações. Estas relações deviam ser realizadas entre elas, com elementos externos e com a parte dirigente do sistema. Deve-se ter em conta, então, a necessidade não só de melhor organização interna das instituições, ou seja, o problema da gestão. Todavia, entender realmente a questão, deve-se ter em vista o problema das interações entre estes três pontos.

O sistema se organizou ao longo de uma perspectiva histórica como uma burocracia estatal. Esta burocracia se ramificou em diversas instituições com funções diferentes. Mas, principalmente, com mecanismos de interação bastante similares. As negociações levadas por estas instituições demandando o aumento dos seus recursos e das suas funções eram tipicamente acordos intraestatais. A cúpula dirigente de um órgão se encontrava com a cúpula dirigente da administração central e, deste modo, se decidiam novos projetos e atividades. Estas poderiam ser desde a prestação de assessorias técnicas para o auxílio na construção de usinas hidroelétricas (como no caso mencionado do Laboratório Nacional de Computação Científica) até o apoio na montagem de novas instituições de pesquisa (como é o caso do Laboratório Nacional de Luz Síncrotron e da participação dos físicos e técnicos do Centro Brasileiro de Pesquisas Físicas, naquela empreitada).

Esta foi a dinâmica de interação que acabou sendo sedimentada nas instituições do setor de ciência e tecnologia brasileiro. Assim, ela ocorreu de forma semelhante, em maior ou menor escala, nos departamentos mais competentes das universidades federais e estaduais (como a USP e Unicamp, por exemplo), alcançando até outras entidades de pesquisa da União e do Estado de São Paulo. Enfim, esta dinâmica encontrou espaço no que seriam as "ilhas de excelência", conforme relatou João Batista Araújo e Oliveira (1985), em consonância com os "núcleos de competência", como os denominou Simon Schwartzman (2001).

A construção de soluções institucionais sempre passou pelos espaços de produção mais competentes. Desta maneira, a Lei nº 8.958, que reconheceu a existência e as funções específicas das diversas fundações de apoio,[130] é um produto das demandas dos setores mais efetivos das universidades federais e estaduais. Estas estavam envolvidas por uma organização burocrática complexa e precisando movimentar com mais celeridade uma gama ampla de recursos externos. Logo, elas requeriam novos mecanismos de interação institucional. A operação destas fundações só se torna possível por conta de uma dupla especialização adquirida ao longo do funcionamento destes setores mais competentes nestas instituições. Para lidar por um lado com os mecanismos de negociação no âmbito da própria e por outro, com a dinâmica de mercado, criou-se o que Carmen Alveal nomeia, usando uma figura mitológica, de um Jano bifronte (1995).[131] Assim, alguns núcleos das universidades foram ganhando capacidade de transpor as barreiras das atividades burocráticas e conseguiram se adaptar às novas necessidades de interação que as suas demandas por mais recursos, de novas fontes, lhes impunham.

Isto serve para mencionar que o problema interno das variadas instituições que compõem o setor de ciência e tecnologia não é uma questão somente de gestão, como usualmente aparenta. É um problema na construção de mecanismos que possibilitem outros modos de relacionamento e interação. Neste aspecto é que nos cabe voltar para a proposta das Organizações Sociais e analisar, por um lado, sua definitiva recusa por parte das universidades federais e, por outro, a sua fraca oposição por parte das unidades de pesquisa do MCT. Este é o centro de uma consideração de monta para o presente trabalho!

A proposta das Organizações Sociais foi apresentada como uma solução para os diversos problemas internos que assolam a administração das instituições do setor, em princípio de forma generalizada. Estes problemas se iniciam com os baixos salários para os profissionais que estão alocados nas finalidades precípuas e passam, também, pela dificuldade na aquisição de bens (muitas vezes importados, como materiais de laboratório e novos equipamentos

---

[130] Como a Fundação Universitária José Bonifácio (FUJB), da UFRJ e a Fundação Euclides da Cunha (FEC), da UFF.

[131] O objeto deste estudo é a formação e o crescimento da Petrobrás. Em resumo muito simples, podemos dizer que como ela, sociedade de economia mista, precisava operar tanto com o Estado quanto com parceiros privados (distribuidores, por exemplo), acabou tendo que criar uma especialização para este movimento dual.

científicos) e de serviços especializados (como a manutenção destes mesmos equipamentos). Eles alcançam, ainda, a gerência de pessoal (como a admissão e a demissão) para a persecução de novos projetos (com prazos mais curtos ou mais dilatados). Ou seja, são problemas internos que não afetam, diretamente, os mecanismos de relação destas instituições com os antigos dirigentes (órgãos estatais). Mas que dificultam a relação com novos parceiros (como empresas) e que podem atrapalhar a dinâmica da produção interna e, logo, inviabilizar as parcerias.

A solução inicialmente aventada teria um preço: a incerteza. Em princípio, esta seria uma incerteza generalizada. Ela alcançaria desde a existência da instituição até o estatuto pessoal dos servidores (de todos os níveis e atividades). Cremos que já demonstramos, ao longo deste trabalho, que a desconfiança dos pesquisadores, sindicalistas e políticos da oposição acerca das Organizações Sociais estava (e ainda está) centrada no que eles consideram a privatização destas instituições. O receio dos pesquisadores está centrado na possibilidade do discurso do governo encobrir uma tentativa de abandonar a sua responsabilidade para com o fomento contínuo do setor de ciência e tecnologia. Num relatório sobre posição da SBPC acerca das transformações do aparelho do Estado, a comissão[132] mencionava:

> A SBPC reconhece que, apesar dos inegáveis avanços que as ciências brasileiras têm obtido nos últimos tempos, é possível melhorar muito [...]. Para isso admite a necessidade de maior flexibilidade burocrática na gestão das instituições científicas [...]. Coerente com o reconhecimento da urgente necessidade de maiores flexibilidade e autonomia na gestão da atividade científica, a SBPC é favorável à extinção do regime jurídico único, aceitando a convivência de regimes durante o período de transição [...]. Nenhuma iniciativa, porém, será exitosa caso o Estado não garanta recursos em projeto de longo prazo [...]. Esse compromisso do Estado com o financiamento das instituições científicas deve ser explicitamente assumido e, quando for o caso, deve constar dos contratos de gestão. (*Jornal da Ciência Hoje*, p. 3, 25 ago. 1995)

Por outro lado, cremos, também, que a defesa dos proponentes da Reforma estava centrada na necessidade do mesmo tipo de flexibilização das atividades e dos controles estatais, que possibilitaria esta solução

---

[132] A comissão era formada por Vilma Figueiredo (SBPC), César Camacho (IMPA), Gilberto Oliveira Castro (UFRJ), Benício Viero Schmidt (Fundação de Amparo à Pesquisa do DF e UnB) e Roque de Barros Laraia (UnB).

interna. Mas esta proposta trazia junto uma nova dinâmica para o controle das atividades, algo sensível em se tratando de produção científica. Ela não diminuía as regras internas tão somente. Ela mudava as regras, como mencionei antes!

As disputas que observamos ao longo do período de trabalho de campo se espalhavam por diversos objetivos. Elas iam desde a defesa de uma dicotomia entre a pesquisa básica e a pesquisa aplicada, até a crença na destruição pura e simples das instituições. É certo que eram discursos políticos. Todavia, eles tinham objetivos de fixação de políticas institucionais.

Outra pausa, relacionada com a primeira!

Ora, o modelo das Organizações Sociais apenas foi implantado na área de ciência e tecnologia, excepcionada a ACERP. Por quê? Houve neste setor a sua absorção na luta pela definição de uma nova dinâmica entre os produtores e a cúpula do sistema para induzir a relação com a inovação, em novos termos. Assim, a nossa pequena conclusão sobre a novidade das regras mostra-se plena de sentido!

Retornando ao contexto das disputas, elas traziam a marca de um processo de submissão por parte dos produtores, localizados nas unidades de pesquisa do MCT, aos objetivos traçados pela administração central do setor. Este era o cerne do problema: a tensão entre autonomia constitucional e definição de diretrizes hierárquicas. Logo, as posições definidas pela administração central deviam ser executadas pelas unidades de pesquisa, mediante termos de compromisso ou contratos de gestão, ou seja, mediante o controle direto do Ministério. Ela poderia se fortalecer também com um mecanismo de escolha de diretores que centralizasse os poderes de decisão nas mãos do Ministro, ao invés de privilegiar a eleição pelos pesquisadores, como ocorre nas universidades. Com estes exemplos é possível visualizar o reforço dos sistemas de controle das unidades. Mas deve ser notado que o contrato de gestão (ou o termo de compromisso) seria, apenas, o modo mais direto de submissão. Na prática, a modificação dos mecanismos de fomento tinha um efeito igualmente forte de indicar para as instituições um caminho de adaptação. A contraprova desta lógica é que as universidades estatais federais não aceitaram uma proposta parecida para a sua gestão (termos de compromisso ou contratos de gestão), como pode ser visto em Bresser-Pereira:

> Quando a proposta das organizações sociais foi lançada, no início de 1995, o Ministério da Educação viu inicialmente de forma positiva a idéia. Entretanto, diante da forte reação de vários reitores de universidades

federais, que preferiram a crítica ideológica — principalmente a afirmação de que se estava "privatizando" a universidade — em vez do debate. Tentei inúmeras vezes fazer um debate com o Fórum dos Reitores [ANDIFES], mas seu presidente, em 1995, resistiu à idéia. [O] Ministério da Educação, embora concordando com o diagnóstico e com a necessidade de tornar as universidades mais autônomas e responsáveis, resolveu tirar seu apoio ao projeto, argumentando que este era muito genérico, sendo necessário um projeto mais específico para conceder autonomia às universidades. (1998a, p. 245-246)

Ao contrário, elas sempre se fiaram na perspectiva de uma interpretação ampla da autonomia universitária, prevista na Constituição, para se proteger de quaisquer ingerências externas por parte do Ministério da Educação ou do Ministério da Ciência e Tecnologia:

O governo, após a tentativa malograda de realizar uma privatização branca das universidades públicas, em 1995, através da transformação voluntária das mesmas em "instituições públicas não estatais" [Organizações Sociais], optou, diante da forte reação das universidades, por alternativa: a proposta de "autonomia plena". (TRINDADE, 1999, p. 32)

Ao mesmo sentido, Luis Antônio Cunha, professor Titular da Faculdade de Educação da UFRJ, mencionava:

A reação [contra a proposta das Organizações Sociais] das entidades sindicais dos dirigentes, dos docentes, dos estudantes e dos funcionários das universidades foi enorme, o que levou o ministro da educação a sublinhar, num documento sobre a política para as instituições federais de ensino superior, o caráter voluntário da conversão das universidades autárquicas ou fundacionais em organizações sociais. (1999, p. 44-45)

Gostaríamos de finalizar este trabalho mencionando que estas questões e debates institucionais encobriam os meios para a produção científica, por fim. Elas nublavam o que era central, infelizmente: o debate sobre o modo pelo qual será efetivado o necessário aumento do volume e da qualidade da produção brasileira, inclusive com o fortalecimento do parque industrial, por meio de inovação. O analista corriqueiro considera que o problema — e discurso — sobre a gestão está fora do âmbito do debate sobre política científica e tecnológica. Esta pouco razoável separação — ilógica, aliás — faz com parte relevante do debate seja perdido em uma "luta contra a burocracia": a discussão mais ampla sobre a fina tensão existente entre a liberdade de pesquisa dos produtores e a definição de prioridades, nacionais e regionais, por parte dos administradores e da comunidade científica.

REFERÊNCIAS

ADORNO, Sérgio. *Os aprendizes do poder*: o bacharelismo liberal na política brasileira. Rio de Janeiro: Paz e Terra, 1988. 266 p.

ALMEIDA, Maria Hermínia Tavares de. Negociando a reforma: a privatização de empresas públicas no Brasil. *Dados: Revista de Ciências Sociais*, Rio de Janeiro, v. 42, n. 3, p. 421-451, 1999.

ALMEIDA, Maria Hermínia Tavares de. Pragmatismo por necessidade: os rumos da reforma econômica no Brasil. *Dados: Revista de Ciências Sociais*, Rio de Janeiro, v. 39, n. 2, p. 213-234, 1996.

ALVEAL CONTRERAS, Edelmira del Carmen. *Os desbravadores*: a Petrobrás e a construção do Brasil industrial. Rio de Janeiro: Relume-Dumará; ANPOCS, 1994. 243 p.

ANDRADE, Ana Maria Ribeiro de. *Físicos, mésons e política*: a dinâmica da ciência na sociedade. São Paulo: Hucitec; Rio de Janeiro: MAST/CNPq, 1999. 261 p.

ARON, Raymond. *As etapas do pensamento sociológico*. 5. ed. São Paulo: Martins Fontes, 1999. 539 p.

AZEVEDO, Sérgio de; ANDRADE, Luiz Aureliano G. de. A reforma do Estado e a questão federalista: reflexões sobre a proposta Bresser Pereira. *In*: DINIZ, Eli; AZEVEDO, Sérgio de (Org.). *Reforma do Estado e democracia no Brasil*. Brasília: Ed. UnB, ENAP, 1997. p. 55-80.

BANDEIRA DE MELLO, Celso Antônio. *Curso de direito administrativo*. 10. ed. São Paulo: Malheiros, 1998. 665 p.

BARATA, Rita Barradas. Comunidade científica deve ter maior participação nos fundos. *Jornal da Ciência*, SBPC, Rio de Janeiro, p. 7, 12 maio 2000.

BARRETO, Maria Inês. As organizações sociais na reforma do Estado brasileiro. *In*: BRESSER-PEREIRA, Luiz Carlos; GRAU, Nuria Cunill (Org.). *O público não-estatal na reforma do Estado*. 2. ed. Rio de Janeiro: Fundação Getulio Vargas, 1999.

BARROS, Hélio. O novo Conselho Nacional de C&T. *Jornal da Ciência*, SBPC, Rio de Janeiro, p. 8, 17 dez. 1999.

BAUMAN, Renato (Org.). *Brasil*: década em transição. São Paulo: Campus, 2000. 332 p.

BECKER, Howard. *Métodos de pesquisa em ciências sociais*. 4. ed. São Paulo: Hucitec, 1999. 178 p.

BENCHIMOL, Jaime Larry. *Dos micróbios aos mosquitos*: febre amarela e Revolução Pasteuriana no Brasil. Rio de Janeiro: Ed. UFRJ; Fiocruz, 1999. 498 p.

BEZERRA, Marcos Otávio. *Corrupção*: um estudo sobre Poder Público e relações sociais no Brasil. Rio de Janeiro: Relume-Dumará; São Paulo: ANPOCS, 1995.

BONAVIDES, Paulo. Agradecimento. *In*: INSTITUTO DOS ADVOGADOS BRASILEIROS. *Homenagem a Paulo Bonavides*. Rio de Janeiro: Editora Destaque, 1999. p. 21-37.

BOTELHO, Antonio José Junqueira. Da utopia tecnológica aos desafios da política científica e tecnológica: o Instituto Tecnológico de Aeronáutica (1947-1967). *Revista Brasileira de Ciências Sociais, ANPOCS*, São Paulo, v. 14, n. 39, p. 139-154, fev. 1999.

BOURDIEU, Pierre (Coord.). *A miséria do mundo*. 3. ed. Petrópolis: Vozes, 1999.

BOURDIEU, Pierre. *A profissão do sociólogo*: preliminares epistemológicas. 2. ed. Petrópolis: Vozes, 1999. 328 p.

BRESSER-PEREIRA, Luiz Carlos. A reforma gerencial do Estado de 1995. *Revista de Administração Pública*, Fundação Getulio Vargas, Rio de Janeiro, v. 34, p. 7-26, jul./ago. 2000.

BRESSER-PEREIRA, Luiz Carlos. Cidadania e reforma. *Folha de S.Paulo*, São Paulo, p. 3, 19 fev. 1995.

BRESSER-PEREIRA, Luiz Carlos. *Crise econômica e reforma do Estado no Brasil*: para uma nova interpretação da América Latina. São Paulo: Editora 34, 1996. 357 p.

BRESSER-PEREIRA, Luiz Carlos. Gestão do setor público: estratégica e estrutura para um novo Estado. *In*: BRESSER-PEREIRA, Luiz Carlos; SPINK, Peter (Org.). *Reforma do Estado e Administração Pública gerencial*. 2. ed. Rio de Janeiro: Fundação Getulio Vargas, 1998b. p. 21-38.

BRESSER-PEREIRA, Luiz Carlos. Governo precisa reconstruir o Estado. *Correio Braziliense*, 11 jan. 1995.

BRESSER-PEREIRA, Luiz Carlos. *Reforma do Estado para a cidadania*: a reforma gerencial brasileira na perspectiva internacional. São Paulo: Editora 34; Brasília: Escola Nacional de Administração Pública, 1998a. 365 p.

BULOS, Uadi Lâmego. Aspectos da reforma administrativa. *Revista CEJ*, Brasília, n. 6, p. 136-144, set./dez. 1998.

BURGOS, Marcelo Baumann. *Ciência na periferia*: a luz síncrotron brasileira. Juiz de Fora: Ed. UFJF, 1999. 230 p.

CALMON, Pedro. *Memórias*. Rio de Janeiro: Nova Fronteira, 1995. 440 p.

CÂMARA, Jacintho de Arruda. Telecomunicações e globalização. *In*: SUNDFELD, Carlos Ari; VIEIRA, Oscar Vilhena (Coord.). *Direito global*. São Paulo: Max Limonad; Sociedade Brasileira de Direito Público, 1999. p. 177-191.

CARDOSO, Fernando Henrique. *Programa de governo*. Brasília: PSDB, 1994. 288 p.

CARDOSO, Fernando Henrique. Reforma do Estado. *In*: BRESSER-PEREIRA, Luiz Carlos; SPINK, Peter (Org.). *Reforma do Estado e Administração Pública gerencial*. 2. ed. Rio de Janeiro: Fundação Getulio Vargas, 1998.

CARVALHO, Antonio Paes de. Universidade de Guarabira. *In*: DÓRIA, Francisco Antonio (Org.). *A crise da universidade*. Rio de Janeiro: Revan, 1998. p. 63-72.

CARVALHO, José Murilo de. *A Escola de Minas de Ouro Preto*. Belo Horizonte: Ed. UFMG, 2001.

CHALMERS, Alan. *A fabricação da ciência*. São Paulo: Ed. Unesp, 1994. 185 p.

CHAUÍ, Marilena. A universidade em ruínas. *In*: TRINDADE, Hélgio (Org.). *Universidade em ruínas*: na república dos professores. Petrópolis: Vozes; Porto Alegre: CIPEDES, 1999b. p. 211-222.

CHAUÍ, Marilena. Ideologia neoliberal e universidade. *In*: OLIVEIRA, Francisco de; PAOLI, Maria Célia (Org.). *Os sentidos da democracia*: políticas de dissenso e hegemonia global. Petrópolis: Vozes; São Paulo: NEDIC, FAPESP, 1999a. p. 27-51.

COELHO, Edmundo Campos. *As profissões imperiais*: medicina, engenharia e advocacia no Rio de Janeiro (1822-1930). Rio de Janeiro: Record, 1999. 304 p.

COELHO, Edmundo Campos. Introdução. *In*: COELHO, Edmundo Campos (Org.). *Sociologia da burocracia*. 3. ed. Rio de Janeiro: Zahar, 1976. p. 7-14.

COSTA, Frederico Lustosa da. Por outra reforma do Estado: estratégias alternativas ao paradigma gerencialista. *Revista de Administração Pública*, Fundação Getulio Vargas, Rio de Janeiro, v. 34, p. 267-270, jan./fev. 2000.

CUNHA, Luiz Antônio. O público e o privado na educação superior brasileira: fronteira em movimento?. *In*: TRINDADE, Hélgio (Org.). *Universidade em ruínas*: na república dos professores. Petrópolis: Vozes; Porto Alegre: CIPEDES, 1999. p. 39-56.

DANTES. Institutos de Pesquisa. *In*: FERRI, Mário Guimarães; MOTOYAMA, Shozo. (Coord.). *História das ciências no Brasil*. São Paulo: Epu/Edusp, 1979. 3 v.

DI PIETRO, Maria Sylvia Zanella. *Direito administrativo*. 11. ed. São Paulo: Atlas, 1999. 674 p.

DIAS, Fernando Correia. *Construção do sistema universitário no Brasil*: memória histórica do Conselho de Reitores das Universidades Brasileiras. Brasília: CRUB, 1989. 355 p.

DINIZ, Eli. *Empresário, Estado e capitalismo no Brasil*: 1930-1945. Rio de Janeiro: Paz e Terra, 1978. 311 p. (Coleção Estudos Brasileiros, v. 27).

DINIZ, Eli; AZEVEDO, Sérgio de. Apresentação. *In*: DINIZ, Eli; AZEVEDO, Sérgio de (Org.). *Reforma do Estado e democracia no Brasil*. Brasília: Ed. UnB, ENAP, 1997. p. 11-14.

DOMINGUES, José Maurício. *Sociologia e modernidade*: para entender a sociedade contemporânea. Rio de Janeiro: Civilização Brasileira, 1999. 159 p.

DÓRIA, Francisco Antonio. A universidade brasileira. *In*: DÓRIA, Francisco Antonio. (Org.). *A crise da universidade*. Rio de Janeiro: Revan, 1998. p. 49-61.

DURHAM, Eunice Ribeiro. A política para o ensino superior brasileiro ante o novo século. *In*: CATANI, Afrânio Mendes (Org.). *Novas perspectivas nas políticas de educação superior na América Latina no limiar do Século XX*. Campinas: Autores Associados, 1998. p. 9-27.

DURKHEIM, Émile. *Da divisão do trabalho social*. 2. ed. São Paulo: Martins Fontes, 1999. 483 p. (Coleção Tópicos).

ERBER, Fábio; AMARAL, Leda. Os centros de pesquisa das empresas estatais: um estudo de três casos. *In*: SCHWARTZMAN, Simon (Coord.). *Ciência e tecnologia no Brasil*: política industrial, mercado de trabalho e instituições de apoio. Rio de Janeiro: Fundação Getulio Vargas, 1995. p. 333-374.

FALCÃO, Joaquim; CUENCA, Carlos. Diretrizes para nova legislação do terceiro setor. *In*: FALCÃO, Joaquim; CUENCA, Carlos (Org.). *Mudança social e reforma legal*: estudos para uma nova legislação do terceiro setor. Brasília: Conselho do Comunidade Solidária; UNESCO; BIRD; Fundação Banco do Brasil, 1999. p. 17-53.

FAORO, Raymundo. *Os donos do poder*: a formação do patronato político brasileiro. 11. ed. Rio de Janeiro: Globo, 1997. v. 1.

FERLIE, Ewan et al. *A nova Administração Pública em ação*. Brasília: Ed. UnB; ENAP, 1999. 468 p.

FERNANDES, Ana Maria. *A construção da ciência no Brasil*. 2. ed. Brasília: Ed. UnB, 1990.

FERNANDES, Rubem César. O que é o Terceiro Setor?. *In*: IOSCHPE, Evelyn Berg. (Org.). *3º Setor*: desenvolvimento social sustentado. São Paulo: Paz e Terra; GIFE, 1997. p. 25-33.

FERNANDES, Rubem César. *Privado, porém público*: o terceiro setor na América Latina. Rio de Janeiro: Relume-Dumará; ISER; Civicus, 1994. 156 p.

FERREIRA, Sérgio. FHC e desenvolvimento científico. *Jornal da Ciência*, SBPC, Rio de Janeiro, p. 5, 28 jan. 2000.

FERRI, Mário Guimarães; MOTOYAMA, Shozo (Coord.). *História das ciências no Brasil*. São Paulo: EPU/Edusp, 1979. 3 v.

FREIRE-MAIA, Ademar. A escolha de nossos representantes. *Jornal da Ciência*, SBPC, Rio de Janeiro, p. 6, 12 maio 2000.

FRIEDBERG, Erhard. Organização. *In*: BOUDON, Raymond (Dir.). *Tratado de sociologia*. Rio de Janeiro: Jorge Zahar, 1995. p. 375-412.

GEERTZ, Clifford. *A interpretação das culturas*. Rio de Janeiro: Zahar, 1978. 323 p. (Coleção Antropologia Social).

GIDDENS, Anthony. *Capitalismo e moderna teoria social*. 5. ed. Lisboa: Presença, 2000. 335 p.

GOHN, Maria da Glória. *Teoria dos movimentos sociais*: paradigmas clássicos e contemporâneos. 2. ed. São Paulo: Loyola, 2000. 383 p.

GUIMARÃES, Reinaldo. Alvíssaras, Presidente! *Jornal da Ciência*, SBPC, Rio de Janeiro, p. 4, 28 jan. 2000.

GUIMARÃES, Reinaldo. *Avaliação e fomento de C&T no Brasil*: proposta para os anos 90. Brasília: MCT/CNPq, 1994. 177 p.

GUIMARÃES, Reinaldo. CNPq: perfil da demanda aos editais. *Jornal da Ciência*, SBPC, Rio de Janeiro, p. 7, 09 jun. 2000.

GUIMARÃES, Reinaldo. FNDCT: uma nova missão. *In*: SCHWARTZMAN, Simon (Coord.). *Ciência e tecnologia no Brasil*: política industrial, mercado de trabalho e instituições de apoio. Rio de Janeiro: FGV, 1995. p. 257-287.

GUIMARÃES, Reinaldo. O mundo dos fundos. *Jornal da Ciência*, SBPC, Rio de Janeiro, p. 6, 28 abr. 2000.

LANDIM, Leilah; BERES, Neide. *As organizações sem fins lucrativos no Brasil*: ocupações, despesas e recursos. Colaboradora: Maria Celi Scalon. Rio de Janeiro: Nau, 1999. 64 p.

LOPES, José Leite. *Ciência e liberdade*: escritos sobre ciência e educação no Brasil. Rio de Janeiro: Ed. UFRJ, 1998. 284 p.

MEIS, Leopoldo de; LETA, Jacqueline. *O perfil da ciência brasileira*. Rio de Janeiro: Ed. UFRJ, 1996. 103p.

MODESTO, Paulo. Reforma do marco legal do terceiro setor no Brasil. *In*: FALCÃO, Joaquim; CUENCA, Carlos (Org.). *Mudança social e reforma legal*: estudos para uma nova legislação do terceiro setor. Brasília: Conselho do Comunidade Solidária; UNESCO; BIRD; Fundação Banco do Brasil, 1999. p. 137-156.

MOREL, Regina Lúcia de Moraes. *Ciência e Estado*: a política científica no Brasil. São Paulo: T.A. Queiroz, 1979. 157 p. (Coleção Biblioteca Básica de Ciências Sociais, Série Estudos Brasileiros, v. 4).

MOUZELIS, Nicos. *Organisation and Bureaucracy*: an Analysis of Modern Theories. 9th ed. Chicago: Aldine Publishing Company, 1976. 230 p.

NASCIMENTO, Lucileide Andrade Lima do. *Direito à informação e direitos sociais no contexto do capitalismo contemporâneo*. Orientadora: Maria Beatriz Lima Herkenhoff. (Mestrado em Política Social) – Centro de Ciências Jurídicas e Econômicas, Universidade Federal do Espírito Santo, Vitória, dez. 2007.

NUNES, Edson *et al. Futuros possíveis, passados indesejáveis*: selo da OAB, provão e avaliação do ensino superior. Rio de Janeiro: Garamond, 2001. 108 p.

NUNES, Edson. *A gramática política do Brasil*: clientelismo e insulamento burocrático. 2. ed. Rio de Janeiro: Jorge Zahar; Brasília: ENAP, 1997. 146 p.

NUNES, Edson. *Teia de relações ambíguas*: regulação e ensino superior. Brasília: INEP, 2002. 123 p.

OLIVEIRA, João Batista Araújo e. *Ilhas de competência*: carreiras científicas no Brasil. São Paulo: Brasiliense; Brasília: CNPq, 1985. 171 p.

OURIVIO, Carlos; SANTORO, Alberto; SHELLARD, Ronald. Pronex: essa é a ciência que queremos?. *Jornal da Ciência*, SBPC, Rio de Janeiro, p. 6, 21 fev. 1997.

PRZEWORSKI, Adam. *Democracia e mercado*: reformas políticas e econômicas na Europa Oriental e na América Latina. Rio de Janeiro: Relume-Dumará, 1994. 270 p.

RANGEL, Genaro. *Semeadura e colheita*: memória histórica da imperial sociedade amante da instrução. Belo Horizonte: O Lutador, 1979. 350 p.

RANIERI, Nina Beatriz. *Educação superior, direito e Estado*: na Lei de Diretrizes e Bases (Lei n. 9.394/96). São Paulo: Edusp; FAPESP, 2000. 403 p.

REZENDE, Flávio da Cunha. Os Leviatãs estão fora do lugar. *Dados: Revista de Ciências Sociais*, Iuperj, Rio de Janeiro, v. 39, n. 2, p. 195-211, 1996.

RIBEIRO, Darcy. *O povo brasileiro*: a formação e o sentido do Brasil. São Paulo: Companhia das Letras, 1995. 476 p.

RINGER, Fritz K. *O declínio dos mandarins Alemães*. São Paulo: Edusp, 2000. 436 p. (Coleção Clássicos, 19).

ROMANELLI, Otaíza Ribeiro. *História da educação no Brasil (1930-1973)*. Petrópolis: Vozes, 1978. 267 p.

ROMANO, Roberto. Entre as luzes e nossos dias. *In*: DÓRIA, Francisco Antonio. (Org.). *A crise da universidade*. Rio de Janeiro: Revan, 1998. p. 15-48.

RUSSELL-WOOD, A. J. R. *Fidalgos e filantropos*: a Santa Casa da Misericórdia da Bahia – 1550-1755. Brasília: Ed. UnB, 1981. 383 p. (Coleção Temas Brasileiros).

SALMERON, Roberto. O CBPF e a física no Brasil de hoje. *Jornal da Ciência*, SBPC, Rio de Janeiro, p. 7-8, 26 out. 2001.

SANTOS, Boaventura de Sousa. Da idéia de universidade às universidades de ideias. *In*: SANTOS, Boaventura de Sousa. *Pela mão de Alice*: o social e o político na pós-modernidade. 4. ed. São Paulo: Cortez, 1995. p. 187-233.

SANTOS, Wanderley Guilherme dos. *Razões da desordem*. 3. ed. Rio de Janeiro: Rocco, 1993.

SCHOTT, Thomas. Performance, Specialization and International Integration of Science in Brazil: Changes and Comparisons with other Latin American Countries and Israel. *In*: SCHWARTZMAN, Simon (Coord.). *Science and Technology in Brazil*: a New Policy for a Global World. Rio de Janeiro: FGV, 1995. p. 227-284.

SCHWARTZMAN, Simon *et al*. Ciência e tecnologia no Brasil: uma nova política para um mundo global. *In*: SCHWARTZMAN, Simon (Coord.). *Ciência e tecnologia no Brasil*: política industrial, mercado de trabalho e instituições de apoio. Rio de Janeiro: FGV, 1995. p. 01-59.

SCHWARTZMAN, Simon. *Um espaço para a ciência*: a formação da comunidade científica no Brasil. Brasília: MCT, Centro de Estudos Estratégicos, 2001. (Coleção Brasil, Ciência e Tecnologia).

SHAFFIR, William B.; STEBBINS, Robert A. (Ed.). *Experiencing Fieldwork*: an Inside View for Qualitative Research. London; Newbury Park; New Delhi: Sage Publications, 1991. 274 p.

SILVA FILHO, Cândido Ferreira da *et al*. Estratégia e cultura organizacional em instituições públicas de pesquisa. *In*: ENCONTRO NACIONAL DE ENGENHARIA DE PRODUÇÃO, 28., Rio de Janeiro. *Anais Eletrônicos*... Rio de Janeiro, 13 a 16 out. 2008. Disponível em: <http://www.abepro.org.br>.

SOCIEDADE CIVIL. *In*: BOBBIO, Norberto *et al*. *Dicionário de política*. 5. ed. Brasília: Ed. UnB, 1993. v. 2.

SOUZA, Jessé (Org.). *O malandro e o protestante*: a tese Weberiana e a singularidade cultural brasileira. Brasília: Ed. UnB, 1999. 315 p.

SOUZA, Jessé. *A modernização seletiva*: uma reinterpretação do dilema brasileiro. Brasília: Ed. UnB, 2000. 276 p.

SPINK, Peter. Possibilidades técnicas e imperativos em 70 anos de reforma administrativa. *In*: BRESSER-PEREIRA, Luiz Carlos; SPINK, Peter (Org.). *Reforma do Estado e Administração Pública gerencial*. 2. ed. Rio de Janeiro: FGV, 1998. p. 141-172.

STEMMER, Caspar. Programas de Apoio ao Desenvolvimento Científico e Tecnológico (PADCT). *In*: SCHWARTZMAN, Simon (Coord.). *Ciência e tecnologia no Brasil*: política industrial, mercado de trabalho e instituições de apoio. Rio de Janeiro: FGV, 1995.

TIGRE, Paulo Bastos. Liberalização e capacitação tecnológica: o caso da informática pós-reserva de mercado no Brasil. *In*: SCHWARTZMAN, Simon (Coord.). *Ciência e tecnologia no Brasil*: política industrial, mercado de trabalho e instituições de apoio. Rio de Janeiro: FGV, 1995. p. 179-204.

TRINDADE, Hélgio. Universidade, ciência e Estado. *In*: TRINDADE, Hélgio (Org.). *Universidade em ruínas*: na república dos professores. Petrópolis: Vozes; Porto Alegre: CIPEDES, 1999. p. 9-23.

VENÂNCIO FILHO, Alberto. *Das arcadas ao bacharelismo*: 150 anos de ensino jurídico no Brasil. 2. ed. São Paulo: Perspectiva, 1982. 357 p. (Coleção Estudos, 57).

VERONESE, Alexandre. A busca de um novo modelo de gestão para a ciência, tecnologia e inovação na política do MCT (1995-2002). *Revista de Administração Pública*, v. 40, n. 1, p. 107-125, jan./fev. 2006.

VIANNA, Luiz Jorge Werneck. Weber e a interpretação do Brasil. *Novos Estudos – Cebrap*, São Paulo, n. 53, p. 33-47, mar. 1999.

VIANNA, Maria Lucia Teixeira Werneck. *A americanização (perversa) da seguridade social no Brasil*: estratégias de bem-estar e políticas públicas. Rio de Janeiro: Revan; Iuperj, 1998. 272 p.

VIANNA, Maria Lucia Teixeira Werneck. As armas secretas que abateram a seguridade social. *In*: LESBAUPIN, Ivo (Org.). *O desmonte da nação*: balanço do governo FHC. 2. ed. Petrópolis: Vozes, 1999. p. 91-114.

VIEIRA, Liszt. *Cidadania e globalização*. 2. ed. Rio de Janeiro: Record, 1998. 142 p.

VIEIRA, Liszt. *Os argonautas da cidadania*: a sociedade civil na globalização. Rio de Janeiro: Record, 2001. 403 p.

VILLAVERDE, Adão. Por uma política nacional de C&T. *Jornal da Ciência*, SBPC, Rio de Janeiro, p. 10, 30 abr. 1999.

WAHRLICH, Beatriz. *Reforma administrativa na era de Vargas*. Rio de Janeiro: Fundação Getulio Vargas, 1983. 908 p.

WEBER, Max. *Ciência e política*: duas vocações. 9. ed. São Paulo: Cultrix, 1999c. 124 p.

WEBER, Max. Sociologia da dominação. *In*: WEBER, Max. *Economia e sociedade*. Brasília: Ed. UnB, 1999b. v. 2, 580 p.

WEBER, Max. Sociologia del derecho. *In*: WEBER, Max. *Economía y sociedad*. 13. reimpressão. México, DF: Fondo de Cultura Económica, 1999a. 1237 p.

Demais Veículos

COMITÊ vai virar ONG este ano. *O Globo*, 16 jul. 2001. Caderno Informática Etc., p. 2.

Diário do Congresso Nacional, p. 4266-4271, 13 maio 1998.

Gestão C&T, 13 nov. 2001. Folheto.

Documentos

BRASIL. Academia Brasileira de Ciências. *Ciência, tecnologia e inovação*: o debate necessário. Brasília, DF, jul. 2001. 278 p. (Livro Verde).

BRASIL. Câmara dos Deputados. Transcrição da Audiência Pública – Comissão de Ciência e Tecnologia, Comunicação e Informática. Brasília, 15 out. 2001, 33 p. Mimeo.

BRASIL. CEE. Proposta de Criação do CNPq (Exposição de Motivos). *Revista Parcerias Estratégicas*, Brasília, n. 9, p. 182-195, out. 2000.

BRASIL. *Ciência e tecnologia no governo federal (1996)*. Brasília: MCT, 1997. 93 p.

BRASIL. CNPq (SEPLAN). *Institutos*. Brasília: CNPq, 1981.

BRASIL. IBGE. *Sistema de Contas Nacionais*: Brasil. Rio de Janeiro: IBGE, 2000. 217 p. 2 v. (Contas Nacionais, n. 4). (Tabelas de Recursos e Usos: 1995-1999, v. 1).

BRASIL. MARE. *Organizações sociais*. 5. ed. Brasília: MARE, 1998. 74 p. (Cadernos MARE de Reforma do Estado, v. 2).

BRASIL. Ministério da Ciência e Tecnologia. *Relatório Estatístico (1985-1995)*. Brasília, mar. 1996. 174 p.

BRASIL. Presidente. *Plano Diretor de Reforma do Aparelho do Estado*. Brasília: Presidência da República, Câmara da Reforma do Estado, 1995.

BRASIL. *Relatório da Comissão de Avaliação das Unidades de Pesquisa do MCT*: proposta de política de longo prazo para as unidades de pesquisa vinculadas ao Ministério da Ciência e Tecnologia, Brasília, DF, ago. 2001, 99 p. Mimeo.

BRASIL. Secretaria de Ciência e Tecnologia da Presidência da República (SCT-PR), CNPq. *Plano Plurianual (1991-1995)*. Brasília: Presidência da República, 1991. 19 p.

SOCIEDADE BRASILEIRA PARA O PROGRESSO DA CIÊNCIA. O Projeto dos Laboratórios Associados. *Revista Ciência Hoje*, SBPC, São Paulo, v. 18, n. 106, p. 26-29, jan./fev. 1995.

SOCIEDADE BRASILEIRA PARA O PROGRESSO DA CIÊNCIA. Relatório de Avaliação dos Institutos de Pesquisa. *Revista Ciência Hoje*, SBPC, São Paulo, v. 18, n. 107, p. 52-64, mar. 1995.

Legislação e documentos normativos

BRASIL. Decreto nº 2.925, de 06 de janeiro de 1999. Define as Diretrizes para o Processo de Reorganização do Conselho Nacional de Desenvolvimento Científico e Tecnológico – CNPq, a ser Desenvolvido pelo Ministério da Ciência e Tecnologia. *Diário Oficial da União*, Brasília, DF, 07 jan. 1999, Seção 1, p. 5.

BRASIL. Decreto nº 3.568, de 17 de agosto de 2000. Aprova a Estrutura Regimental e o Quadro Demonstrativo dos Cargos em Comissão e das Funções Gratificadas do Ministério da Ciência e Tecnologia, e dá outras Providências. *Diário Oficial da União*, Brasília, DF, 18 ago. 2000, Seção 1, p. 11.

BRASIL. Decreto nº 3.605, de 20 de setembro de 2000. Qualifica como Organização Social a Associação Instituto Nacional de Matemática Pura e Aplicada – IMPA. *Diário Oficial da União*, Brasília, DF, 21 set. 2000, Seção 1, p. 38.

BRASIL. Decreto s/n, de 04 de junho de 1999. Qualifica como Organização Social o Instituto de Desenvolvimento Sustentável Mamirauá - IDSM. *Diário Oficial da União*, Brasília, DF, 07 jun. 1999, Seção 1, p. 1.

BRASIL. Decreto s/n, de 18 de março de 1999. Qualifica como Organização Social a Associação Brasileira para o Uso Sustentável da Biodiversidade da Amazônia – BIOAMAZÔNIA. *Diário Oficial da União*, Brasília, DF, 19 mar. 1999, Seção 1, p. 6.

BRASIL. Decreto-Lei nº 200, de 1967. Dispõe sobre a Organização da Administração Federal, Estabelece Diretrizes para a Reforma Administrativa e dá outras providências. *Diário Oficial da União*, Brasília, DF, 27 fev. 1967, Seção 2, Suplemento, p. 4.

BRASIL. Emenda Constitucional nº 19, 04 de junho de 1998. Modifica o Regime e Dispõe sobre Princípios e Normas da Administração Pública, Servidores e Agentes Políticos, Controle de Despesas e Finanças Públicas e Custeio de Atividades a Cargo do Distrito Federal e dá outras Providências. *Diário Oficial da União*, Brasília, DF, 05 jun. 1998, Seção 1, p. 1.

BRASIL. Emenda Constitucional nº 20, 15 de dezembro de 1998. Modifica o Sistema de Previdência Social, Estabelece Normas de Transição e dá outras providências. *Diário Oficial da União*, Brasília, DF, 16 dez. 1998, Seção 1, p. 1.

BRASIL. Lei nº 3.071, de 01 de janeiro de 1916. Código Civil da República dos Estados Unidos do Brasil. *Diário Oficial da União*, Brasília, DF, p. 133, 05 jan. 1916.

BRASIL. Lei nº 6.129, de 06 de novembro de 1974. Dispõe sobre a Transformação do Conselho Nacional de Pesquisas em Conselho Nacional de Desenvolvimento Científico e Tecnológico (CNPq) e dá outras Providências. *Diário Oficial da União*, Brasília, DF, p. 12.678, 07 nov. 1974.

BRASIL. Lei nº 8.112, de 11 de dezembro de 1990. Dispõe sobre o Regime Jurídicos dos Servidores Públicos Civis da União, das Autarquias e das Fundações Públicas Federais. *Diário Oficial da União*, Brasília, DF, 12 dez. 1990, Seção 1, p. 23.935.

BRASIL. Lei nº 8.666, de 21 de junho de 1993. Regulamento o Artigo 37, Inciso XXI, da Constituição Federal, Institui Normas para Licitação e Contratos da Administração Pública e dá outras Providências. *Diário Oficial da União*, Brasília, DF, 22 jun. 1993, Seção 1, p. 8.269.

BRASIL. Lei nº 8.691, de 28 de julho de 1993. Dispõe sobre o Plano de Carreiras para a Área de Ciência e Tecnologia da Administração Federal Direta, das Autarquias e das Fundações Federais e dá outras providência. *Diário Oficial da União*, Brasília, DF, 29 jul. 1993, Seção 1, p. 10.709.

BRASIL. Lei nº 8.745, de 09 de dezembro de 1993. Dispõe sobre a Contratação por Tempo Determinado para Atender a Necessidade Temporária de Excepcional Interesse Público, nos Termos do Inciso IX, do Artigo 37 da Constituição Federal, e dá outras Providências. *Diário Oficial da União*, Brasília, DF, 10 dez. 1993, Seção 1, p. 18.937.

BRASIL. Lei nº 9.527, de 10 de dezembro de 1997. Altera Dispositivos das Leis 8.112, de 11 de Dezembro de 1990, 8.460, de 17 de Setembro de 1992, e 2.180, de 5 de Fevereiro de 1954, e dá outras Providências. *Diário Oficial da União*, Brasília, DF, 11 dez. 1997, Seção 1, p. 29.421.

BRASIL. Lei nº 9.637, de 15 de maio de 1998. Dispõem sobre a Qualificação de Entidades como Organizações Sociais, a Criação do Programa Nacional de Publicização, a Extinção dos Órgãos que Menciona e a Absorção de suas Atividades por Organizações Sociais, e dá outras Providências. *Diário Oficial da União*, Brasília, DF, 18 maio 1998, Seção 1, p. 8.

BRASIL. Lei nº 9.784, de 29 de janeiro de 1999. Regula o Processo Administrativo no Âmbito da Administração Pública Federal. *Diário Oficial da União*, Brasília, DF, 1º fev. 1999, Seção 1, p. 1.

BRASIL. Lei nº 9.801, de 14 de junho de 1999. Dispõe sobre as Normas Gerais para Perda de Cargo Público por Excesso de Despesa e dá outras Providências. *Diário Oficial da União*, Brasília, DF, 15 jun. 1999, Seção 1, p. 1.

BRASIL. Lei nº 9.849, de 26 de outubro de 1999. Altera os Artigos 2, 3, 4, 5, 6, 7 e 9 da Lei 8.745, de 9 de Dezembro de 1993, que Dispõe sobre a Contratação por Tempo Determinado para Atender a Necessidade Temporária de Excepcional Interesse Público, e dá outras Providências. *Diário Oficial da União*, Brasília, DF, p. 4, 27 out. 1999, Seção Extra.

BRASIL. Medida Provisória nº 1.522, de 11 de outubro de 1996. Altera Dispositivos da Lei 8.112, de 11 de Dezembro de 1990, e da Lei 8.460, de 17 de Setembro de 1992, e dá outras Providências. *Diário Oficial da União*, Brasília, DF, 14 out.1996.

BRASIL. Medida Provisória nº 1.527, de 12 de novembro de 1996. Institui o Programa de Desligamento Voluntário de Servidores do Poder Executivo Federal, e dá outras Providências. *Diário Oficial da União*, Brasília, DF, 13 nov. 1996.

BRASIL. Medida Provisória nº 1.530, de 20 de novembro de 1996. Institui o Programa de Desligamento Voluntário de Servidores do Poder Executivo Federal. *Diário Oficial da União*, Brasília, DF, 21 nov. 1996.

BRASIL. Medida Provisória nº 1.548, de 20 de novembro de 1996. Institui o Programa de Desligamento Voluntário de Servidores do Poder Executivo Federal. *Diário Oficial da União*, Brasília, DF, 21 nov. 1996.

BRASIL. Medida Provisória nº 1.573, de 02 de maio de 1997. Altera Dispositivos da Lei 8.112, de 11 de Dezembro de 1990, e da Lei 8.460, de 17 de Setembro de 1992, e da Lei 2.180, de 5 de Fevereiro de 1954, e dá outras Providências. *Diário Oficial da União*, Brasília, DF, 05 maio 1997.

BRASIL. Medida Provisória nº 1.591, de 09 de outubro de 1997. Dispõe sobre a Qualificação de Entidades como Organizações Sociais, a Criação do Programa Nacional de Publicização, a Extinção do Laboratório Nacional de Luz Síncrotron e da Fundação Roquette Pinto e a Absorção de suas Atividades por Organizações Sociais, e dá outras Providências. *Diário Oficial da União*, Brasília, DF, 10 out. 1997.

BRASIL. Medida Provisória nº 1.595, de 10 de novembro de 1997. Altera Dispositivos da Lei 8.112, de 11 de Dezembro de 1990, e da Lei 8.460, de 17 de Setembro de 1992, e da Lei 2.180, de 5 de Fevereiro de 1954, e dá outras Providências. *Diário Oficial da União*, Brasília, DF, 11 nov. 1997.

BRASIL. Medida Provisória nº 1.648, de 24 de março de 1998. Dispõe sobre a Qualificação de Entidades como Organizações Sociais, a Criação do Programa Nacional de Publicização, a Extinção do Laboratório Nacional de Luz Síncrotron e da Fundação Roquette Pinto e a Absorção de suas Atividades por Organizações Sociais, e dá outras Providências. *Diário Oficial da União*, Brasília, DF, 25 mar. 1998.

BRASIL. Medida Provisória nº 1.917, de 29 de julho de 1999. Institui, no Âmbito do Poder Executivo da União, o Programa de Desligamento Voluntário – PDV, a Jornada de Trabalho Reduzida com Remuneração Proporcional e a Licença sem Remuneração com Pagamento de Incentivo em Pecúnia, Destinados ao Servidor da Administração Pública Direta, Autárquica e Fundacional. *Diário Oficial da União*, Brasília, DF, 30 jul. 1999.

BRASIL. Medida Provisória nº 1.970, de 10 de dezembro de 1999. Institui, no Âmbito do Poder Executivo da União, o Programa de Desligamento Voluntário – PDV, a Jornada de Trabalho Reduzida com Remuneração Proporcional e a Licença sem Remuneração com Pagamento de Incentivo em Pecúnia, Destinados ao Servidor da Administração Pública Direta, Autárquica e Fundacional. *Diário Oficial da União*, Brasília, DF, 13 dez. 1999.

BRASIL. Medida Provisória nº 2.092, de 27 de dezembro de 1999. Institui, no Âmbito do Poder Executivo da União, o Programa de Desligamento Voluntário – PDV, a Jornada de Trabalho Reduzida com Remuneração Proporcional e a Licença sem Remuneração com Pagamento de Incentivo em Pecúnia, Destinados ao Servidor da Administração Pública Direta, Autárquica e Fundacional. *Diário Oficial da União*, Brasília, DF, 28 dez. 1999.

BRASIL. Medida Provisória nº 2.174, de 28 de junho de 2001. Institui, no Âmbito do Poder Executivo da União, o Programa de Desligamento Voluntário – PDV, a Jornada de Trabalho Reduzida com Remuneração Proporcional e a Licença sem Remuneração com Pagamento de Incentivo em Pecúnia, Destinados ao Servidor da Administração Pública Direta, Autárquica e Fundacional. *Diário Oficial da União*, Brasília, DF, 29 jun. 2001.

BRASIL. Tribunal de Contas da União. Decisão nº 592/98, de 02 de Setembro de 1998. Projeto de Instrução Normativa que Dispõe sobre Acréscimo de Parágrafo Único ao Art. 22 da Instrução Normativa TCU nº 12/96, no qual são Indicados os Elementos que Devem Integrar a Prestação de Contas das Organizações Sociais. Ausência de Emendas. Considerações Gerais acerca das Organizações Sociais, Contratos de Gestão e Competência do TCU. Firmar o Entendimento de que as Prestações de Contas Anuais das Organizações Sociais devem ser Submetidas à Deliberação do Tribunal. Acolhimento da Minuta de Instrução Normativa Proposta, com Adaptações. *Boletim do Tribunal de Contas da União*, Brasília, DF, n. 63, 1998.

Matérias jornalísticas sem autoria
Jornal da Ciência Hoje e *Jornal da Ciência*

1º MANDATO do Governo FHC é reprovado em C&T. *Jornal da Ciência*, SBPC, Rio de Janeiro, p. 1, 18 dez. 1998.

5 FUNDAÇÕES para 14 institutos. *Jornal da Ciência Hoje*, SBPC, Rio de Janeiro, p. 4, 19 maio 1995.

AINDA em outubro será formado o Conselho Administrativo do Centro de Gestão e Estudos Estratégicos. *Jornal da Ciência*, SBPC, Rio de Janeiro, p. 1, 12 out. 2001.

ALBERTO Santoro, Carlos Escobar e Ronald Shellard respondem a Moyses Nussenzveigt. *Jornal da Ciência*, SBPC, Rio de Janeiro, p. 6, 04 abr. 1997.

ALICE Abreu, Vice-Presidente do CNPq e Celso P. de Mello, um dos diretores. *Jornal da Ciência*, SBPC, Rio de Janeiro, p. 1, 22 out. 1999.

ANPesq CRITICA postura do CNPq frente ao futuro de seus Institutos. *Jornal da Ciência*, SBPC, Rio de Janeiro, p. 4, 21 nov. 1997.

APROVADA nova estrutura dos CAs. *Jornal da Ciência*, SBPC, Rio de Janeiro, p. 5, 20 mar. 1998.

APROVADA por unanimidade reforma das instâncias de avaliação do CNPq. *Jornal da Ciência*, SBPC, Rio de Janeiro, p. 1, 15 maio 1998.

ARTICULAÇÃO é a palavra chave no novo Conselho Nacional de C&T. *Jornal da Ciência Hoje*, SBPC, Rio de Janeiro, p. 1, 23 ago. 1996.

AUDIÊNCIA pública na Câmara para debater Institutos, ainda em junho. *Jornal da Ciência*, SBPC, Rio de Janeiro, p. 1, 25 maio 2001.

BAETA. Bolsas da CAPES e CNPq serão unificadas já a partir de 96. *Jornal da Ciência Hoje*, SBPC, Rio de Janeiro, p. 6-7, 05 maio 1995.

BRESSER nomeia Comissão Assessora. *Jornal da Ciência*, SBPC, Rio de Janeiro, p. 3, 29 jan. 1999.

BUSCA de diretor para LNLS e IBICT. *Jornal da Ciência*, SBPC, Rio de Janeiro, p. 4, 07 jul. 2000.

C&T: GRATIFICAÇÃO por desempenho. *Jornal da Ciência*, SBPC, Rio de Janeiro, p. 3, 29 maio 1998.

CARLOS Lessa: "A cidadela ainda não viu que os bárbaros estão chegando". *Jornal da Ciência*, SBPC, Rio de Janeiro, p. 6-7, 09 jul. 1999.

CBPF FAZ 50 anos sem garantias de preservação de seu patrimônio. *Jornal da Ciência*, SBPC, Rio de Janeiro, p. 5, 16 abr. 1999.

CENTRO de Gestão e Estudos Estratégicos deve ser criado antes da Conferência Nacional de setembro. *Jornal da Ciência*, SBPC, Rio de Janeiro, p. 1, 17 ago. 2001.

CENTRO de Gestão e Estudos Estratégicos sai em 30 dias como Organização Social, anuncia Sardenberg. *Jornal da Ciência*, SBPC, Rio de Janeiro, p. 1, 08 jun. 2001.

CNPq ANUNCIA mudanças estruturais. *Jornal da Ciência*, SBPC, Rio de Janeiro, p. 1, 24 out. 1997.

COMISSÃO de C&T no Senado. *Jornal da Ciência Hoje*, SBPC, Rio de Janeiro, p. 4, 30 jun. 1995.

COMISSÃO do Pronex e Vargas trocam cartas sobre as verbas para fomento. *Jornal da Ciência Hoje*, SBPC, Rio de Janeiro, p. 1, 09 ago. 1996.

COMISSÃO Tundisi: enfim, o relatório. *Jornal da Ciência*, SBPC, Rio de Janeiro, p. 6, 28 set. 2001.

COMO DEVEM funcionar os núcleos de excelência?. *Jornal da Ciência Hoje*, SBPC, Rio de Janeiro, p. 1, 08 mar. 1996.

COMO EVITAR manipulações e vícios no trabalho dos comitês de busca?. *Jornal da Ciência*, SBPC, Rio de Janeiro, p. 9, 26 jan. 2001.

CONFERÊNCIA Nacional abre caminhos e esperanças sabendo que terá de enfrentar grandes obstáculos. *Jornal da Ciência*, SBPC, Rio de Janeiro, p. 1, 28 set. 2001.

CONGRESSO deve pensar mais em C&T. *Jornal da Ciência*, SBPC, Rio de Janeiro, p. 5, 11 fev. 2000.

CONGRESSO poderá ganhar maior influência na C&T. *Jornal da Ciência*, SBPC, Rio de Janeiro, p. 1, 18 abr. 1997.

CONSELHO de C&T (CCT) já composto. *Jornal da Ciência Hoje*, SBPC, Rio de Janeiro, p. 1, 31 maio 1996.

CRIADA nova frente parlamentar para pôr ciência e tecnologia na agenda política e econômica do país. *Jornal da Ciência*, SBPC, Rio de Janeiro, p. 1, 22 set. 2000.

CRIADO o Conselho de C&T (CCT). *Jornal da Ciência Hoje*, SBPC, Rio de Janeiro, p. 1, 26 jan. 1996.

DECRETO cria os núcleos de excelência. *Jornal da Ciência Hoje*, SBPC, Rio de Janeiro, p. 6-7, 03 maio 1996.

DIRETORA do MAST está demissionária. *Jornal da Ciência*, SBPC, Rio de Janeiro, p. 3, 28 set. 2001.

E A PÓS-GRADUAÇÃO dos Institutos?. *Jornal da Ciência*, SBPC, Rio de Janeiro, p. 7, 07 dez. 2001.

E OS INSTITUTOS, para onde vão?. *Jornal da Ciência Hoje*, SBPC, Rio de Janeiro, p. 7, 21 abr. 1995.

ENQUANTO INPE for Instituto de Pesquisa, deve ter pós-graduação para suas áreas de pesquisa. *Jornal da Ciência*, SBPC, Rio de Janeiro, p. 1, 26 out. 2001.

ENTREVISTA exclusiva com Marcelo Gleiser: "O cientista deve se aproximar dos políticos, justificando sua pesquisa". *Jornal da Ciência*, SBPC, Rio de Janeiro, p. 6-7, 28 jan. 2000.

ESCLARECIMENTO. *Jornal da Ciência Hoje*, SBPC, Rio de Janeiro, p. 3, 20 out. 1995.

EVANDO Mirra vai assumir a Presidência do CNPq em um dos momentos mais difíceis da instituição. *Jornal da Ciência*, SBPC, Rio de Janeiro, p. 1, 27 ago. 1999.

EVANDO Mirra: "CNPq tem hoje papel decisivo na transformação que a sociedade brasileira requer". *Jornal da Ciência*, SBPC, Rio de Janeiro, p. 1, 24 set. 1999.

EVANDO Mirra: "Financiamento da C&T está aquém do necessário". *Jornal da Ciência*, SBPC, Rio de Janeiro, p. 1, 19 nov. 1999.

EVANDO Mirra: 99 marca inversão no fomento e indica novos tempos. *Jornal da Ciência*, SBPC, Rio de Janeiro, p. 6-7, 19 nov. 1999.

FHC cria núcleos de excelência. *Jornal da Ciência Hoje*, SBPC, Rio de Janeiro, p. 1, 19 abr. 1996.

FHC inaugura o LNLS que deixa o CNPq e vira "organização social". *Jornal da Ciência*, SBPC, Rio de Janeiro, p. 6, 05 dez. 1997.

FHC pede plano minucioso sobre fundos setoriais já para fevereiro. *Jornal da Ciência*, SBPC, Rio de Janeiro, p. 1, 28 jan. 2000.

FHC vetou gratificação para C&T. *Jornal da Ciência*, SBPC, Rio de Janeiro, p. 6, 17 abr. 1998.

FHC: "Haverá mais recursos de forma estável sem afetar o tesouro". *Jornal da Ciência*, SBPC, Rio de Janeiro, p. 8-10, 04 abr. 2000.

FINEP enfrenta inadimplência das empresas. *Jornal da Ciência*, SBPC, Rio de Janeiro, p. 8, 09 jun. 2000.

FIOCRUZ: agência?. *Jornal da Ciência*, SBPC, Rio de Janeiro, p. 1, 14 ago. 1998.

FUNCIONÁRIOS da Finep respondem a carta da diretoria da Fundação. *Jornal da Ciência*, SBPC, Rio de Janeiro, p. 6, 13 abr. 2001.

FUNCIONÁRIOS do MAST querem explicação. *Jornal da Ciência*, SBPC, Rio de Janeiro, p. 2, 28 set. 2001.

FUNDO setorial de agronegócios. *Jornal da Ciência*, SBPC, Rio de Janeiro, p. 5, 08 set. 2000.

"FUNDO Verde-Amarelo" será votado pelo Senado no dia 12 de setembro. *Jornal da Ciência*, SBPC, Rio de Janeiro, p. 4, 25 ago. 2000.

FUSÃO MCT-MEC seria um erro. *Jornal da Ciência*, SBPC, Rio de Janeiro, p. 4, 18 dez. 1998.

FUTURO do Pronex preocupa Unicamp. *Jornal da Ciência*, SBPC, Rio de Janeiro, p. 4, 04 dez. 1998.

FUTURO dos Institutos do MCT será debatido em Audiência Pública. *Jornal da Ciência*, SBPC, Rio de Janeiro, p. 5, 13 abr. 2001.

GRUPOS de excelência. *Jornal da Ciência Hoje*, SBPC, Rio de Janeiro, p. 1, 20 out. 1995.

IMPA torna-se organização social. *Jornal da Ciência*, SBPC, Rio de Janeiro, p. 2, 23 fev. 2001.

INSTITUTOS de pesquisa do MCT começam processo de avaliação. *Jornal da Ciência*, SBPC, Rio de Janeiro, p. 3, 06 out. 2000.

INSTITUTOS de pesquisa. *Jornal da Ciência*, SBPC, Rio de Janeiro, p. 1, 19 mar. 1999.

INSTITUTOS de Pesquisa: para onde vão?. *Jornal da Ciência*, SBPC, Rio de Janeiro, p. 1, 31 jan. 1997.

INSTITUTOS do CNPq. *Jornal da Ciência Hoje*, SBPC, Rio de Janeiro, p. 1, 21 abr. 1995.

IPT: SBPC propõe comitê de busca. *Jornal da Ciência*, SBPC, Rio de Janeiro, p. 1, 09 fev. 2001.

JARDIM Botânico ganha autonomia. *Jornal da Ciência*, SBPC, Rio de Janeiro, p. 12, 22 jun. 2001.

JOÃO Steiner indicado para secretário dos institutos do MCT. *Jornal da Ciência*, SBPC, Rio de Janeiro, p. 1, 19 nov. 1999.

LANÇADA a frente em defesa da C&T. *Jornal da Ciência*, SBPC, Rio de Janeiro, p. 1, 1º ago. 1997.

LEI de orçamento para 2001 incluirá recursos de 12 fundos setoriais. *Jornal da Ciência*, SBPC, Rio de Janeiro, p. 1, 11 ago. 2000.

LNLS já é "organização social". *Jornal da Ciência*, SBPC, Rio de Janeiro, p. 9, 13 fev. 1998.

MAMIRAUÁ vira organização social. *Jornal da Ciência*, SBPC, Rio de Janeiro, p. 12, 11 jun. 1999.

MANIFESTAÇÕES no CBPF e no MAST contrárias às mudanças propostas. *Jornal da Ciência*, SBPC, Rio de Janeiro, p. 4, 12 out. 2001.

MCT anuncia Centro de Gestão e Estudos Estratégicos, senador defende a FINEP e SBPC reclama da falta de debate. *Jornal da Ciência*, SBPC, Rio de Janeiro, p. 1, 16 mar. 2001.

MCT e cada Instituto de Pesquisa assinarão termo de compromisso. *Jornal da Ciência*, SBPC, Rio de Janeiro, p. 7, 07 dez. 2001.

MCT luta pela gratificação GDP. *Jornal da Ciência*, SBPC, Rio de Janeiro, p. 1, 18 abr. 1997.

MCT quer política de longo prazo para seus Institutos de Pesquisa. *Jornal da Ciência*, SBPC, Rio de Janeiro, p. 5, 12 maio 2000.

MEDIDA Provisória para carreiras de C&T de nível superior concede Gratificação de Desempenho e Produtividade em regime de DE. *Jornal da Ciência*, SBPC, Rio de Janeiro, p. 1, 07 nov. 1997.

MOYSES Nussenzveigt responde às críticas de Escobar, Santoro e Shellard. *Jornal da Ciência*, SBPC, Rio de Janeiro, p. 6, 21 mar. 1997.

MOYSES Nussenzveigt: FNDCT deve ter Conselho Deliberativo. *Jornal da Ciência*, SBPC, Rio de Janeiro, p. 8-9, 23 jun. 2000.

NOTA de Tundisi sobre as reformas estruturais introduzidas no CNPq. *Jornal da Ciência*, SBPC, Rio de Janeiro, p. 1, 07 nov. 1997.

NOVA forma de escolher diretores dos Institutos de Pesquisa. *Jornal da Ciência*, SBPC, Rio de Janeiro, p. 6, 26 maio 2000.

NÚCLEOS de excelência em estudo. *Jornal da Ciência Hoje*, SBPC, Rio de Janeiro, p. 3, 1º dez. 1995.

NÚCLEOS de excelência no 2º semestre. *Jornal da Ciência Hoje*, SBPC, Rio de Janeiro, p. 1, 26 jan. 1996.

NÚCLEOS de excelência: novo projeto. *Jornal da Ciência Hoje*, SBPC, Rio de Janeiro, p. 7, 05 abr. 1996.

O CENTRO de Gestão Estratégica, a situação da FINEP, a reação da SBPC. *Jornal da Ciência*, SBPC, Rio de Janeiro, p. 14, 16 mar. 2001.

O FUTURO da Universidade estará em se tornar Organização Social?. *Jornal da Ciência Hoje*, SBPC, Rio de Janeiro, 08 set. 1995. Suplemento especial.

ORGANIZAÇÕES SOCIAIS. *Jornal da Ciência*, SBPC, Rio de Janeiro, p. 7, 07 dez. 2001.

PACHECO responde a Saturnino: "Não há qualquer estudo para criação de nova agência no âmbito do MCT". *Jornal da Ciência*, SBPC, Rio de Janeiro, p. 14, 16 mar. 2001.

PESQUISA básica fora da lógica de mercado. *Jornal da Ciência*, SBPC, Rio de Janeiro, p. 9, 05 mar. 1999.

POLÍTICA de C&T: tarefa coletiva. *Jornal da Ciência*, SBPC, Rio de Janeiro, p. 6-8, 30 jul. 1999.

PRESIDENTE do CNPq: quem e quando?. *Jornal da Ciência*, SBPC, Rio de Janeiro, p. 1, 10 set. 1999.

PRIMEIRA reunião do CCT: 17 de agosto. *Jornal da Ciência Hoje*, SBPC, Rio de Janeiro, p. 1, 09 ago. 1996.

PROGRAMA de apoio a Núcleos de Excelência, no centro dos debates. *Jornal da Ciência Hoje*, SBPC, Rio de Janeiro, p. 1, 20 set. 1996.

PROGRAMA de interlocução Ciência-Congresso já tem sua coordenadora. *Jornal da Ciência*, SBPC, Rio de Janeiro, p. 1, 25 maio 2001.

PROGRAMA núcleos de excelência já tem comissão de coordenação. *Jornal da Ciência Hoje*, SBPC, Rio de Janeiro, p. 1, 31 maio 1996.

PRONEX começa a ser normalizado. *Jornal da Ciência*, SBPC, Rio de Janeiro, p. 1, 06 out. 2000.

PRONEX não vai esvaziar o CNPq. *Jornal da Ciência Hoje*, SBPC, Rio de Janeiro, p. 6-7, 18 out. 1996.

PRONEX'97: Duas pessoas tiram dúvidas. *Jornal da Ciência*, SBPC, Rio de Janeiro, p. 12, 16 maio 1997.

PRONTO para ser organização social?. *Jornal da Ciência*, SBPC, Rio de Janeiro, p. 2, 11 jun. 1999.

PRONTO para ser organização social?. *Jornal da Ciência*, SBPC, Rio de Janeiro, p. 6, 15 jun. 1999.

RELATÓRIO sobre os núcleos de excelência. *Jornal da Ciência Hoje*, SBPC, Rio de Janeiro, p. 7, 09 fev. 1996.

RESPOSTA da diretoria da Finep à carta da Associação de Funcionários. *Jornal da Ciência*, SBPC, Rio de Janeiro, p. 10, 11 maio 2001.

SAIU o Pronex-3, mas ele só começa depois da definição do orçamento. *Jornal da Ciência*, SBPC, Rio de Janeiro, p. 5, 23 out. 1998.

SARDENBERG empossa secretários e aponta diretrizes para cada um. *Jornal da Ciência*, SBPC, Rio de Janeiro, p. 6, 03 dez. 1999.

SBPC e Sociedades Científicas querem uma política nacional de C&T e o CNPq separado do Ministério. *Jornal da Ciência*, SBPC, Rio de Janeiro, p. 5, 29 jan. 1999.

SBPC faz balanço positivo da 51ª Reunião Anual enquanto Ronaldo Sardenberg assume MCT/CNPq. *Jornal da Ciência*, SBPC, Rio de Janeiro, p. 1, 30 jul. 1999.

SEM investimento maciço das empresas em C&T, haverá colapso. *Jornal da Ciência Hoje*, SBPC, Rio de Janeiro, p. 6-7, 10 fev. 1995.

SENADO aprova quatro fundos setoriais, mas "Fundo Verde-Amarelo retorna à Comissão de Justiça". *Jornal da Ciência*, SBPC, Rio de Janeiro, p. 1, 07 jul. 2000.

SOCIEDADES científicas pedem para ministro repensar Relatório Tundisi. *Jornal da Ciência*, SBPC, Rio de Janeiro, p. 7, 23 nov. 2001.

TUDO que é concedido será avaliado. *Jornal da Ciência Hoje*, SBPC, Rio de Janeiro, p. 7-8, 24 fev. 1995.

TUNDISI anunciará mudanças no CNPq. *Jornal da Ciência*, SBPC, Rio de Janeiro, p. 1, 10 out. 1997.

TUNDISI será o Presidente do CNPq. *Jornal da Ciência Hoje*, SBPC, Rio de Janeiro, p. 1, 27 jan. 1995.

TUNDISI, no 45º aniversário do CNPq: "Ciência e burocracia são irreconciliáveis". *Jornal da Ciência Hoje*, SBPC, Rio de Janeiro, p. 1, 22 mar. 1996.

UM ERRO nos painéis de Bresser. *Jornal da Ciência*, SBPC, Rio de Janeiro, p. 1, 16 abr. 1999.

VARGAS e Bresser se unem para resolver a questão salarial dos Institutos de Pesquisa. *Jornal da Ciência*, SBPC, Rio de Janeiro, p. 1, 31 jan. 1997.

ÍNDICE DE ASSUNTO

                              página   página

A
Agência Executiva 165
Associação dos Pesquisadores do
  CNPq (Anpesq)
- Comitês de busca
- - Recomendações 184

B
Brasil
- Colonial
- -Atividade científica 91
- Faculdades
- - Criação 94
- Universidades 93
Burocracia 66, 67, 70
- Estatal 73, 201
- - Profissão
- - - pesquisador 76
- Formação 87
- Modelo weberiano
- - Características 79-82
Burocratização 71
- Universidades alemãs 78

C
Câmara da reforma do Estado 32
CAPES
- Programa de bolsas 105
Centro de Gestão e Estudos
  Estratégicos (CGEE) 152, 154
- Finalidades 152
Ciência e tecnologia
- Crescimento 104
- Modificações 116
- Ordenação 193
- Produção 120
- Produtores 82, 111

- Reformas das Universidades
  Públicas 85
- Regime Militar 106
Comissão de Supervisão de Avaliação
  para os Institutos de Pesquisa 173
Comissão Tundisi 185
Comunidade científica 108
- Organização 101
Conselho Nacional de Pesquisa
- Criação 97
Comissão Nacional de Energia
  Nuclear (CNEN) 100
Conselho Nacional de Ciência e
  Tecnologia (CCT) 147
Conselho Nacional de Desenvolvimento
  Científico e Tecnológico (CNPq)
- Associação Nacional dos Pesquisadores
  (Anpesq)
- - Moção
- - - primeira 162
- - - segunda 163
- Desenvolvimento científico e
  tecnológico 160

E
Entidades estatais
- Extinção 51
Estado
- Crise 31
- - Definição 32-33
Exame Nacional de Cursos 117

F
Fundação Centro Tecnológica para
  Informática (CTI) 100
Fundo Nacional para o Desenvolvimento
  Científico e Tecnológico (FNDCT) 121

	página		página

Fundo(s) Setorial(is) 132
- Aeronáutico (CT-Aeronáutico) 141
- De Agronegócio (CT-Agronegócio).... 141
- De Biotecnologia
  (CT-Biotecnologia) 141
- De Saúde (CT-Saúde) 141
- Energia Elétrica (CT-Energ) 137, 140
- Espacial (CT-Espacial) 137, 141
- Infraestrutura (CT-Infra) 136, 140
- Modelo 139
- Para a Tecnologia da Informação
  (CT-Info) 141
- Para o Desenvolvimento Tecnológico
  das Telecomunicações (FUNTELL).. 141
- Petróleo (CT-Petro) 136
- Recursos Hídricos (CT-Hidro) 137, 140
- Recursos Minerais
  (CT-Mineral) 137, 140
- Transportes Terrestres
  (CT-Transpo) 137, 140
- Verde e Amarelo (CT-Verde-Amarelo,
  Universidade Empresa) 136, 140

I
Instituto Brasileiro de Bibliografia e
  Documentação (IBBD) 97
Instituto Brasileiro de Informação
  Ciência e Tecnologia (IBICT) 97
Instituto de Matemática Pura e
  Aplicada (IMPA) 97, 182
Instituto Nacional de Pesquisas da
  Amazônia (INPA) 97
Instituto Nacional de Pesquisas
  Espaciais (INPE) 97
Instituto Nacional de Tecnologia da
  Informação (ITI) 100

L
Laboratório Nacional de Computação
  Científica (LNCC) 100

M
Ministério da Administração e Reforma
  do Estado (MARE)

- Roteiro 50
Ministério da Ciência e Tecnologia
  (MCT)
- Unidades de pesquisa 83, 119
- - Reorganização indireta 156

O
Organizações Sociais 48, 200
- Fragilidade 63
- Instituições 51-52
- Modelo 44, 178-181, 204
- Processo legislativo 54
- Proposta 202

P
Paraestatais 45
Pesquisa
- Militar 99
Plano Diretor 32, 34, 35, 41, 176
- Propostas 34
- - Eixos 34-37
- Reformulação de entidades
  públicas 43-44
Produção científica
- Brasil 86, 170
- -Ausência 95
- Crescimento 87
Programa de Apoio ao
  Desenvolvimento Científico e
  Tecnológico (PADCT) 121, 122-123
- Finalidades 123
Programa Nacional de Apoio a
  Núcleos de Excelência
  (PRONEX) 127, 131
Propriedade pública estatal 38
Provão ver Exame Nacional de Curso

R
Reforma Administrativa 24, 25, 73, 74
Relatório Beviláqua 173, 174
- Unidades
- - Instituto Nacional de Pesquisa
  Básica 173

ÍNDICE DE ASSUNTO | 225

página

- - Laboratório Nacional de Pesquisa
  Aplicada e Desenvolvimento 173
- - Laboratórios de Pesquisa Básica..... 173
- - Organização
- - - Fundação de Pesquisa Espacial.... 175
- - - Fundação Nacional de
  Pesquisa Científica 175
- - - Fundação Nacional de Pesquisa
  e Desenvolvimento
  Tecnológico 175
- - - Fundação Nacional de Pesquisa
  Equatorial 175
Relatório Tundisi 171, 191
- Unidades
- - Tipos 185

página

- - - Centros de Competência e
  Referência 186
- - - institutos nacionais 186
- - - laboratórios nacionais 186
- - - redes temáticas de pesquisa 186

S
Secretaria de Coordenação de
  Unidades de pesquisa 183
- Comissão
- - Objetivos 183
Sociedade Brasileira para o
  Progresso da Ciência (SBPC) 146, 203

T
Terceiro Setor 39, 41

ÍNDICE DA LEGISLAÇÃO

C
Código Civil de 1916
- art. 13 42
- art. 16 ....
- - inciso I 42
Constituição Federal de 1988
- art. 207 83

D
Decreto nº 2.487/1988 24
Decreto nº 2.488/1988 24
Decreto nº 2.851/1998 133
Decreto nº 3.318/1999 133
Decreto nº 3.568/2000 98
Decreto nº 19.851/1931 95
Decreto nº 75.241/1975 154
Decreto-Lei nº 200/1967 24

E
Emenda Constitucional nº 19/1998 35
Emenda Constitucional nº 20/1998 35

L
Lei nº 1.310/1951 97
Lei nº 1.716/1999 61
Lei nº 6.129/1974 .... 98, 154
Lei nº 8.112/1990 25
Lei nº 8.666/1993 59
Lei nº 8.691/1993 118
Lei nº 8.958/1994 202
Lei nº 9.478/1997 133
Lei nº 9.637/1998 .... 26, 47, 48, 50,
                                                    54, 61, 118
Lei nº 9.962/2000 25

M
Medida Provisória nº 1648-7/1998 55
Medida Provisória nº 1.591/1997 163

P
Projeto nº 10/1998 61
Projeto de Lei
  Complementar nº 92/2007 24

ÍNDICE ONOMÁSTICO

A
Adorno, Sérgio 91
Almeida, Maria Hermínia
  Tavares de 33
Alveal Contreras, Edelmira del
  Carmen 22, 66, 73, 202
Andrade, Ana Maria Ribeiro de 108
Andrade, Luiz Aureliano G. de 31, 99
Aron, Raymond 69
Azevedo, Sérgio de 31

B
Barreto, Maria Inês 64
Bauman, Renato 31, 33
Benchimol, Jaime Larry 89
Beres, Neide 42, 43
Bobbio, Norberto 41
Botelho, Antonio José Junqueira 100
Bresser-Pereira, Luiz Carlos 25, 31, 32,
  34, 35, 37, 38, 39, 44, 49,
  62, 71, 73, 75, 109, 204
Burgos, Marcelo Baumann 92, 107

C
Câmara, Jacintho de Arruda 38
Cardoso, Fernando
  Henrique 32, 115, 116
Carvalho, Antonio Paes de 94
Chauí, Marilena 83, 89
Coelho, Edmundo
  Campos 66, 67, 70, 89
Costa, Frederico Lustosa da 33
Cuenca, Carlos 42
Cunha, Luis Antônio 205

D
Di Pietro, Maria Sylvia
  Zanella 45, 46, 47, 59
Diniz, Eli 33, 43
Domingues, José Maurício 67, 72
Durham, Eunice Ribeiro 93, 96

F
Falcão, Joaquim 42
Faoro, Raymundo 91
Fernandes, Ana Maria 87, 106, 107
Fernandes, Rubem César 40, 41
Ferreira, Sergio 138
Friedberg, Erhard 69

G
Giddens, Anthony 66
Guimarães, Reinaldo 99, 100, 103,
  104, 105, 122, 123, 138, 142, 143

L
Landim, Leilah 42, 43
Leta, Jacqueline 86
Lopes, José Leite 87, 92, 93, 95, 97,
  100, 101, 102, 106

M
Meis, Leopoldo de 86
Mello, Leopoldo Miguez de 88
Mouzelis, Nicos 66, 67
Morel, Regina Lúcia de Moraes 103

N
Neves, Abílio Baeta 160

página	página

O
Oliveira, João Batista
 Araújo e 77, 78, 201
Ourivio, Carlos 130

R
Ranieri, Nina Beatriz 83
Ribeiro, Darcy 89
Ringer, Fritz K. 78
Romanelli, Otaíza
 Ribeiro 89, 94, 95, 96
Romano, Roberto 93
Russell-Wood, A. J. R. 42

S
Salomon, Lester 41
Santos, Boaventura de Souza ... 89
Santoro, Alberto 130

Shellard, Ronald 130
Schott, Thomas 86
Schwartzman, Simon 87, 88, 89, 90, 95, 102, 105, 108, 116, 201

T
Tigre, Paulo Bastos 100
Trindade, Hélgio 83, 93, 205

V
Venâncio Filho, Alberto 90, 92
Veronese, Alexandre 26
Vieira, Liszt 43, 45
Vianna, Luiz Jorge Werneck 70

W
Wahrlich, Beatriz 71
Weber, Max 38, 69, 75, 78, 80

Esta obra foi composta em fonte Palatino Linotype, corpo 10
e impressa em papel Offset 75g (miolo) e Supremo 250g (capa)
pela Gráfica e Editora O Lutador.
Belo Horizonte/MG, outubro de 2011.